KB268477

광고에 말 걸기

광고에 말 걸기

브랜드의 탄생과 혁신

2025년 4월 20일 초판 인쇄
2025년 4월 25일 초판 발행

지은이 | 이현우
펴낸이 | 이찬규
펴낸곳 | 북코리아
등록번호 | 제03-01240호
주소 | 13209 경기도 성남시 중원구 사기막골로 45번길 14
        우림2차 A동 1007호
전화 | 02-704-7840
팩스 | 02-704-7848
이메일 | ibookorea@naver.com
홈페이지 | www.북코리아.kr
ISBN | 979-11-94299-43-1(03320)

값 22,000원

광고에 말 걸기

브랜드의 탄생과 혁신

이현우 칼럼

The Birth and Innovation of
Brands

북코리아

이 책에는 비매품으로 발간된 KOBACO 광고신서 《트렌드가 된 브랜드》(이현우)의 일부 내용을 브런치스토리에 연재하면서 대폭 수정·보완한 글이 포함되었음을 밝힙니다.

미디어는 끊임없이 이미지를 만듭니다. 이미지는 모든 것을 삼킵니다. 상품을 삼키고 생각을 삼키고 행동과 태도를 삼킵니다. 그렇게 만들어진 이미지는 때로는 판타지와 허상이고 실체가 없는 신기루일 수도 있습니다.

이미지를 만드는 미디어의 중심에 광고가 있습니다. 뉴스나 드라마, 예능 프로그램처럼 광고는 지속적이고 반복적으로 노출되어서 사람들을 가르치고 조종합니다.

광고에 나오는 제품은 허위수요를 창출하기도 하고 꼭 사야 할 것 같은 강박증을 일으키기도 합니다. 광고는 제품에 이미지를 심어서 매력적인 상품을 만들고 브랜드를 만듭니다. 또한 시대의 문화와 트렌드를 만듭니다.

이 글들은 광고에 던지는 솔직한 질문들입니다. "꼭 그렇게 사람들을 홀려야 했니?" "그게 진짜 제품의 모습 맞아?" "그보다 더 잘 말할 순 없었니?" 뭐 이런 질문들을 가지고 광고에 말을 걸어보았습니다.

존경받아온 브랜드를 해부하고 난타하는, 도발과 공격일 수도 있습니다. 레전드 광고캠페인에 던지는 문화게릴라의 삐딱한 시선일 수도 있습니다. 광고의 위선과 계략을 파고드는 고발장일 수도 있습니다.

카피라이터의 창의성과 문장력을 걸고 글 읽는 재미도 한껏 살려보았습니다. 광고가 우리 시대 문화와 미디어의 '인싸'임도 증명해 보일 것입니다.

목차

극장의 유혹

시네막스 광고캠페인

거실이 극장이 되는 시대가 열렸다. OTT(Over The Top) 플랫폼 덕분이다. 넷플릭스, 디즈니플러스, 왓챠 등 다양한 플랫폼 덕분에 굳이 발품을 팔아 영화 한 편을 보러 극장에 갈 필요가 없어졌다. 그 외에도 티빙, 웨이브, 아마존 프라임, 쿠팡플레이, 유튜브 프리미엄 같은 다양한 플랫폼들이 있다. 지역별 콘텐츠나 특정 콘텐츠에 특화되어 취향에 따른 선택의 폭을 넓혀주고 있다. 리모컨 하나만 있으면 세계 각국의 최신 영화와 드라마가 손쉽게 눈앞에 펼쳐진다. 하지만 여전히 극장이 주는 매력은 무시할 수 없다. 극장의 몰입감, 대형 스크린이 주는 임팩트, 깊이감은 OTT 플랫폼에서 쉽게 재현할 수 없는 요소들이다.

압도적인 몰입감

극장에서 영화를 볼 때의 몰입감은 집에서 느끼기 어려운 특별한 경험을 선사한다. 〈콘크리트 유토피아〉를 예로 들어보자. 재난 상황에서의 인간 군상을 그려내며 대형 화면으로 도시의 파괴와 혼란을 압도적으로 전달한다. 좁은 공간에서 벌어지는 인물들의 갈등이 대형 스크린과 서라운드 음향을 통해 관객에게 더 깊이 전달된다. 마치 영화 속에 들어가 있는 듯한 몰입감을 선사한다. OTT로 같은 영화를 보더라도, 손쉽게 일시 정지하거나 다른 작업을 병행할 수 있기 때문에 몰입의 정도가 상대적으로 약해질 수밖에 없다. 크리스토퍼 놀란 감독의 〈오펜하이머〉도 그랬다. 거대한 핵폭발 장면과 인물들의 섬세한 감정 표현은 극장에서 대형 스크린으로 볼 때 그 진가를 발휘했다. 놀란 감독은 특별히 IMAX 카메라를 사용해 촬영했는데, 이 포맷은 거대한 화면을 통해 극대화된 감정과 스케일을 전달할 수 있도록 설계되었다. OTT의 작은 화면으로는 영화가 전하고자 하는 시청각적 경험을 온전히 누리기 어려웠을 것이다.

임팩트, 깊이와 집중력

OTT 플랫폼은 집에서의 편안함을 제공하지만, 대형 스크린이 주는 임팩트는 결코 대체할 수 없다. 특히 액션 장르에서 그 차이는 더욱 극명하게 드러난다. 마블 시네마틱 유니버스(MCU)의 〈가디언즈 오브 갤럭시: Vol. 3〉은 극장 스크린에서 빛을 발하는 작품 중 하나다. 은하계를 배경으로 한 화려한 전투 장면, 인물들의 섬세한 표정 변화를 대형 스크린으로 보는 시각적 쾌감은 집에서 소형 TV나 태블릿으로 볼 때와는 비교할 수 없다. 물론, OTT는 반복 감상이 가능하고 언제 어디서든 접할 수 있는 장점이 있지만, 한 번의 극장 경험이 주는 충격과 전율은 고유하다.

OTT는 시청자가 자유롭게 시간과 장소를 선택해 콘텐츠를 소비

　　　　　　　　광고에 말 걸기

할 수 있게 한다. 이 유연함이 오히려 영화의 깊이를 느끼지 못하게 만들기도 한다. 예를 들어 영화 〈기생충〉을 집에서 시청한다면 언제든지 휴대폰을 확인하거나 중간에 멈추고 쉬어갈 수 있다. 하지만 극장에서는 영화의 각 장면이 끊이지 않고 이어지며 감정선을 더 깊게 따라갈 수 있게 된다. 이는 영화 속 인물들의 감정 변화와 상징적인 장면들이 더 강렬하게 와닿게 만드는 요소다.

넷플릭스나 디즈니플러스와 같은 OTT 플랫폼이 현대인의 라이프 스타일에 맞는 편리한 콘텐츠 소비 방식을 제공하면서 영화 산업에 커다란 변화를 가져온 것은 분명하다. 그럼에도 불구하고 극장은 여전히 대체될 수 없는 독특한 공간으로 자리하고 있다. 몰입감, 대형 스크린의 임팩트, 그리고 영화적 깊이가 극장에서 경험하는 영화의 핵심 요소들이며, 이는 OTT 플랫폼이 쉽게 따라잡을 수 없는 부분이다.

극장이라는 특별한 공간

극장에서 영화를 볼 때, 관객들과 함께 호흡하는 순간이 있다. 〈어벤저스: 엔드게임〉 같은 대작 영화에서 중요한 장면이 나올 때, 관객들이 함께 웃거나 눈물을 흘리는 경험은 집에서 혼자 볼 때와는 차원이 다르다. 영화 상영 후 감독이나 배우와의 대화 시간도 이채로운 경험을 선사한다. 영화제나 특별 상영회에서 〈범죄도시〉와 같은 작품 상영 후 관객들이 직접 감독에게 질문하거나 배우들이 즉석에서 답변하는 자리는 극장에서만 경험할 수 있는 독특한 이벤트였다.

심야 영화는 극장 경험을 특별하게 만드는 또 다른 요소다. 새벽

한 시나 두 시에 영화를 보는 경험은 일상에서 벗어난 색다른 즐거움이 있다. 늦은 시간 비교적 한산한 극장에서 영화를 보며 혼자만의 시간을 갖거나 영화를 본 후 밤 산책을 하는 것은 OTT에서는 느낄 수 없는 소중한 경험이 되기도 한다.

〈아바타〉 같은 영화를 IMAX나 4D로 보는 것은 극장에서만 가능하다. 4D 상영관은 좌석이 흔들리거나 물이 튀기는 등 영화의 장면에 맞춰 다양한 효과를 느낄 수 있다. 이를 경험한 관객들이 영화 속 장면에 놀라거나 웃음 짓는 모습은 그 자체로 재미있다. 액션 영화나 재난 영화를 특별관에서 관람하는 것은 몰입감을 극대화시킨다. 집에서 볼 때는 결코 경험할 수 없는 즐거움이다.

어두움의 판타지

극장은 어둡다. 그 어둠 속에는 예민한 긴장과 공포가 서성인다. 옆자리에 앉은 사람의 쌔근거리는 숨결과 옷자락 바스락거리는 소리, 엉덩이 뒤척이는 소리까지 입체음으로 잡힌다. 언제 상대의 손을 잡아야 할지 노심초사하는 초짜 연인들에게는 시신경과 청신경을 화면에만 집중하기가 힘든 장소이기도 하다. 극장은 호모들의 은밀한 데이트 장소가 되기도 한다. 시간을 때우기 위해 우연히 들른 충무로의 어느 성인 전용 극장에서 확인한 구체적 사실이다. 번들거리는 눈빛, 가쁜 숨소리, 음습하고 끈적끈적한 욕망의 열기. 전율이 온몸을 휘어감는, 한마디로 설명하기 힘든 기분 나쁜 체험이었다.

하지만 극장에서 느끼는 공포는 막연한 불안의 산물이라고 볼 수만은 없다. 구체적인 사건들이 그것을 증거 한다. 1980년대 말《입 속의 검은 잎》이라는 단 한 권의 시집으로 천재시인의 칭호를 얻었던 기형도가 이 어둠 속에서 서른도 안 된 나이로 요절했다. 〈세일즈맨의 죽음〉도 이 어둠 속에서 일어났고 〈오페라의 유령〉이 은신하는 장소도 극장의 이 어둠이다. 〈쉰들러 리스트〉나 〈뮌헨〉이라는 이름에서도 우리는 불길한 죽음의 그림자를 연상해야만 한다. 2012년, 미국 콜로라도주 오로라의 한 극장에서 일어난 총격사건도 세상을 발칵 뒤집었다. 〈다크 나이트 라이즈〉의 상영 중에 극장에 침입해 있던 범인은 관객들에게 총을 발사했고, 이로 인해 12명이 사망하고 여러 명이 총상을 입었다.

극장으로 유혹하는 달콤한 거짓말들

독일의 대표적인 복합 영화전용관인 시네막스(CinemaxX Movie Theatres) 광고캠페인은 어둠이 지배하는 극장의 판타지를 재기 발랄한 독설로 공격하고 있다. 다소 엽기적인 톤의 만화로 어둠 속에서 부닥칠 수 있는 공포스러운 장면을 묘사하는 연작 광고다.

거대한 코끼리의 항문 속에 머리를 들이밀고 있는 남자, 굴착기의 삽에 머리가 끼어서 끌려 올라가는 건설 노동자, 소파에서 거대한 비곗덩어리 여자에게 짓눌려 성고문을 당하는 갈비 씨, 항공기 프로펠러 속에 머리가 처박혀 두개골이 산산이 분해되어버리는 운 나쁜 남자….

"어두운 장소라고 다 훌륭한 영화를 보여주는 건 아니다"라는 다소 비아냥거리는 카피가 그러한 상황들을 깔끔하게 정리해준다. 적당하게 어두운 조명과 쿵쾅거리는 음향 시설, 푹신한 의자만 갖추었다

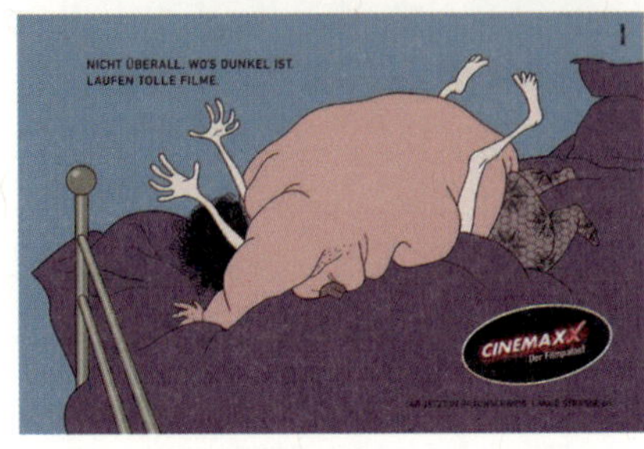

고 다 극장이라고 할 수는 없다는 기고만장한 자부심이 행간에 배어 있다.

영화의 리얼리즘은 단순히 현실을 충실히 재현해내는 데 미덕이 있지 않다. 영화가 만들어내는 이미지들의 결합이 얼마만큼 현실처럼 꾸며져 있는지가 흥행을 좌우한다. 현실에서 일어날 개연성이 충분한 에피소드들을 탄탄하게 엮어서, 보고 듣는 사람으로 하여금 실재보다 더 실재적으로 느끼게 해야만 제대로 된 리얼리즘의 반열에 오른다.

리얼리즘의 차원에서 보자면 영화는 안방극장에서 상영되는 드라마에 비해 경쟁력이 의심된다. 영화와는 달리 대부분의 드라마는 현실의 가장 리얼한 공간인 가정을 소재로 한다. 따라서 굳이 현실처럼 보이게 구성하고 재구성할 필요가 없다. 적당히 교육받은 부부가 귀여운 아들딸을 두고 있는 단란한 상황은 그 자체로 감정이입의 모

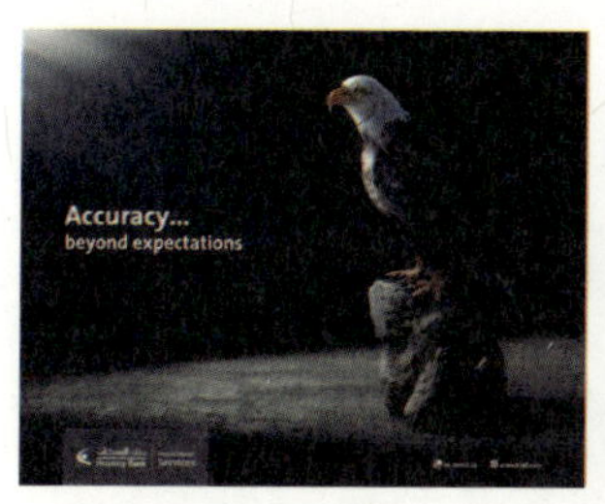

든 조건을 갖춘 리얼리티다. 영화는 이제 극장에서 상영되는 다른 영화작품뿐만 아니라 안방 영상물 장르와도 상대해 싸우지 않으면 안 된다.

또 다른 몇 편의 광고들은 바로 이런 사정을 간파한 코믹한 설정이다. 같은 영상물이라도 집에서 TV로 보는 드라마나 홈 비디오 따위와 극장에서 보는 영화는 천지 차이라는 얘기를 하기 위해 그럴듯한 픽션을 제시하고 있다. 쓸데없이 집 안에서 빌빌거리다가 TV가 폭발한다거나, 고드름에 찔리거나, 바비큐 파티를 하다가도 재수 없이 역기에 깔리거나, 전동 톱날에 목이 잘려 비명횡사를 한다거나, 강도를 당한다거나, 샤워하다 수돗물이 떨어지는 황당함에 처한다는 등 집에 있는 동안 치명적인 사고가 많이 발생하니 집에만 박혀 있지 말고 미련 없이 시네막스로 와서 화끈하게 영화 보는 재미에 빠져보라는 감언이설이 애교스럽다. 이 광고는 에피카상을 비롯해서 유럽 ADC, 클리오상을 수상하기도 했다.

"사망 사고의 28.4%는 집에서 일어난다. 집에 있지 않는 게 좋다."

이 광고 시리즈의 묘미는 '숫자의 우상'을 고발하는 듯한 태도에서도 느낄 수 있다. 숫자로 말하면 무조건 맹신하는 통계 지상주의, 구체적 자료를 들이대기만 하면 왠지 객관적이고 정확할 것 같다는 형식적 합리주의를 조롱하는 재치와 풍자가 서늘하다. 여기서 제시된

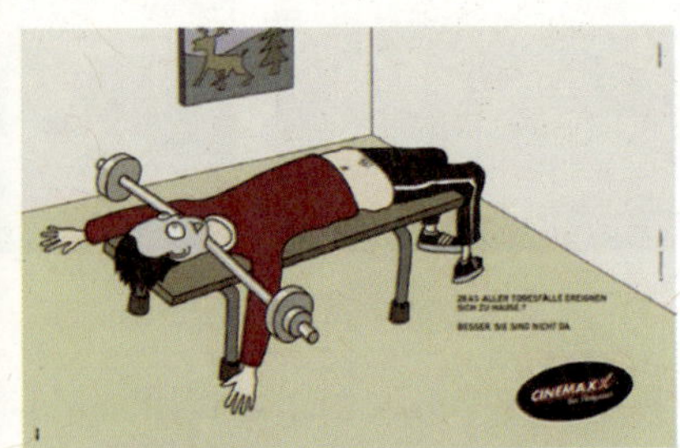
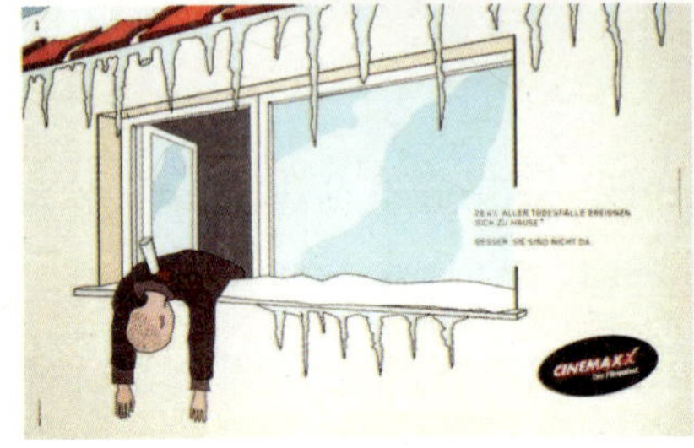

숫자는 아무런 근거도 없고 또 이런 숫자를 곧이곧대로 믿을 사람도 없을 것이다. 그야말로 숫자는 숫자에 불과하다. 그럼에도 불구하고 광고에 대한 호감은 증폭된다.

2

지존의 화법

앱솔루트 보드카 광고캠페인

하이볼이 당기는 계절이다. 위스키 같은 술과 탄산수가 어울려 깔끔하고 청량한 맛을 낸다. 최근 식전주나 여름철 음료로 대세몰이를 했었고, 지금도 가을마다 인기는 여전하다. 가라아게나 돈가스 같은 요리에는 환상의 궁합이다. 가벼운 바디감이 있어 카망베르 치즈의 느끼한 풍미도 싹 가시게 해준다. 파스타나 마르게리타 피자 같은 이탈리안 요리에도 제격이다.

트렌디한 칵테일이 유행이긴 하지만 술의 지존은 역시 위스키나 보드카다. 보드카는 그 자체로는 무미, 무취에 가까운 술이다. 어떤 재료와도 잘 어울려서 취향의 변화에 유연하게 적응해왔다. 시대에 따라 그 위상과 이미지도 진화해왔다. 냉전 시대에는 서구와 동구 간의 상징적 대립 구도에서 동유럽 문화를 대표하는 주류로 자리매김했다. 1990년대와 2000년대에는 글로벌 럭셔리 아이템으로서의 이미지를 얻었다.

보드카는 시간이 지남에 따라 대중문화와도 깊이 결합했다. 영화, 음악, 예술과 같은 다양한 스펙트럼으로 표현되었다. 특히 광고나 대중 예술 속에서 보드카는 그 자체로 하나의 문화적 아이콘이 되었다. 시대의 트렌드를 반영하고 대중의 변화하는 요구에 맞춰 끊임없이 재탄생할 수 있는 능력을 보여준다.

비주얼 중심의 최장기 캠페인

앱솔루트 보드카 브랜드는 광고사에 유례를 찾기 힘들 정도의 장기 캠페인을 펼쳐왔다. 상징적인 병 모양을 중심으로 한 비유적 비주얼이 핵심이었다. 특히 절제된 디자인과 통일성 있는 메시지를 유지하면서도 시대의 변화에 따라 미묘하게 진화해왔다. 2000년대 이후, 보드카 광고캠페인은 디지털 미디어와 소비자 참여를 활용한 인터랙티브 광고캠페인으로 전환되었다. 기존의 상징적 병 모양을 유지하면서도 소셜 미디어와 디지털 플랫폼을 적극적으로 활용한 것이 특징이다.

사용자들이 직접 참여할 수 있는 공모전이나, 특정 해시태그를 통해 자신의 창의적인 보드카 병 이미지를 공유하는 캠페인도 있었다. 단순한 브랜드의 메시지 전달을 넘어 소비자들이 자신의 방식으로 보드카 브랜드와 교감하게 했다. 다양한 문화, 인종, 그리고 사회적 배경을 포용하는 메시지를 담아 광고를 제작했다. 특히 예술, 음악, 패션 등 다양한 문화콘텐츠와 협업하면서 단순한 술병 이상의 라이프 스타일 아이콘으로 만들었다.

디지털 시대, 진화하는 브랜드

최근 몇 년 동안, 미니멀리즘과 지속 가능성을 강조하는 광고캠페인도 주목받고 있다. 전통적인 병 모양을 유지하되, 불필요한 장식을 줄이고 간결한 디자인을 통해 고급스러우면서도 절제된 이미지를 유지하려는 경향이다. 지속 가능한 패키지나 제조 과정을 홍보하는 등 친환경적인 메시지를 담은 캠페인도 하고 있다. 광고캠페인이 오랜 시간 동안 주목받을 수 있었던 이유는 바로 일관성과 변화의 조화이다. 상징적인 병 모양과 브랜드 이미지를 유지하면서도 시대에 맞춘 메시지와 기술을 도입해왔다. 익숙하면서도 새로운 감각을 전달하는 것이 브랜드의 성공 비결이다.

2000년대 이후의 앱솔루트 보드카 광고는 변화하는 소비자 트렌드와 디지털 환경에 적응하면서 정체성을 꾸준히 발전시켜 오고 있다. 광고캠페인에 등장하는 'Book' 'Magic' 'Idol' 'Canvas' 'Beatles'와 같은 부제들은 아주 상징적이고 감각적이다. 타이틀에 담긴 의미는 스토리텔링을 통해 브랜드 이미지를 더욱 부각한다. 특정한 주제나 감성을 중심으로 문화적·예술적 요소와 연결 짓고 있다.

예술이라는 이름의 눈속임: 은유

은유는 광고의 수사학 중에서 가장 빈번히 사용되는 기법이지만, 우리는 그 전형을 앱솔루트 보드카에서 확인할 수 있다. 앱솔루트 보드카는 스웨덴의 빈앤스프리트(Vin & Sprit)사에 의해 고급 보드카의 불모지인 미국을 상대로 독특한 이미지를 심어나가는 작업에 착수하게 된다. 그 전초기지로 캐릴런 임포터스(Carillon Importers)가 수입업자로 선정되게 된다.

캐릴런사는 TBWA와 광고대행 계약을 체결하고 1980년에 첫 광고인 "Absolut Perfection"을 선보였다. 앱솔루트 보드카 병을 '완벽'으로 지칭하며, 간결한 슬로건을 통해 독특한 모양을 강조했다. 이후 앱솔루트는 병 모양을 활용한 다양한 시리즈를 전개하며 소비자들의 시선을 끌었다. 단순하면서도 상징적인 디자인으로 브랜드를 기억하게 만들었다. 우리에게 너무나 익숙한 앱솔루트 보드카 캠페인은 현재까지 무려 45년간 어어져오고 있다.

앱솔루트 보드카가 단순한 상업광고를 넘어서서 예술작품의 경지로 승화하게 된 계기로 팝 아티스트 앤디 워홀(Andy Warhol)과의 만남을 꼽을 수 있다. 1985년 무렵 유력한 경쟁자였던 수입 보드카 스톨리치나야의 추격이 시들해지자 캐릴런사의 사장인 미셸 루스(Michel Roux)는 앱솔루트 브랜드의 보수성을 탈피해서 혁신적인 실험을 시도하게 된다. 그 구상의 핵심은 광고아트에 패션감각을 최대한 불어넣는 일이었다.

이때부터 앱솔루트 보드카는 본격적인 아트 브랜드로 거듭나게 되고 예술가를 지원하는 메세나 기업으로 자리 잡게 된다. 그 후 키스 해링(Keith Haring) 등의 유명 예술가뿐만 아니라 무명의 재능 있는 아티스트들을 지원함으로써, 앱솔루트 보드카는 르네상스를 후원했던 메디치가처럼 현대 팝아트의 재정적 후원자로 확고한 위치를 점하게 된다.

세계적인 시사주간지 *Time*지와 순수 미술지 *Art in America* 등의 잡지에 시리즈 형식의 광고캠페인을 게재해왔다. 이 캠페인을 통해 다양한 슬로고(slogo: slogan과 logo의 합성어) 디자인과 은유적 표현을

재치 있게 사용함으로써 광고아트의 진수를 보여주고 있다.

보드카 광고에 공통적으로 들어 있는 'ABSOLUT'라는 슬로고는 함축하는 의미가 심장하다. 'ABSOLUTE'라는 낱말에서 'E' 자가 빠져 있음은 어지간한 눈썰미만 있다면 금세 알아차릴 일이다. 여기에 이 광고의 계략이 숨어 있다. 우선 틀린 철자가 눈길을 끌고, 보는 사람으로 하여금 빠진 글자를 집어넣어 자신이 알고 있는 ABSOLUTE라는 단어를 완성하게 함으로써 광고 해석에 동참하게 하려는 계산이 숨어 있는 것이다. 말하자면 보이지 않는 E 자는 광고의 독자를 낚아채는 미끼로 작용한 셈이다.

절대적 유혹-절대적 보드카

앱솔루트 보드카 광고의 콘셉트는 스웨덴산 보드카가 세계 최고의 보드카임을 알리는 것이다. 그러나 일반적으로 보드카 하면 러시아를 떠올리는 미국인에게 이런 사실을 제대로 알리기는 쉽지 않다.

따라서 평범하지 않으면서도 고도의 상징을 통해 제품의 정보를 전달
하면서도 광고 크리에이티브를 통해 제품과의 친밀감을 형성하는 것
이 광고전략이었다. 이런 목적을 달성하는 데 동원된 표현전략이 바
로 비주얼적 은유이다.

　신발과 병 모양과 가족은 어떤 상관관계를 가질까? 이런 궁금증
이 이 광고에 독자들이 참여하는 실마리가 되고 있다. 평이한 직유법
또는 카피를 통한 친절한 설명이 있었다면 메시지의 이해도는 높은
반면 잔상효과는 높지 않고 따라서 장기기억을 형성하는 데 큰 효과
가 없었을 것이다. 이 광고는 말하고자 하는 것을 직접 드러내지 않고
일부러 에둘러 표현하는 수법을 통해 수용자의 상상, 공상, 추론을 유
도해내고 광고에 대한 몰입도를 높여서 친밀감을 형성하는 데 성공한
것으로 해석된다.

　'ABSOLUT CITRON'은 은유적 표현 중에서 제유(synecdoche)의
전형적 형태이다. 제유는 한 부분으로 전체를 나타내는 표상의 기능
을 한다. 이때 레몬의 단면은 잘리지 않은 레몬의 제유이다. ABSO-
LUT MANHATTAN은 뉴욕에 있는 맨해튼 섬의 일부를 보여 줌으로

써 맨해튼 또는 뉴욕시를 제유하고 있다.

환유(metonymy)는 제유와 비슷한 기호체이지만 대체의 방식이 조금 다르다. 즉 표상의 대상체 주변에서 일어나는 어떤 기능상의 상징적 연쇄관계로 구성된다. ABSOLUT PARIS는 파리의 어느 지하철 입구를 상징하는 술병모양의 구조물 위쪽에 METRO라는 언어적 표지를 배치하고 있다. 즉 표상하고 있는 실체를 언어나 도상 같은 상징에 의해 대체하고 있는 것이다.

은유(metaphor)는 에코가 진정한 은유라고 부르는 수사법이다. ABSOLUT EVIDENCE는 넓은 여백 오른쪽 위에 엄지 손가락의 지문 하나를 보여주고 있다. 커다란 글씨로 인쇄되어 있는 'ABSOLUT EV-IDENCE'라는 언어 기호체를 자세히 들여다보면 보드카 모양의 술병이 눈에 뜨인다. 손도장 무늬와 술병 모양을 등식으로 놓아서 '손도장이 약속의 보증이 되듯이 보드카의 품질 보증이 된다'는 것을 은유하고 있다.

성탄절 축하행사로 음악 예배를 보는 미국의 관습을 상기시키는 'ABSOLUT HARMONY'는 은유의 수사학 중에서 유추(analogy)에 해

당한다. 성가대원들로 이루어진 성탄 나무는 '노래하는 성탄나무'라고 불리기도 한다. 이러한 종교의례의 은유를 그대로 본떠서 유추화시킨 것이 이 작품이다. 즉 '교회에 노래하는 성탄 나무가 있듯이, 거리에는 노래하는 술병 나무가 있다'라는 관계에서 유추의 공식을 대입시킬 수 있는 것이다.

결코 변하지 않되 늘 변하는 캠페인

앱솔루트 보드카 광고의 특징을 한마디로 압축하면 '결코 변하지 않되 늘 변하는(Never changing but Always changing) 캠페인'이라는 것이다. 그동안의 캠페인을 흐름에 따라 정리하면 크게 10개의 테마로 묶을 수 있지만 콘셉트와 표현의 기본 축은 한 번도 흔들림 없이 일관성을 유지해오고 있다. 40년이 넘도록 변하지 않은 또 다른 표현원칙은 앱솔루트의 병이 주인공이 된다는 것과, 'Absolut'로 시작되는 두 단어가 카피의 전부라는 것이다. 그래서 '절대적'이라는 뜻을 가진 이 단어에는 미주알고주알 말 많은 카피가 도저히 흉내 낼 수 없는 절대적인 권위가 담겨 있는 듯하다.

앱솔루트 보드카 광고는 상징적 은유로 그 존재를 광고사에 우뚝 세웠다. 철저히 제품을 스타로 만드는 아트워크라고 할 수 있을 것이다. 수많은 도시, 풍물, 사람, 문화재, 패션 등이 작품의 표현 오브제로 등장했다. 그 중심에는 항상 제품의 드라마가 숨 쉬고 있다.

3

장애… 그래서 뭐?

패럴림픽 시즌 광고캠페인

무심코 말을 던진다.

"장애인인데도 잘하네?"

"의족을 하고서도 정말 대단해!"

칭찬일까? 동정일까? 대수롭지 않은 이 한마디 말에는 엄청난 편견이 들어 있다. 스포츠의 세계에서 장애는 주목받을 일일지언정 결코 동정받을 대상이 아니다.

2024 파리 패럴림픽이 막을 내렸다. 여기에서도 이 당연한 사실은 입증되었다. 경기 장면을 글로 중계하기는 힘들어 광고캠페인 몇 편을 보는 것으로 대신한다.

영국의 공영방송 채널4에서는 패럴림픽 TV캠페인을 개막 전에 미리 선보였다. 타이틀은 '뭘 고려한다는 거죠?(Considering What?)'. 당신이 누구든 장애가 있든 없든 고려하지 않고 자연의 힘 앞에서는 예외가 없다는 메시지였다.

애런 핍스, 데임 스토리, 에마뉘엘 코커, 조셉 레인, 엠마 위그스, 올리비아 브룸, 알피 휴잇 같은 유명한 패럴림픽 국가대표 선수들이 혼신을 다해 훈련하고 경기하는 영상이다. 장애인 선수들도 다른 선

채널4: 패럴림픽 TV 캠페인

수들과 똑같이 중력, 마찰, 시간 등을 적용받는다는 것을 상기시키는 캠페인이다.

"누구나 무지막지한 자연의 힘과 200파운드의 중량, 테니스 공의 속도와 싸워야 한다." "누구에게나 시간은 똑같이 흐를 뿐이다."라는 카피가 이야기를 깔끔하게 정리해준다. 이 영상을 보고도 장애인치고는 대단하다는 칭찬을 하는 것은 만용에 가까울 것이다. 오히려 장애가 없어도 별 능력을 발휘하지 못하는 자신을 돌아보게 될 것이다.

애플도 장애인과 비장애인이 단체전을 하는 모습을 광고영상에 담았다. 한쪽 손이 없는 사이클리스트와 휠체어를 타고 경기하는 레이서, 시각장애인 수영선수, 의족 스프린터 등 장애인 선수 네 명과 비장애인 선수 네 명이 애플 기기를 활용해 훈련과 경기를 하는 모습을 보여준다.

신체는 다를지라도 사고와 의지, 노력과 결과는 동등하다는 메시지다. 경주를 끝낸 선수들이 승자와 패자를 가리지 않고 발맞춰 걸으면서 격려와 포옹을 나누는 엔딩 신으로 훈훈하게 마무리된다.

오메가는 '올림픽의 영원한 타임키퍼'임을 각인시킨 광고캠페인을 했다. 12명의 홍보대사를 출연시켜 파리의 명소들을 선수들의 멋

 광고에 말 걸기

애플: 패럴림픽 인쇄광고

오메가: 패럴림픽 인쇄광고

진 놀이터로 탈바꿈시켰다.

나이키, 스포츠 영웅의 제국

올림픽 광고 이야기에 나이키를 뺄 수는 없다. 나이키는 단순한
상표의 이름이 아니다. 그것은 스포츠의 모든 것이다. 사람들의 꿈과

비전, 희망과 동경, 열망과 존경 등이 이 이름 안에 다 담겨 있다. 나이키라는 브랜드는 이제 미국을 넘어서서 전 세계인의 생활이요 문화가 되어버렸다. 코카콜라가 단순한 음료로 기억되지 않는 것과 마찬가지다. 나이키의 광고에 항상 붙어다니는 'Just Do It'은 슬로건으로만 머물지 않는다. 이 시대를 살고 있는 지구인들의 생활수칙이요 좌우명이며 복음이요 교리가 되어버렸다.

나이키는 또한 영웅과 스타의 제국이기도 하다. 마이클 조던, 보 잭슨, 존 매켄로, 앤드리 애거시, 배리 샌더스, 시드니 몬크리프, 칼 루이스, 마이클 존슨, 세르게이 부브카…. 오늘날 나이키의 브랜드이미지를 만드는 데 혁혁한 공을 세운 스타 플레이어의 이름들이다.

나이키의 스포츠 제국은 흑인과 백인, 남과 여, 나라와 종목을 가리지 않고 당대의 기라성을 황제로 추대했다. 때로는 뭇별 중에 섞여 광채를 빛내지 못하던 신성을 미리 발굴해 스타덤에 올리는 마케팅 육감을 발휘하기도 했다. 무명의 골퍼였던 타이거 우즈도 나이키 웨어를 입고서부터 승승가도에 가속도를 붙여나가기 시작했다. 아무튼 그들의 성공신화는 곧 나이키의 성공신화로 편입되었다.

그러나 나이키의 얼굴들이 모두 화사한 광휘를 띠고 매체를 장식했던 것은 아니었다. 때로는 축구선수 브라이언 맥브라이드의 발톱, 농구선수 케빈 가넷의 팔목 밴드, 육상선수 밥 케네디의 뒤꿈치, 농구선수 스코티 피펜의 코가 모델로 초빙되기도 했다. 얼굴을 감추고 특정 신체부위를 강조함으로써 징크스에 곧잘 사로잡힐 만큼 예민한 운동선수들의 내면세계를 묘사하는 표현전략이었다. 우아한 것, 위대한 것, 화려한 것, 강한 것, 반듯한 것만이 능사가 아니라는 위악적인 반발이기도 했다. 스포츠의 터프함과 섬세함, 그 양면성을 묘사하는 탁월한 기획이었다고 평가된다.

마이너리그의 이미지 메이커들

패럴림픽 시즌에는 어김없이 장애인들이 나이키의 광고 모델로 나서기도 한다. 눈은 이글거리고 입은 비틀어지고 얼굴근육이 일그러져 있는 반항기 어린 마이너들이 광고에 등장한다.

"볼 테면 봐!" 한쪽 팔과 또 다른 한쪽 손이 뭉텅 잘린 선수가 냉소 어린 시선으로 내뱉는 말이다. 우리는 어떤 자세로 그에게 시선을 주어야 할까? 정작 보이는 사람은 당당한데 보는 사람이 왠지 주저하게 되고 괜히 힐끔거리게 된다. 헤드라인 아래의 카피가 쭈뼛거리는 독자를 향해 마음의 빗장을 풀어준다. '세계기록 보유자가 아니었다면 당신이 보기도 힘든 사람이야.' 그의 육신이 풍기는 그로테스크한 뉘앙스보다는 그의 인생이 쌓아올린 불멸의 기록에 주목하게 하는 힘이 느껴진다.

또 다른 광고 한 편. "동정해도 좋아!" 뭘? 의족을 하고 있는 이 수영선수의 빈약한 다리를? 아니다. 연민의 대상이 되는 것은 남다른 외모나 신체조건이 아니라 그가 간발의 차이로 상실한 우승의 아쉬움이다. 카피가 그렇게 적고 있다. '그는 100분의 1초 차이로 금메달을 놓쳤다.'

휠체어의 바퀴를 부여잡고 비장하게 이쪽을 향하고 있는 선수의 눈빛도 눈길을 고정시킨다. "곁에 있는 게 쪽팔린다구?" 하지만 본문을 보면 왜 그가 그처럼 기세등등한지 금방 알 수 있다. '어쩌면 당신 따위는 준결승에서조차 그와 한번 겨루기 힘들 거야.'

하나같이 예사롭지 않은 강력한 카리스마를 뿜어내고 있다. 제품도 슬로건도 보이지 않는다. 승리의 날개 마크와 찡한 여운밖에 남는 게 없다. 그렇다고 무책임한 비주얼 스캔들만이 목표는 아니다. 나이

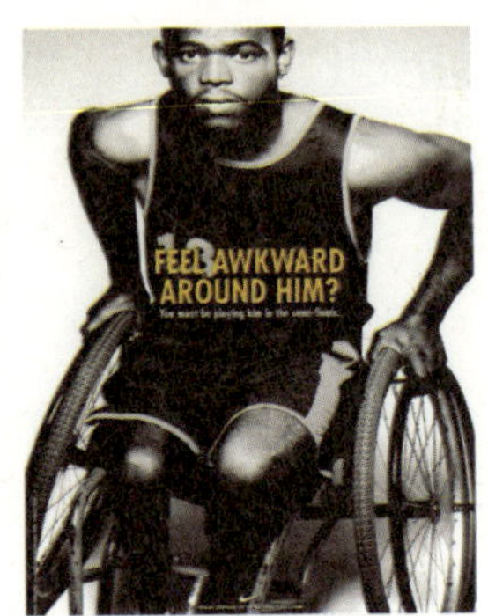

키다운 큰 브랜드의 자신감으로 보인다.

　물론 광고의 마이너리그에 장애인이 출전한 사례는 나이키가 처음은 아니다. 미국의 고급 백화점 체인인 노드스트롬은 패션브랜드 카탈로그에 교통사고로 하반신이 마비된 미모의 젊은 여성 등 장애인들을 등장시켜 화제가 되기도 했다. 국제 전화회사인 ATT는 농아 여배우 말리 매틀린과 하반신 마비자인 슈퍼맨의 주연배우 크리스토퍼 리브를, IBM은 하반신 마비자인 그래미상 수상 가수 커티스 메이필드를, GM은 암벽등반가 출신의 장애인 마크 웰을 기용해서 신선한 반향을 일으킨 바 있다.

　여전히 사람들은 장애인들이 나오는 광고를 부담스러워 하고 있다. 그들에 대한 온당치 못한 시선은 오히려 소비자보다는 광고주 쪽이 더한 것 같다. 겉으로는 소비자의 불편한 심기를 염려하면서도 사실은 그들의 모습이 브랜드에 미칠 왜곡현상을 걱정하고 있다. 소비자는 그렇게 미숙하지 않다. 우리가 광고에 나온 장애인에 특별히 주목하는 것은 외모의 그 특이함 때문만은 아니다. 그들의 생애 속에 어른거리는 비장의 드라마와 대화할 준비가 되어 있는 사람들도 상상외로 많을 것이다.

4

개밥에 도토리?

시저 개밥 광고캠페인

　'개'를 대하는 태도만큼 모순적이고 이중적인 심리가 작용하는 것이 또 있을까? 귀여운 손주를 보면 "아이고, 우리 똥강아지!"라면서 눈에 넣어도 안 아플 것 같다고 한다. 그러다가 맘에 안 드는 짓을 하는 개망나니를 보면 "저런 개만도 못한 놈"이라면서 혀를 끌끌 차기 일쑤다.

　인간보다 의리 있는 충직한 개로 '플랜더스의 개'나 '오수의 개'를 소환하기도 한다. 실제로 작품의 배경이 된 그 장소에 가면 그 실화를 기린 동상도 있을 정도다. 〈개 같은 날의 오후〉나 〈저수지의 개들〉은 개에 담긴 상징성을 명징하게 묘사하는 국내외의 전설 같은 영화다.

　서양의 경우 개밥은 비즈니스를 하는 사람들 입에 자주 오르내리는 메뉴라고 한다. 요즘 미국 첨단기술 업계에서 내로라 잘 나가는 사람들이 먹는 아침식사는 콘 프레이크가 아니라 '개밥'인 것 같다.

　'자신이 만든 개밥을 스스로 먹다(eating your own dog food)'라는 표현이 유행이라고 한다. 이 말은 자사가 개발한 소프트웨어나 상품을 성능 향상을 목적으로 시험적으로 직접 사용해보는 것을 가리킨다.

　통신기업의 원조 벨(Bell)의 한 중역은 "우리가 개발한 개밥이 먹으면 배탈이 나는지, 또 맛은 어떤지 알려면 직접 먹어봐야 한다."라고 목청을 돋우었다고 한다. 용도야 어떻든 '개밥'이란 표현은 썩 기분 좋은 느낌은 아니다. 실리콘밸리에서는 결국 소비자를 개로 생각한다는 뜻이 되지 않을까?

우리나라 광고에서 개밥은 아직 개밥에 도토리다. 개들도 좋아하지 않는 도토리마냥 신경 별로 안 쓰고 대충 만들어도 잘 팔린다는 얘기다. 그래서 그런지 애완견 식품은 변변하게 광고의 소재로도 대접받지 못하고 있다.

애완견이 특별한 대우를 받는 프랑스나 남미 같은 곳에서는 종종 특별한 개밥 광고를 만들어내고 있다. 그쪽의 개들은 사람들과 한 식구처럼 살을 부비고 어리광을 부리는 존재이다. 아파트를 구할 때도 개를 키우기에 맞춤한 곳인가부터 먼저 고려한다고 한다.

광고영화제를 보기 위해 잠시 머무른 프랑스 칸의 새벽 공원에서도 어김없이 견공들이 사람들의 지극한 서비스를 받는 진풍경이 벌어지고 있었다. 어루만지고 먹이고 함께 조깅을 하는 등의 지극정성이 마치 노인들이 귀한 손자를 대하는 것과 꼭 닮아 있었다. 그래서 유럽과 라틴아메리카의 광고작품 중에서는 골 때리는 크리에이티브가 개밥의 이름으로 자주 등장한다.

'입맛 까다로운 개들을 위한 특별한 식품들'이라는 타이틀이 붙은 시저(Cesar)라는 이름의 애완견 식품을 위한 광고는 아이디어가 정말기발하다. 그림을 반으로 딱 쪼개어서 이상야릇한 표정을 가진 사람과 강아지의 증명사진 같은 것을 배치하여 눈길을 잡아채고 있다.

자세히 보면 양쪽의 그림들이 예사롭지 않은 관련성을 갖고 있다. 전체적인 컬러 톤이며 얼굴윤곽, 이목구비의 배치 등이 빼다 박듯이 닮아 있다. 남의 얼굴 가지고 무슨 음모를 꾸미고 있는지 잠시 시선을 멈추지 않을 수 없는 광고다.

　　　　　광고에 말 걸기

시저 인쇄광고: "먹는 것까지 닮을 순 없지요"

어쨌단 말이야? 당신이 기르는 개가 설령 당신이랑 복제하듯 닮았기로서니 그게 어쨌단 말이야? 개 같은 개는 더 이상 취급하지 않고 사람 못지않은 명견만을 분양하는 펫숍이라는 얘기를 할 참인가? 섣불리 어설픈 속단을 내리기 전에 눈길을 오른쪽 아래 제품로고 바로 위쪽으로 살짝 돌려보자.

국제광고제에서 수상한 대부분의 광고가 그림으로 할 말을 끝내고 마는 경향이 있지만 이번만큼은 카피도 제 몫을 단단히 하고 있다. "녀석이 당신이랑 닮았다고요? 하지만 먹는 것까지 꼭 닮을 필요는 없지 않겠어요?" 거기에 덧붙여서 "특별한 개를 위한 개밥-시저'라는 슬로건이 광고의 의도를 명명백백하게 밝혀준다.

이쯤 되면 광고장이는 인상학에도 특별한 관심을 가져야 하는가 보다. 사람들의 얼굴을 보고 성격이나 고민, 취미, 정도를 알아내는 정도는 웬만한 하수도 다 할 줄 안다. 집에서 기르는 개의 골상학에까지

시저 인쇄광고: "육류와 야채의 완벽균형"

특별한 조예가 있을 정도로 공부해야 고수 소리를 듣게 생겼다.

개밥 광고의 넉살은 여기서 끝이 아니다. 금이야 옥이야 애지중지하는 개를 위한 애틋한 주인의 마음을 공략하는 광고쟁이들의 재치는 정말 기발하다. 얘기인즉슨, 이번에 새로 나온 개밥에는 닭고기랑 쇠고기 성분이 듬뿍 함유되어 있다는 것인데….

게다가 녀석들의 까탈스러운 입맛을 돋우기 좋게 야채 성분을 곁들여 토핑효과까지 냈다는 얘기다. 그런 사연을 그림으로 전달하는 솜씨가 역시 한 수 위다. 닭의 벼슬이 있던 자리에는 상큼한 야채 이파리로 장식해서 닭고기와 야채가 절묘하게 조화된 먹거리임을 우스꽝스럽게 보여주고 있다.

또한 쇠뿔 대신에 먹음직스러운 홍당무를 박아놓은 너스레는 또 어떤가? 비프스튜 같은 요리에 야채 수프나 샐러드를 곁들인 요리라면 제아무리 미식에 길들여진 견공이라도 황공한 노릇 아닐까 싶다.

이렇게 마냥 귀하게 키운 녀석이다 보니 버릇이 없는 것은 불 보듯 뻔할 일 아닌가? 맛있는 음식을 눈앞에 두고서는 시도 때도 없이 앙탈을 부리기 십상일 것이다. 기껏 진수성찬으로 모셔놓았더니 시저라는 개밥에 잔뜩 입맛이 길들여진 녀석에겐 금단증세 같은 부작용이 생겨버렸다. 먹고 싶은 건 하늘이 두 쪽이 나도 바로바로 입에 넣어야

광고에 말 걸기

조용해진다. 이런 얘기를 절묘하게 표현해내고 있는 광고 몇 편도 기억에 남아 있다.

'밥 먹을 땐 개도 안 건드린다.'는 속담은 개의 세상에선 어불성설일 터. 메이저 리그나 내셔널 리그 같은 야구경기에 빠져서 식음을 잊은 경험이 한두 번은 있을 터이다. 하지만 집에 개가 있을 경우는 얘기가 달라진다. 자기가 굶는 거야 말릴 수 없겠지만 귀하디 귀한 견공의 식사대접에 소홀한 건 용서가 안 된다.

맛있는 개밥을 식탐하느라 사정없이 보채는 성질머리 급한 개들의 심리를 카피로 만든 광고가 시리즈로 눈길을 끈다. "안 돼, 이 장면 절대 놓치면 안 되는 거 알잖아? 잠시만 참아주란 말이야!" 주인장이 먹이를 보채는 녀석에게 통사정을 한다. 그런다고 대충 봐줄 녀석이라면 광고에 나오지도 않았겠다.

결국은 항복 선언을 하고 마는 주인장의 절규. "알았어, 알았다고! 이깟 플레이 오프, 내년에 또 보면 될 일 아니여?" 광고지면을 반으로 나누어 그런 스토리를 만화처럼 풀고 있다.

이런 광고도 있었다. 개밥이 떨어진 모양이다. 주인이 임시방편으로 녀석을 어르고 있는 모양인데 영 먹히지를 않는다. "따끈한 코코아, 포근한 담요, 아늑한 난롯불? 웃기지 말라고! 그 따위가 나랑 무슨 상관이야?" 개의 논리인즉슨 이렇다. "아무리 금강산이라도 식후경인

줄 알면서 개수작이야?” 우는 아이에겐 떡이 약이요, 보채는 개에겐
시저가 특효약이란 말씀의 광고다.

개를 먹는 인간은 야만족이라는 말로 이 땅의 보신탕 마니아들을
분개하게 했던 브리지트 바르도. 그녀의 나라 프랑스가 견공의 천국
이라 불리는 건 전혀 우연이 아닐 것이다.

해마다 복날 즈음이면 쥐구멍을 찾는 이 나라 개들의 운명을 생
각하면 ‘개 팔자 상팔자’라는 속담은 더 이상 동양의 것이 아닌 성싶다.

행복한 개들이 있어 행복한 개밥 광고도 있는 것 아니겠는가?

   광고에 말 걸기

5

여자의 눈높이와 키높이

페미니즘의 성을 쌓아가는 패션브랜드 광고캠페인

중년 남자 셋이서 나누는 대화를 엿들었다.

숯불 화로 위에선 고기가 맛있게 익고 있었다.

"야, 너네는 언제부터 여자들 눈치 보기 시작했냐?"

"연애 초반부터였지. 여자친구랑 카페 갔다가 혼났잖아."

"무슨?"

"무심코 커피에 설탕 두 스푼 넣었거든. '넌 내가 달달이 커피 극
혐인 거 몰라?' 하고 불같이 화를 내더라."

"난 결혼하고 본격적으로 시작됐지. 아내가 하루 종일 레이더를
돌리더라."

"그럼 결혼 생활의 핵심은 뭔데?"

"딱 두 가지야. 첫째, 눈치껏 먼저 알아서 해라. 둘째, 아내 말이
곧 진리라고 믿어라."

"그렇게 살면 행복하냐?"

"당연하지. 아내가 만들어준 행복을 빌려 쓰는 거지 뭐."

새삼스럽게 낯선 풍경도 아니다. 여자와 남자가 살아가는 이야기

다. 세상은 온통 우먼파워가 압도하는 듯하다. 특히 이 시대의 상품광고들은 여성들을 설득하는 데 몰두하고 있다. 그들의 환심을 사지 못하면 절대로 지갑은 열리지 않는다는 절박감으로 온통 여자마음 사로잡기에 매달리고 있는 듯하다. 페미니즘을 부추기는 전위대에는 항상 패션광고가 서 있다.

페미니즘의 전사: 쿠카이

쿠카이(Kookai)는 프랑스를 대표하는 여성 캐주얼 브랜드이다. 프랑스의 한 일간지에 따르면 이 브랜드의 파워는 그 나라의 여성부장관을 능가한다고 한다. 여성의 권익향상에 그만큼 막강한 영향력을 행사한 브랜드라는 얘기다. 부적절한 롤리타(Lolita impertinente) 이미지를 표방하면서 비주얼 스캔들을 일으켰던 문제적 광고. 쿠카이 브랜드 광고는 팜므파탈의 이미지를 더욱 확실하게 구축해가고 있다.

2000년대 중반부터 "나는 내가 입고 싶은 것을 입는다"라는 메시지를 중심으로 여성의 선택과 스타일을 강조하는 캠페인을 전개했다. 2006년의 광고는 '우아한 반항'이라는 콘셉트로 만들어졌다. 한 여성이 전형적인 사무실 복장을 거부하고, 과감한 컬러와 독창적인 디자인의 쿠카이 의상을 입고 도발적인 포즈를 하고 있다. 패션이 단순히 외모를 꾸미는 것이 아니라 자신을 표현하는 도구라는 얘기다. 페미니즘 이슈는 더욱 노골화된다. 2010년 캠페인은 '당신답게, 쿠카이처럼(Be Yourself, Be Kookai)'이라는 슬로건을 내세웠다. 다양한 인종과 체형의 모델을 내세워 여성다움의 기준을 깨려는 시도였다.

상식을 뒤집는 표현, 난해한 기호적 묘사로 때로는 눈살을 찌푸

리게도 하지만, 쿠카이가 고집스럽게 들고 가는 광고콘셉트는 '여자기 살리기'이다. 천년의 획을 새로 그으면서도 절대 변하지 않고 그런 메시지는 일관성을 지켜가고 있다. 이렇듯, 집요한 자세로 남성의 권위와 힘에 맞서서 여성우월을 부르짖은 덕분에 이제 쿠카이는 페미니즘의 전사로 우뚝 서 있다.

남자의 자존심에 침을 뱉으마!

남자는 오직 여자들에 의해 사육되는 존재에 불과함을 알리는 메시지일까? 어항 속에서 허우적거리는 사내의 모습을 아무런 느낌 없이 내려다보는 여자의 표정이 비인간적인 느낌까지 자아내고 있다. 마치 선심이라도 쓰듯이 먹이를 뿌려주는 여자의 얼굴에 야릇한 멸시감이 어려 있다. 생존경쟁의 수렁에서 발버둥 치는 남자들의 가련함을 조소하는 듯하다. 세상의 남자를 손아귀에 움켜쥔 듯한 냉혹한 악녀 이미지.

남자들의 알량한 자존심의 두께를 조롱하고 있는 것일까? 함부로 내팽개쳐진 음료수 캔에 남자의 이미지를 구겨 넣었다. 마법의 램프

에 갇혀버린 거인의 모습을 내려다보며 낄낄대는 지니처럼 가학의 즐거움을 만끽하고 있는 여자의 모습. 이 시대 남자들의 생사여탈권은 여성의 손아귀에 있음을 풍자하는 기호적인 그림이다.

박제되어 봉인된 남자들을 향해 처연한 시선을 떨어뜨리는 여자. 버튼만 누르면 언제든지 꺼내 사용할 수 있는 '남자 자판기' 속에서 여자의 처분만 기다리고 있는 남자들의 몰골이 퍽 대조적이다. 남자도 마음만 먹으면 얼마든지 일회용의 인스턴트 소품으로 전락시킬 수 있다는 경고 같다.

패션광고는 더 이상 마케팅 목적을 향해 직격탄을 쏘진 않는다. 의상의 특징이나 디자인, 색상을 파는 대신 시대정신이나 문화를 앞세워 상표 이미지를 끼워팔기 하는 것 같다. 코카콜라가 미국의 풍요를 팔고 나이키가 NBA의 스포츠 제국주의를 팔고 볼보 자동차가 안전지상주의를 팔듯이 말이다.

　　패션광고의 주된 고객인 신세대는 기성세대의 구매패턴과는 달라도 너무 다르다. '입기 위해' 구매하는 시대에서 '즐기기 위해' 사는 시대로 변한 것이다. 기분전환을 위해 패션 카탈로그를 넘기다 우연히 눈에 띈 브랜드를 위해 지갑을 톡톡 터는 것은 적어도 그들에게는 충분한 이유가 되고도 남는다. 거기에 광고 하나에서 여성상위 시대임을 확인하는 짜릿함까지 얻을 수 있다면 패션광고는 단순한 상표값 이상의 보상을 하는 것 아닐까?

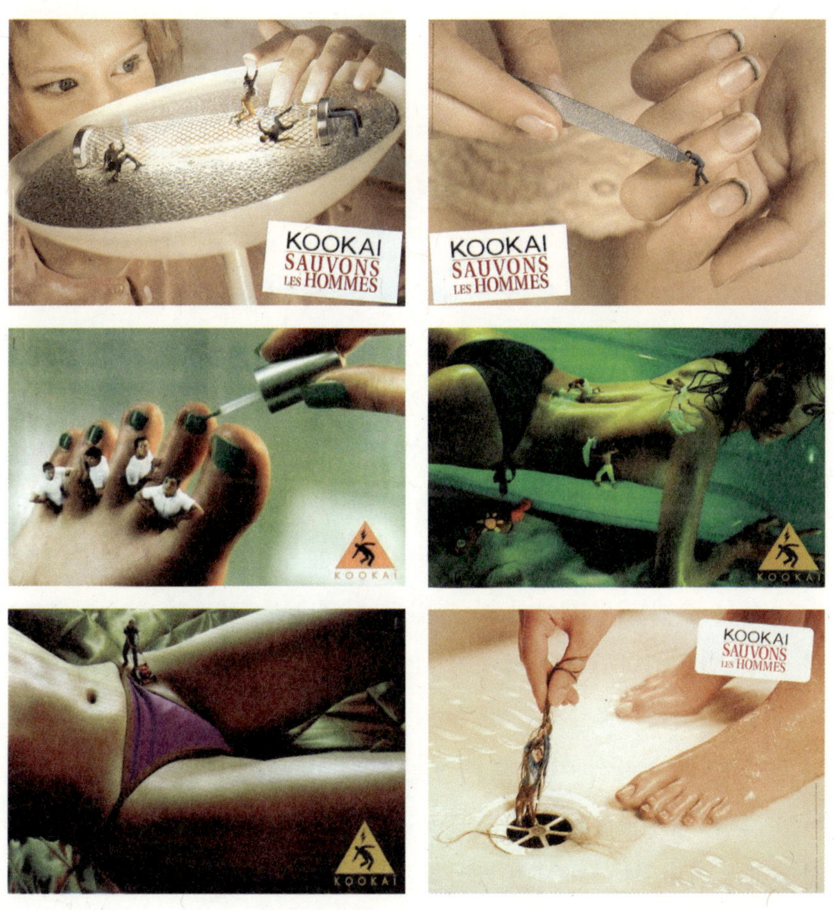

할로겐램프에 꼬이는 나방처럼 여자들에게 기생하는 존재로 비하되는 남자. 그리고 네일 파일 끝에 매달려 구명을 애걸하는 남자는 말 그대로 손톱 밑의 때처럼 귀찮은 존재로 묘사되고 있다. 선탠을 하는 여자의 등에 오일과 크림을 발라주는 남자들. 아슬아슬하게 드러나는 여자의 비키니라인을 마치 잔디밭을 손질하듯이 충직하게 보살피는 남자. 한 움큼의 머리카락과 함께 개수구에 빨려 들기 직전 여자에 의해서 목숨이 구해지는 남자 이미지. 이 모든 광고 이미지들은 이 시대 여성들의 우월감과 가학적 쾌감을 자극하는 데 부족함이 없어 보인다.

'여자 기 살리기' 테마의 파격 변신

2000년대 중반에 들어 쿠카이 광고는 변신했다. 그림이 달라지고 이미지가 달라지고 충격의 정도가 더 강해지고 있다. 마치 간음한 여자 헤스터에게 남겨진 주홍글씨처럼 남자의 육체를 벌하고 있는 징그러운 생채기들. 더 이상의 설명도 없고 제품을 연상시키는 시각단서도 따로 없다. 광고를 보는 사람의 반응도 제각각일 것이다. '도대체 주장하는 바가 뭐야?' '이 끔찍한 이미지가 도대체 브랜드에 도움이 되기나 하는 걸까?' '쿠카이와 이 그림은 대체 무슨 상관관계가 있단 말이지?' 오만무례하고 불친절하기 짝이 없는 광고다.

이 광고들의 메시지를 해독하는 실마리는 심벌마크에 있다. 남자의 몸을 향해 벼락을 치는 형태의 브랜드 마크를 사람들은 익히 기억하고 있다. 그 마크가 이번 광고에는 빠져 있다. 군더더기로 여겨 과감하게 날려버렸다. 대신 쿠카이라는 로고타입이 그 자리를 대신하고

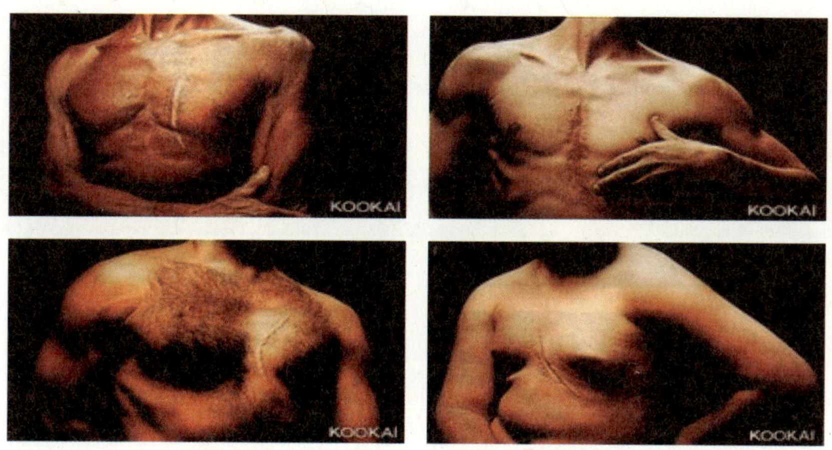

마는 극단적 미니멀리즘을 이 광고는 채택하고 있다. 마치 나이키가 로고 없이 갈고리 모양의 마크만으로 얼굴을 대신하듯이 불필요한 요소는 최대한 절제하고 있다.

지금까지 남자들이 행사해오던 권위, 오만, 가부장적 지위, 독선, 제도적 특권 따위에 철퇴를 가하듯이 광고 아티스트들은 남자들을 향해 잔혹한 저주의 징벌을 가하고 있다. 로고에 담겨 있는 '벼락 맞는 남자'를 아예 표현소재로 끌어올렸다. 남자들의 벌거벗은 몸에 칼자국을 내기도 하고 불에 덴 상처를 남기거나 징그러운 벌레가 할퀸 흔적을 남기기로 결심한 것이다.

세상 모든 여자들의 통쾌한 복수가 체화된 남성학대의 징표가 비주얼의 전부이다. 마른 하늘에 날벼락을 맞듯 상처받을 사내들. 그들의 자존심이 이 광고의 공격목표였다. 그것을 위해 아티스트는 페미니즘의 날이 시퍼렇게 선 비수를 남성우월주의의 심장에다 꽂아버린 것이다. 그 의도가 너무 섬뜩해서 거부감이 들 정도다. 꼭 이렇게 살벌하지 않으면 살아남지 못할 만큼 아직도 여자는 약한 존재인가? 여

자의 자존심이나 정체성은 꼭 남성과의 대결을 통해서만 쟁취되는 것인가?

"여자 없는 세상, 말이 돼?"라는 질문을 던지는 광고들. 언뜻 보기엔 단순무식해 보이는 사진이지만 이 그림에는 수천 년의 성대결 역사가 담겨 있다. 여자를 억압해온 온갖 굴레와 차별에 대한 무언의 항변이 웅변으로 뿜어지고 있는 듯하다. 표현의 관점에서는 패션광고가 이래야 된다고 하는 인식의 굴레들이 박살 나고 있다. 감성과 무드, 터치, 스타일, 매너가 송두리째 부정되고 있다. 한 편 한편이 마치 패션광고의 성역에 도전하는 듯한 반항이요 실험이다. 그러나 유심히 살펴보면 브랜드의 인지 강화라는 목적을 달성하기 위한 고도의 전략과 은밀한 계산을 들춰낼 수 있음 직하다.

세상에서 가장 높은 하이힐: 카틸로네

여자는 구두를 무엇으로 신는가? 패션? 발이 편한 구두? 디자인이 세련된 구두? 액세서리가 화려한 구두? 다 틀렸다. 이제 여자들은 구두를 제품으로 대하지 않는다. 브랜드로 느끼고 평가하고 즐긴다. 그럼, 브랜드 가치를 만드는 것은 무엇인가? 컬러, 레이블, 디자인, 품질,

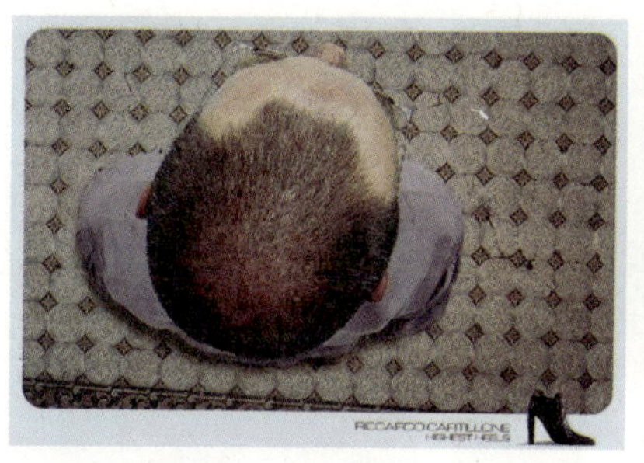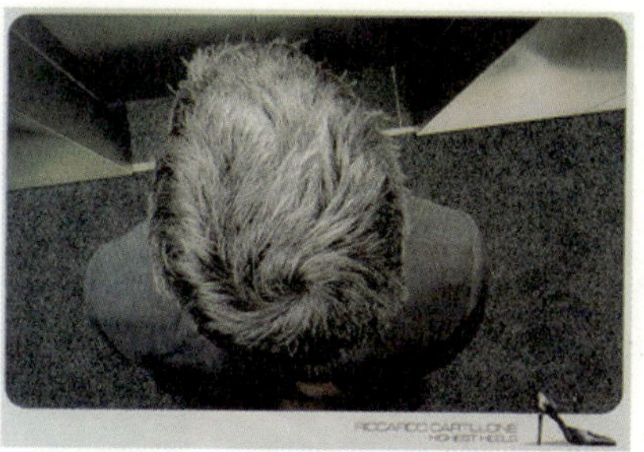

소비자의 평가, 가격, 명성… 거기서 끝이 아니다. 이미지를 파는 것도 전략이다. 소비자 심리, 그중에서도 여자의 자존심을 파는 제품이 있다. 마케팅의 전략무기 중 제일 중요한 것은 그래서 제품이 아니라 소비자인 것이다. 가격은 소비자가 지불할 용의가 있는 비용의 성격을 띤다. 내 자존심을 높이는 데 돈은 얼마든지 지불할 태세가 되는 것이다. 허영심이라고 해도 좋다.

단순히 발을 감싸는 가죽으로 보면 사용가치가 구두의 품질을 재는 잣대가 되지만 현시의 백화점에 전시되는 순간 구두는 그 무엇과 맞바꾸어도 아깝지 않은 교환가치를 띠게 되는 것이다. 자동차가 단순한 운송수단을 넘어서서 신분과 지위, 부와 능력의 상징으로 더 큰 의미를 갖는 것처럼 말이다. 이 광고의 이데올로기는 그래서 사악하다. 당신의 몸속에, 그리고 마음속에 욕망의 성장 촉진제를 주사하라는 충동질을 하는 것이다.

독일의 여성 구두 리카르도 카틸로네(Riccardo Cartillone)의 재치는 단연 압권이다. 요런조런 남자들의 정수리를 탑뷰(top-view)로 보여주면서 굽 높은 구두를 신는 여자의 쾌감을 풍자하더니 이번엔 장난기가 도를 지나친다 싶다. 도대체 사람들 꼴이 저게 뭔가? 왜 저렇게 망가뜨려놓고 있는 건가? 멀쩡한 남자들이 보기에도 민망한 난쟁

이 모양들을 하고 있으니 말이다. 나름대로 한 인물 하는 신사들이 하나같이 짜리몽땅 납작해진 모양을 하고 위를 올려보고 있는 형국이다.

폴로 경기를 하고 있는 건장한 신사, 고급 자동차 앞에서 잠시 휴식을 취하고 있는 사내, 거대한 컨테이너를 청소하는 미화원 아저씨, 나이트클럽 앞에서 거드름을 피우고 있는 제비족…. 그들의 시선은 어디를 향하고 있는 것일까? 그리고 그들이 신고 있는 신발들은 왜 저리도 오종종해 보이는가? 이 남자들의 앞에서 거만한 눈빛으로 아래를 내려다보는 여자의 모습을 상상할 수 있었다면 당신은 여우다. 더욱이 '세상에서 가장 높은 힐(highest heels)'이라는 슬로건의 도움이 없이도 그랬다면 구미호라는 애칭을 주겠다. 아니, 사실은 이 광고 읽기에 그렇게 대단한 총기가 동원될 이유는 없어 보인다.

약간의 비주얼 상상력, 디지털 사고방식, 기호에 대한 친숙함만 갖추고 있다면 이 광고는 쉽사리 해독의 실마리를 내밀어 보인다. 이런 식의 카메라앵글은 그야말로 우리 의식의 허를 팍 찌르는 송곳이다. 문자언어가 소멸하고 시각언어가 위세를 떨치고 있는 비주얼 커뮤니케이션의 세례. 표현의 진화는 끝이 안 보인다.

광고에 말 걸기

굽이 높은 구두를 신는다는 것은 여자의 자존심을 끌어올리는 차원에 머물지 않는다. 신데렐라 이야기를 굳이 들먹이지 않더라도 구두에는 신분상승의 코드가 담겨 있다. 왕자가 애타게 찾는 유리구두의 주인공이 된다는 것은 하루아침에 평민에서 왕족으로의 변신을 의미했다. 필리핀의 퍼스트레이디였던 이멜다는 구두수집광으로 알려져 있다.

그녀는 구두를 소유하려는 욕망은 본능이라고 둘러댔다. 그녀는 '미스필리핀' 시절부터 영부인 시절까지 모은, 자신의 분신과도 같았던 3,000켤레의 구두를 전시하면서 다시 언론의 스포트라이트를 받았다. 그가 그토록 구두에 집착한 이유는 무엇이었을까? 구두박물관 개관 연설에서 그녀의 심경은 드러난다. "나는 구두를 신을 때마다 아직 남편이 대통령이란 느낌을 받는다." 그녀에게 있어 구두는 자신이 영원한 스타임을 증명하는 훈장쯤으로 여겨졌을 것이다.

꼭 구두뿐만이 아니다. 탐나는 물건을 위해서는 수단방법을 가리지 않는 도발정신이 소비사회에서는 근사한 풍경으로 자리 잡은 지 오래다.

6

당신도 스타충?

스타벅스의 문화마케팅 홍보캠페인

부동산 사무실의 최애 용어는 '역세권'이다. 집의 위치를 설명할 때 이 단어 하나면 끝이었다. 세상이 너무 빨리 변해서 그런지 그보다 더 다양한 '권'이 생겨났다. '역세권'은 물론이고, 겨울철마다 기다려지는 '붕(붕어빵)세권'도 있다. 동네가 붕세권이라면 겨울이 오기를 손꼽아 기다리게 된다. 학부모들이 학군에 예민할 때 꼭 필요한 '학세권', 맛집이나 마트 같은 곳에 슬리퍼 차림으로도 갈 수 있는 '슬세권'까지. 이젠 이런 용어들이 자연스러워졌다.

조금 다른 세권도 있다. 바로 '별세권'이다. 별세권이 뭐냐고? 집 근처에 스타벅스가 가까이 있는 동네를 말한다. 집 앞, 또는 출퇴근길에 손쉽게 스타벅스에 들를 수 있다면 당신도 별세권에 산다고 할 수 있다.

별세권에 산다는 건 어떤 것일까? 우선, 아침에 일어나서 거창한 준비 없이 슬슬 나가 스타벅스에서 커피를 사오는 것만으로도 하루가 부드럽게 시작된다. 매일 아침 따뜻한 라테 한 잔을 손에 들고 출근길에 오르면 마치 영화 속 주인공이 된 것 같은 기분이다. 꼭 커피를 마시지 않더라도, 스타벅스 매장에서 느껴지는 그 독특한 향과 분위기만으로도 기분이 좋아진다. 주말에 가볍게 산책하다가 스타벅스에 자

출처: 네이트 뉴스

리 잡고 여유롭게 책을 읽거나 노트북을 펴서 일 할 수 있다는 건 정말 별세권 사람들만의 특권이다.

스타벅스는 커피만 파는 곳이 아니다. 언제든지 누구나 들를 수 있는 편안한 공간이기도 하다. 가까운 친구와 수다를 떨기에 좋고, 혼자 조용히 시간을 보내기에도 안성맞춤이다. 별세권에 사는 이들은 스타벅스를 단순히 커피숍이 아닌 '나만의 아지트'로 활용할 수 있다. 게다가 계절마다 나오는 신제품 메뉴들이 있어서, 그걸 체험하는 재미도 쏠쏠하다. 계절별 한정판 텀블러와 머그컵을 모으는 즐거움도 별세권의 특권이다. 주문한 커피가 나오면 내 이름이 불리는 그 순간의 설렘. 이 작은 순간들이 별세권에서 누릴 수 있는 행복이다.

커피 그 이상의 별세권, 스타벅스

'장미를 팔기보다는 사랑을 팔아라.' '초콜릿을 팔기보다는 무드를 팔아라.' '자동차를 팔기보다는 자존심을 팔아라.' 오늘날의 마케팅 전략에서 낯설지 않게 운위되는 금과옥조들이다. 정리해서 말하면, 제품을 팔지 말고 그 제품의 브랜드 가치를 소비자에게 부각하라는 얘기다. 이런 마케팅의 불문율을 커피라는 제품에 대입하면 어떻게 될까?

커피의 원료인 원두나 그 원산지 또는 향, 제법 등을 말하는 광고 전략은 스타벅스에서는 안 통한다. 사랑, 행복, 설렘, 그리움, 애틋함, 포근함, 품격 등이 커피 광고의 주요한 키워드를 장식하고 있다. 소비자들은 단순히 제품을 사는 것이 아니라 복잡다단한 삶 속에서 보다 때깔이 나도록 욕구를 채워줄 방도를 추구하는 쪽으로 가고 있다. 이름하여 웰빙(well-being) 현상이 시대의 대세다. 이러한 욕구는 기술이나 기능보다는 그것을 바탕으로 하는 감성에 초점이 맞추어진다. 다시 말해 커피 소비자들은 더 이상 제품의 물성적 특성에 연연하는 것이 아니라 감성을 구매한다고 봐야 할 것이다.

BCG(보스턴 컨설팅 그룹)가 미국에서 연소득 5만 불 이상의 소비자들을 대상으로 조사한 보고서도 이를 방증한다. 이들의 55% 이상이 더 맛있는 것, 더 보기 좋은 것, 보다 나은 서비스를 제공해 주는 음식에 대해 프리미엄 가격과 시간을 지불할 용의가 있다고 응답했다고 한다. 에스프레소 한 잔을 마시기 위해 차를 몰고 교외로 드라이브에 나서기도 하고, 카페라테 한 잔을 같이 마시기 위해 맨날 약속시간에 지각하는 애인을 한 시간씩 기다려주기도 하는 것이다.

감성으로 마케팅하는 전략의 핵심에 커피숍이 있다. 그러한 커피

　　　　　　　　광고에 말 걸기

전문점 브랜드의 대표적 성공사례가 바로 스타벅스(Starbucks)다. 전 세계 커피전문점 중 1위를 차지하고 있는 스타벅스는 눈부신 성장을 거듭하면서 다국적 브랜드들의 고급 커피숍 경쟁을 주도하고 있다.

스타벅스는 1971년 미국 시애틀에서 벤처기업의 모양새를 띠고 등장했다. '스타벅스'라는 상호는 소설 《모비딕》에서 따왔다. 커피를 미치도록 사랑하는 1등 항해사의 이름이기도 했다. 또한 그리스 신화에 나오는 인어 '세이렌'이 그 심벌마크의 모티프가 되었다.

스타벅스는 처음에는 갈아서 만든 원두커피만을 취급하는 영세한 가게였다. 스타벅스가 유망한 사업모델을 넘어서서 산업의 위광을 띠기 시작한 결정적인 계기는 창업자인 하워드 슐츠(Howard Shultz)의 1983년 밀라노 방문이었다. 거기에서 그는 이탈리아의 독특한 커

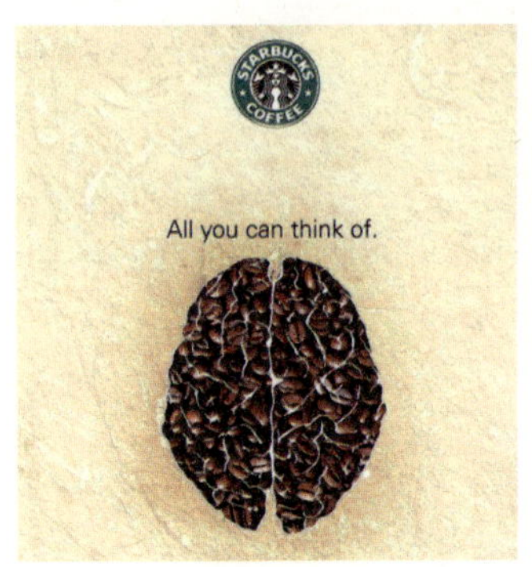

피문화에 매료되었다. 특히 수많은 노천카페에 들어선 에스프레소 바에 앉아서 시간을 보내는 사람들의 모습에서 영감을 얻었다.

1985년 스타벅스에서 독립한 슐츠는 이듬해 4월 시애틀에서 '일 지오날레'라는 커피점을 운영하기 시작한다. 이것이 지구촌의 새로운 커피 메카로 부상한 스타벅스의 효시이다. 여기서는 스타벅스에서 공급받는 원두커피와 카푸치노, 카페라테 등을 함께 팔았다. 결국 반년이 안 되어 하루 1,000명 이상의 고객을 끌어들이는 기록을 세우게 된다. 스타벅스가 본격적인 성공가도에 들어선 것은 그로부터 2년 후의 일이다. 슐츠는 1987년 스타벅스 점포 여섯 개와 배전 공장, 그리고 브랜드 네임을 380만 달러에 매입하게 된 것이다. 새로운 합병회사에는 스타벅스 코퍼레이션(Starbucks Corporation)이라는 이름이 붙여졌다. 지금의 스타벅스 커피는 그 기원을 여기에 두어야 할 것이다.

스타벅스의 홍보전략은 독특했다. 여느 브랜드처럼 판매촉진의 으뜸 수단을 광고에 두지 않았다. 즉, 매스 커뮤니케이션의 위력에 기대기보다는 개별 촉진수단의 통합적인 관리를 통해 브랜딩을 착실히 해나가는 마케팅 전략으로 승부했다. 통합 마케팅 커뮤니케이션의 중심에는 제품이 아니라 커피를 통한 체험과 고객과의 관계가 있었다. 이것이 스타벅스가 50년이라는 짧은 기간에 세계 최고의 종합 커피 브랜드로 성장할 수 있었던 핵심 요인이었다.

또 다른 요인으로는 철저한 타깃 마케팅을 들 수 있다. 스타벅스는 황금 소비층인 젊은 여성들을 공략했고, 차별화된 커피를 선호하는 세대의 취향과 습관을 연구했다. 또한 현지 고객의 감성을 제대로 파악하고 거기에 마케팅 전략을 적중시켰다. 또한 이들 감성세대를 20세를 전후한 Z세대와 30세 이상의 M세대로 나누고 이들 각각의 특성도 세분화했다.

최근 들어서는 마케팅 전략에 미세한 변화가 감지되고 있다. 핵심은 지역에 따라 집행되고 있는 광고 활동이다. 스타벅스 RTD(Ready-to-Drink) 광고는 "언제 어디서나 스타벅스를 즐길 수 있다"는 메시지의 캠페인이다. RTD 음료는 병이나 캔에 들어 있다. 따라서 매장에 가지 않아도 집, 회사, 혹은 야외 어디서나 간편하게 마실 수 있다.

광고는 병이나 캔이라고 해서 그냥 흔한 음료처럼 보이지 않게, 세련되고 감각적인 이미지를 강조한다. 출근길, 캠핑, 여행 중 등 다양한 장소에서 음료를 즐기는 모습을 보여주며 언제 어디서나 간편하게 마실 수 있다는 걸 부각한다. 인스타그램 같은 소셜 미디어에서는 고급감 있는 RTD 제품 사진과 함께 사용자들이 직접 찍은 사진이나 후기를 공유하며 친근함을 더하고 있다.

또한 제품이 주인공이 된 미니멀 디자인의 창의적인 인쇄광고도 눈에 띈다. 페이스트리와 어울리는 브런치 커피, 황갈색의 색감과 라테의 풍미, 쿠바의 감성을 어필하는 로컬 캠페인 등이 그것이다.

MZ세대의 성지가 되다

통제된 생활에서 벗어나 자유와 재미를 마음껏 누리면서도 사회생활 새내기답게 도전정신과 실험정신으로 무장한 MZ세대들. 이들은 고품질의 커피를 원하며 까다롭고 개성이 강한 입맛을 가지고 있어 가격에는 관대하기 때문에 스타벅스 감성마케팅의 포로가 되기에 충분했다. 이들의 생활습관, 소비패턴을 철저히 연구하여 이들이 출몰하는 동선을 점포배치의 거점으로 잡았다.

그들의 입맛에 맞는 상품, 그들이 즐길 수 있는 시설, 그들의 눈높이를 고려한 치밀한 서비스를 제공했다. 또한 고객의 입맛에 따라 '맞춤 커피'를 개발했고, 넉넉한 인간관계를 맺을 수 있는 사교공간의 개념을 매장에 도입했다. 감성마케팅의 중심에는 언제나 사람이 자리한다는 사실을 통찰한 것이다.

스타벅스의 지향점을 한마디로 압축하면 문화마케팅이라 할 수 있다. 커피를 파는 일을 비즈니스로 접근하기보다는 대중의 기호와 문화를 연결하는 관점에서 출발하고 그것을 실행에 옮겼다. 지구촌 어디에나 없는 나라가 거의 없는 감성 문화공간 스타벅스. 스타벅스는 코카콜라 못지않은 글로벌 브랜드이자 심벌로 자리 잡았다.

이제 스타벅스를 단순한 커피 판매점으로 대하는 사람은 거의 없

출처: 환경데일리

다. 스타벅스에서 별을 적립하고 머그와 카드를 모으고 텀블러를 수
집해서 셀럽들의 성지인 인스타그램에 인증샷을 올리는 의식은 더 이
상 스타충(star蟲)만의 취향이 아니다.

7

홈쇼핑 매직쇼

노화를 습격하는 광고와 미디어들

케이블 TV나 모바일 디바이스로 이른 아침 시간대에 홈쇼핑 방송을 자주 보는 사람이라면 흔하게 경험하는 광경이 있다. 비타민, 폴리코사놀, 토코페롤, 흑염소진액, 콘드로이친, 유산균, 오메가3, 크릴오일, 단백질 보충제, 콜라겐, 루테인…. 종류와 효능을 구분하기도 힘들 정도로 넘쳐나는 각종 건강보조 식품이나 약품들이 쇼호스트와 쇼닥터들의 능란한 말솜씨로 홍보되고 있다.

그런데 신기하게도 그 시간대에 지상파나 종편 방송으로 채널을

출처: CJ오쇼핑

출처: 롯데홈쇼핑

돌리면 쇼핑방송에서 소개되고 있는 상품들과 연관된 프로그램이 방송되고 있을 때가 많다. 때로는 홈쇼핑 방송에서 다루어지는 그 제품들을 출연진들이 자연스럽게 사용하는 장면들도 눈에 띈다, 우연이라고 보아 넘기기에는 뭔가 찜찜하다. 방송에서 다루고 있는 이슈들을 연계해서 쇼핑의 아이템으로 잡은 걸까? 아니면 쇼핑되고 있는 물건들의 마케팅을 도와주기 위한 기획 프로그램일까? 알고는 있지만 대놓고 까발리기에는 신경 쓰이는 대목이다.

때로는 한술 더 떠 두 방송 간의 타이밍을 정밀하게 맞추기 위한 교활한 테크닉을 눈치채고서 씁쓰레한 기분을 느끼기도 한다. 물 흐르듯이 유창한 진행과 게스트의 진지한 설명, 흥미진진한 퍼포먼스 사이사이에 어김없이 뜨는 사회자의 익살스러운 멘트, "60초 후에 공개됩니다"가 그것이다.

'악마의 편집'이라 불릴 만큼 방청객과 시청자의 집중력을 최고도로 끌어올리는 묘미가 있지만 사실 알고 보면 건강과 노화 관련 상품들의 간접광고를 위한 배려이다. 이러한 형태의 간접적인 제품홍보는 드라마, 인터넷 공간, 영화에서도 자주 경험된다. PPL이라 불리는 간접광고는 영화나 드라마의 부족한 제작비를 충당하고 작품의 외적 규모를 키우는 중요한 수단이 되기도 한다. 하지만 이런 형태의 간접광고와 방송 사이사이에 맥락 없이 끼어드는 중간광고 때문에 작품에 집중하기 힘들고 순수성을 훼손한다는 비난을 외면해서는 안 될 것이다.

일반적인 지상파 프로그램에서는 간접광고나 중간광고가 비교적 제한적으로 허용된다. 그러나 종편 방송에서는 맥을 뚝뚝 끊는 중간광고가 시청자들을 자주 김빠지게 만들고 있다. 드라마나 영화에서는 등장인물이 특정 상품을 사용하는 장면을 노출시켜 작품에 몰입하는 것을 방해하는 경우가 자주 있다.

노화에 맞짱 뜨는 안티에이징 이슈들

누구도 노화를 피할 수는 없지만 노화의 시간을 조금이라도 늦추려는 노력은 인류의 과제이고 실천과 행동으로 이어져오고 있다. 노화의 원인을 밝혀내려는 의과학적 진단과 처방도 다양하다. 노화의 주범은 활성산소라는 주장도 설득력이 강하다. 활성산소는 우리가 산소를 마시고 사는 한 결코 자유로울 수 없는 생로병사의 악성인자라는 것이다. 지구상에 알려진 질병의 90% 이상이 활성산소로부터 야기된다고 알려져 있다. 그래서 사람들은 활성산소의 일등공신인 자외선을 피하기 위해 온갖 노력을 다한다. 인체의 대사활동에 없어서는 안 되는 효소에 대한 관심도 갈수록 커지고 있다.

노화를 보여주는 가장 뚜렷한 징표는 피부이다. 피부는 신체와 생체활동의 중요한 대변인 역할을 하는 부위이기 때문이다. 영양의 문제나 염증, 알레르기, 매연, 공해, 스트레스가 피부에 미치는 영향은 누구나 인지하고 신경을 쓰고 있다. 최근 들어서는 음식에 들어가는 인공첨가물, 오염된 물, 고열량 인스턴트식품, 항생제, 알코올, 담배 등에도 각별한 주의를 기울이고 있는 실정이다.

급격한 일교차와 스트레스로 인한 심혈관계의 급수축, 이완 등도 면역체계의 교란을 가져와 각종 질병을 유발하고 노화를 촉진한다. 따라서 면역력을 강화하는 각종 건강보조제와 피부미용에 도움을 주는 항산화 성분 화장품도 인기를 끌고 있다. 안티에이징(anti-aging)과 스킨케어, 보디케어 프로그램을 통한 노화예방 노력은 이와 관련된 헬스 비즈니스를 번성하게 하고 있다. 성형수술, 헬스케어, 의수와 의안, 인공관절, 체외수정, 장기 이식, 줄기세포 등등 인체의 재생산 기술도 가히 혁명적인 발전을 거듭하고 있다.

테크놀로지는 원래 물질적인 것을 의미하지만 신체에 영향을 미치는 다양한 사회적 통제도 포함된다. 사회철학자 미셸 푸코(Michel Foucault)는 이를 '사회적 테크놀로지'라 명명하고 있다. 몸은 단순히 자연이 주는 것을 받아들이는 것이 아니라 사회 속에서 우리가 만들어가는 것이다. 사회적 테크놀로지는 몸의 상태나 형태를 생래적이고 당연한 것이라 생각하지 않게 한다. 건강하고 늙지 않기 위해 행하는 단식, 숙변 제거, 유기농 식품, 초음파 MRI, 약물치료, 수술과 침, 유전자 치료 같은 특정한 방식으로 우리 몸에 규칙적으로 개입하는 것을 의미한다. 이처럼 현대생활 자체가 기술과 프로그램을 활용해서 몸에 개입하는 것을 당연시하고 일상화한다.

디지털 기술과 정보, 그리고 각종 미디어들은 질병과 노화의 문제에 어떤 방식으로 대응하고 있을까? 각종 방송 프로그램과 스마트폰, 앱, 인터넷과 사회연결망 서비스, 첨단 정보통신기술, 디지털 디스

플레이와 디지털 커뮤니케이션 플랫폼 등의 ICT 융합기술을 활용하는 디지털 연계 프로그램들은 이들 문제들에 해법을 제시하고 있을까? 아니면 건강과 질병의 이슈를 돈벌이의 수단으로 이용해 먹고 있을까?

불로장생 욕망을 부추기는 광고들

최근 노화를 예방하거나 치료한다는 식품, 의약품, 기기 관련 광고가 눈에 띄게 증가하고 있다. '동안' '노화 방지' '항산화' 같은 단어들은 광고에서 쉽게 발견할 수 있으며, 소비자의 욕망을 자극하며 거대한 시장을 형성하고 있다.

텔레비전 광고는 주로 유명인을 기용하거나 과학적인 이미지를 강조하여 제품의 신뢰도를 높이려는 경향이 있다. 예를 들어, A 브랜드의 한 피부 크림 광고는 유명 배우를 등장시켜 "10년 전의 피부로 돌아갈 수 있습니다"라는 문구를 사용했다. 배우의 무결점 피부와 세

안티에이징 화장품 광고들
출처: 아이오페 홈페이지(좌), Blah.kr(우)

런된 배경은 시청자에게 이상적인 이미지를 제공하며 제품에 대한 기대감을 극대화한다.

이러한 광고들은 일반적으로 과학적 증거를 구체적으로 제시하지 않는다. "10년 전의 피부"라는 표현은 단지 은유적 메시지일 뿐이며, 실제로 그러한 결과를 보장할 수 있는지에 대한 근거는 불충분하다. 또한, 단기간 사용으로 즉각적인 변화를 약속하는 경우 소비자의 기대와 현실 사이에 큰 괴리를 초래할 수 있다.

인스타그램과 같은 SNS에서는 '리얼 후기'를 강조하는 광고가 주를 이룬다. 한 인기 브랜드는 "이 기기 하나로 집에서 피부 관리를 끝낼 수 있다"며 LED 마스크 제품을 홍보했다. 광고에는 실제 사용자의 '전후 사진'을 활용하여 신뢰도를 더했다.

리얼 후기를 활용한 광고는 소비자에게 친근하게 다가가는 효과가 있지만, 문제는 후기의 진위 여부다. 광고주가 선택적으로 긍정적인 후기만을 노출하거나 조작된 이미지를 사용하는 경우도 적지 않다. 특히 의료 기기에 해당하는 제품이라면 광고 심의 기준이 더 엄격하게 적용되어야 하지만, SNS는 여전히 관리의 사각지대에 놓여 있다.

지하철역이나 대형 빌보드 간판에서도 이런 광고들이 짧고 강렬한 문구로 소비자를 사로잡는다. 한 헬스 기기 광고에서는 "10분 투자로 젊음을 되찾다"라는 문구와 함께 실제 제품을 사용 중인 모델의 사진을 보여주었다. 이는 바쁜 현대인에게 간단한 해결책을 제공한다는 점에서 매력적으로 보인다.

광고 속 짧은 문구는 본질적으로 과장된 약속을 담고 있다. 노화는 다차원적인 과정이므로, 단순한 기기 사용만으로 해결될 수 없다는 점을 고려할 때 이러한 광고는 소비자를 오도할 가능성이 크다.

포털 사이트와 유튜브 광고에서는 "○○ 박사가 추천하는 노화

치료제" 또는 "전 세계가 주목한 신개념 항노화 기술" 같은 클릭베이트형 문구가 눈에 띈다. 이는 전문가의 권위를 내세워 제품의 신뢰성을 강화하는 전략이다.

전문가의 이름을 무단으로 사용하는 경우가 많아 소비자를 혼란스럽게 할 수 있다. 더불어 '전 세계 주목' 같은 표현은 과장일 가능성이 높으며, 과학적 근거 없이 판매를 유도하는 방식은 윤리적으로 문제가 있다.

노화를 공격하는 게릴라 홍보물들

웹페이지를 접속할 때마다 함께 뜨는 팝업광고도 스트레스 유발요인이다. 팝업광고는 강제적인 노출 때문에 효과도 뛰어나지만 광고기피 현상을 불러와 심지어 팝업퇴치 프로그램을 설치해서 하루 또는 일정 기간 회피하는 노력을 하게도 한다. 달걀 껍데기와 비행기의 식탁 받침대 등에도 광고가 눈에 띄고 공중화장실의 소변기에도 광고가 등장하고 있다. 아침식사 준비를 위해 계란을 깰 때도, 비행기 좌석에서 식사를 하는 그 순간에도 우리는 광고의 습격에서 벗어날 수 없는 세상을 살고 있는 셈이다.

건강과 노화 관련 제품에 대한 팝업광고와 간접광고, 돌출광고 등은 정보의 홍수 속에서 자사의 브랜드를 주목시키고 차별화시키기 위한 기업의 생존전략이기도 하다. 이러한 게릴라식 마케팅은 전통매체에 의존하는 광고효과의 한계를 극복하고 크리에이티브의 지평을 넓히는 신선한 실험으로 평가되기도 한다. 수용자의 입장에서 보면, 옥외광고나 배너광고, 극장광고, 전단지 등에서 TV 광고나 신문광고

광고에 말 걸기

에서 보지 못한 파격적으로 창의적인 광고를 만나는 것은 지루한 일상에서 탈피하는 즐거움이 되기도 한다.

현실적인 여건 때문에 건강과 노화 관련 상품의 간접노출을 무조건 반대하기 어렵다면 광고와 콘텐츠, 기업과 수용자가 공존하는 방안을 모색해야 할 것이다.

노화 예방 및 치료와 관련된 제품은 소비자들의 민감한 욕망을 다룬다. 하지만 이러한 광고가 과장되거나 오해를 불러일으키는 경우, 신뢰를 잃고 소비자들에게 실질적인 피해를 줄 가능성이 높다.

무엇보다 과학적 근거가 제시되어야 한다. 제품의 효과와 관련된 명확한 데이터와 인증을 제공해야 한다. 과대광고도 문제다. 실제 효과 이상의 결과를 암시하거나 허위 후기를 사용하지 않아야 한다. 규제와 법규도 지켜져야 한다. 특히 의료기기 및 의약품 광고는 관련 법규를 철저히 준수해야 한다.

소비자에게도 물어야 할 책임이 있고 실천해야 할 의무가 있다. 광고를 무조건 신뢰하기보다는 제품의 성분, 사용법, 후기를 꼼꼼히 살펴보고 합리적으로 판단해야 한다. 광고는 소비자와 브랜드 간 신뢰의 다리를 놓는 중요한 도구다. 이 다리가 허술하지 않도록 균형과 책임을 갖춘 접근이 필요하다.

8

천국의 문, 황금 아치

맥도날드 광고캠페인

패스트푸드라고 불리는 먹거리를 둘러싼 두 개의 에피소드가 있다.

하나는 영화 이야기다.

모건 스펄록이라는 감독은 그가 만든 영화 〈슈퍼 사이즈 미(Super Size Me)〉를 무기로 세계에서 가장 큰 식품회사 맥도날드와 한판 전쟁을 벌인 바 있다. 자신이 직접 한 달 동안 하루 세끼를 맥도날드 제품만을 섭취하면서 몸의 변화를 기록하고 의사, 영양사, 식품행정 당국자들을 인터뷰한 내용을 다큐멘터리 형식으로 풀어냈다. 그 결과, 패스트푸드가 비만과 성인병의 원인이 되는 등 사회적으로 암적 존재임을 부각하는 데 일단 성공했다는 평을 얻어 냈다.

이와는 정반대의 사례도 있다.

머랩 모건이라는 미국의 한 여성 역시 자신의 몸을 실험물로 이용해서 맥도날드에서 파는 음식이 다이어트에 매우 이롭다는 사실을 입증해 보였다. 그녀는 90일 동안 맥도날드에서 파는 햄버거 등 패스트푸드만을 먹고 16kg이나 체중을 감량해 사람들을 놀라게 했다. 그러면서 그녀는 영화 〈슈퍼 사이즈 미〉가 맥도날드에 대해 악의적이고 불공평한 공격을 일삼았다면서 비난을 퍼붓기도 했다.

　　상반되는 입장에 있는 두 당사자들의 주장이 과학적인 절차를 거친 타당성 있는 실험에 근거하는지는 정확히 알 수 없다. 보도에 의하면 영화감독의 방식이 좀 더 믿을 만한 것 같기도 하다. 모건 스펄록이 맥도날드사의 모든 제품을 한 번씩 먹어본 것에 반해, 머랩 모건은 맥도날드 웹사이트에서 사전에 정보를 수집해서 1,400칼로리 미만의 저칼로리 식단으로 꾸며진 이른바 맥도날드식 식사를 했기 때문에 형평성의 논란은 피할 수 없겠다.

　　지구촌 어디에나 불어닥친 웰빙 회오리에 직격탄을 맞은 패스트푸드 기업의 현실을 말해주는 삽화이다.

　　영화뿐 아니라 패스트푸드에 시비를 거는 세력들은 도처에 널려

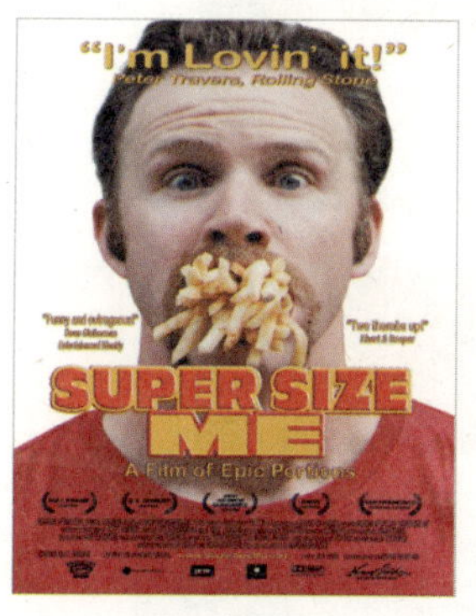

있다. 각종 안티 패스트푸드 사이트, 자연식품 먹기 캠페인 등을 통해 패스트푸드는 공공의 적으로 몰리고 있다.《먹고 싶은 대로 먹인 음식이 당신 아이의 머리를 망친다》《버거의상징: 맥도날드와 문화권력》《맥도날드 그리고 맥도날드화》 같은 책들도 맥도날드로 대표되는 거대한 식품 제국주의를 낱낱이 해부하고 난타해대고 있다.

맥도날드 이야기는 이제 더 이상 먹거리와 그것을 공급하는 식품 재벌의 범주에 머물지 않는다. 앞에서 든 예화는 거대한 다국적 기업

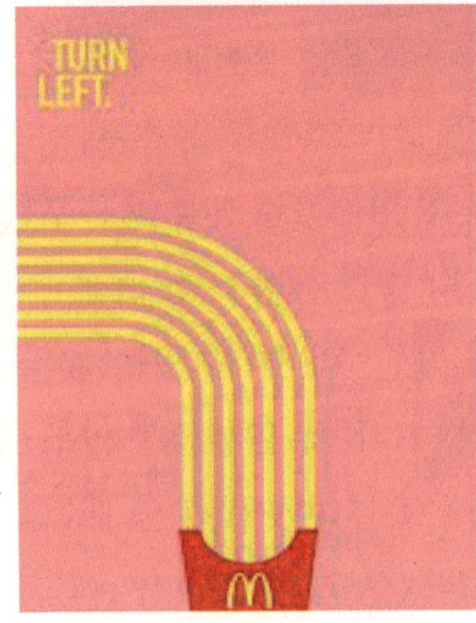

이 세뇌교육을 통해 사람들을 통제하는 메커니즘의 반사작용이라고 보는 것이 옳다. 그만큼 맥도날드라는 테마는 단순히 먹거리의 문제가 아니라 문화에 대한 헤게모니와 그에 대한 투쟁 담론을 끝없이 생산하고 있다. 맥도날드는 이제 사람들의 혀와 위장을 지배하는 중추기관을 넘어서서 뇌와 신체의 모든 부위를 조종하는 전 지구적 사령부가 되었다.

아메리칸 드림을 넘어서 미각의 천국으로!

맥도날드가 미국을 넘어서서 이제 진정한 세계기업이 되었다고 하는 주장에 이의를 제기할 사람은 별로 없는 것으로 보인다. 이러한 다국적 기업이 되는 과정에서 맥도날드의 상징인 황금아치(golden arch)는 아메리칸 드림과 세계화에 대한 환상을 사람들의 머릿속에 무차별적으로 심어 나갔다.

'오리엔탈' 치킨 샐러드, 프라이드치킨, 데리야끼 버거, 바나나 파이, 할랄버거(회교식 쇠고기 요리), 두리안 밀크셰이크, 키위 버거, 연어로 만든 맥락(McLak), 칠리소스로 양념한 프렌치프라이 등…. 맥도날드의 세계화 전략은 지구 곳곳의 가게에서 서비스되는 메뉴에서도 적나라하게 드러난다.

사람들은 황금아치를 통해 천국에 들어가서 천상의 축복을 받는 행복감에 사로잡힌다. 드라이브 스루(drive through)는 스피드의 황홀경까지 접합하는 신화로 승화된다. 마치 디즈니랜드의 놀이기구 앞에서 아이 어른 할 것 없이 모두가 판타지에 온몸을 맡긴 채 무아지경에 함몰하는 것과 같은 이치다. 맥도날드에서 줄을 서서 기다리는 어떤

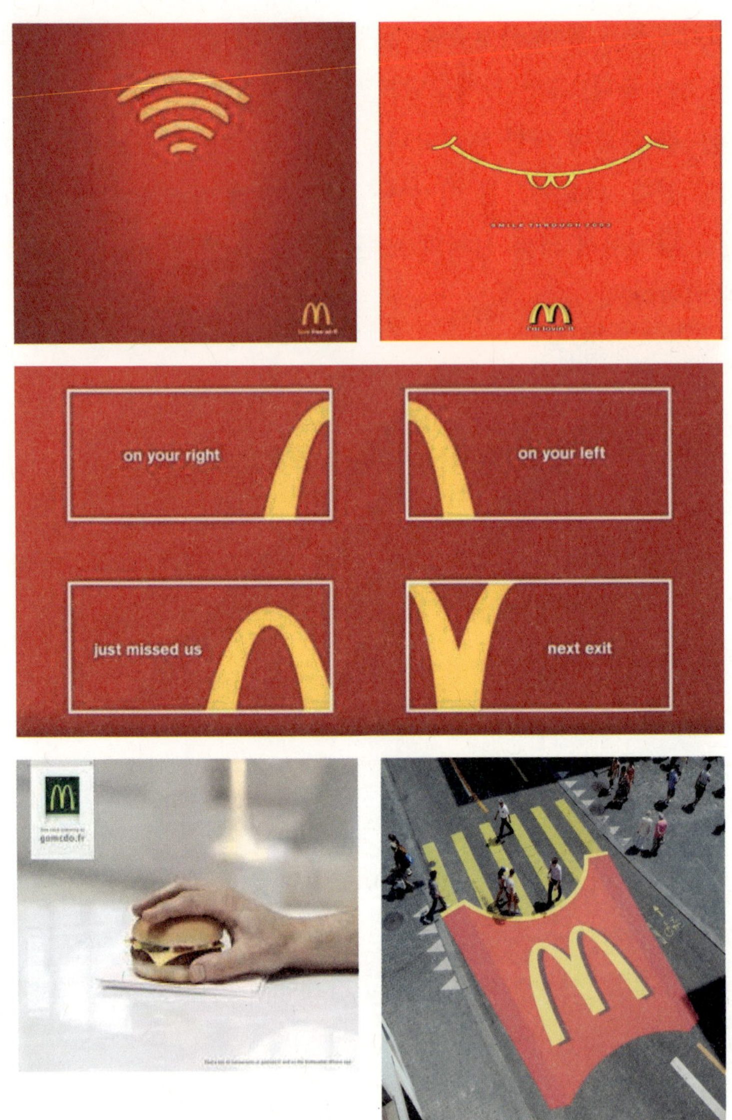

고객의 증언도 이런 사정을 단적으로 말해준다.

"맥도날드는 나와 내 아들에게 있어 모든 것이다. 맥도날드가

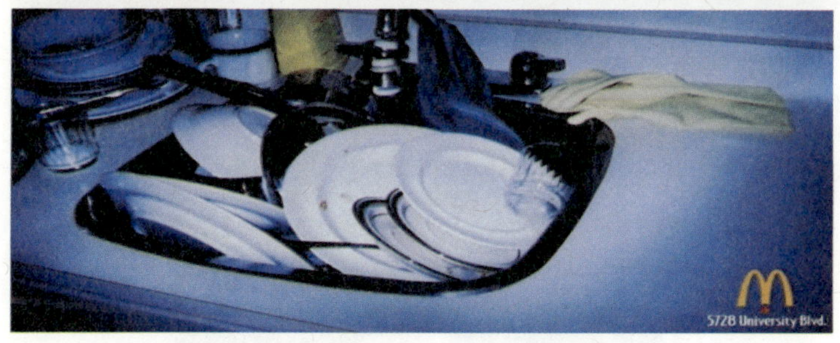

"빅맥 덕분에 요리할 일이 없어!"

아니라면 나는 사회보장제도에 의존해야 할지 모른다. 나는 요
리할 시간이 많지 않다. 설령 있다 하더라도 내 가족들은 더 이
상 내가 요리한 것을 먹으려 하지 않는다. 차라리 빅·맥을 먹으
려 할 것이다."

맥도날드의 창립은 그 자체로 신화의 모양새를 갖추고 있다. 밀크셰이크 믹서를 만들어 팔던 떠돌이 장사꾼인 레이 크록(Ray Kroc)은 1954년 샌버너디노(San Bernadino)의 사막에서 자본주의의 천재로 변신한다. 그의 눈에 비친 맥도날드의 점포는 무지갯빛의 광채를 띠고 나타난 오아시스였다.

이렇게 시작된 프랜차이즈 형태의 맥도날드는 주력 제품 빅맥의 크기만큼이나 상징적인 성장을 거듭해 나갔다. 맥도날드가 비용을 지불한 매체들은 크록의 이미지와 맥도날드의 신화를 전 세계에 전파하는 데 에너지를 집중했다.

1960~1970년대를 통해 맥도날드는 미국의 어떤 기업보다 많은 광고비를 지출했다. 광고들은 미국의 문화적 전통을 발굴해서 그것들을 어떻게든 황금아치와 연결하려고 애썼다. 이런 전략을 통해 '맥도날드가 파는 음식은 모든 것이 선하다.'라는 믿음을 퍼뜨렸다.

시리즈로 집행된 광고들은 햄버거야말로 미국의 성조기에 박힌

맥도날드 창립자 레이 크록
출처: 구글

별 같은 존재임을 각인시켰다. 그래서 '미국, 가족, 사유재산 그리고 당신'이라는 아포리즘을 사람들의 가슴속에 심어 나갔다. 한편 맥도 날드 하우스, 자선사업, 운동경기 후원 등을 통해 공공의 이익에 봉사 하는 기업이라는 이미지를 확산해 나갔다. 이를 통해 제품뿐만 아니 라 기업 자체의 경제적·정치적 권력을 정당화시켜 나갔다. 이러한 과 정을 통해 맥도날드는 미국을 상징하는 아이콘으로 자리 잡아갔다.

다이어트 콜라 광고가 그랬던 것처럼 맥도날드 역시 사람들의 모 든 것을 알아서 다 해주는 무소불능의 존재라는 미신을 유포해 나갔다. 음식을 먹으면서까지 사회적, 문화적, 정치적, 경제적, 환경적, 영양학 적, 도덕적인 것들에 대해 고민하고 따져들 필요가 있을까?

맥도날드 매장의 풍경을 상상해보라. 화려한 유니폼을 입은 애교

"맥드라이브는 생각보다 훨씬 가까이 있어요"

스러운 종업원들, 크리스마스 선물처럼 행복의 기표를 담은 상품들….
거기에 디즈니사와의 공동마케팅을 통해 맥도날드는 이 시대 최고의
스펙터클로 완성되고 있다. 로널드 맥도날드, 맥도날드 랜드, 캐릭터
인형, 놀이시설 등은 할리우드의 쇼보다 더 현란한 마술을 연출한다.

맥도날드는 우리 시대의 대중문화를 이야기하는 텍스트로서도
풍성한 의미를 함유하고 있다. 이 키워드를 둘러싸고 생성되는 코드
의 수도 손꼽기 어려울 지경이다. 영웅적 기업정신, 자본주의의 에너
지, 전통적 가족관의 신봉, 효율에 대한 존중, 청결에 대한 자부심, 인
습과 오락의 조화, 인간성을 고양시키는 소비 예찬 등을 들 수 있다.
동서양을 가리지 않고 세상의 모든 아이들은 이러한 이데올로기들을

온몸으로 받아들이고 있다. 아직도 맥도날드를 능가할 만큼 그들의
감각을 사로잡는 매력적인 발명품은 존재하지 않기 때문이다.

도전이야, 도발이야?

버거킹의 비교·패러디 광고캠페인

다들 나름대로의 피서법이 있겠지만, 무더위를 식히는 데는 역시 물보다 더한 무기가 없다. 피서 하면 역시 낚시를 빼놓을 수 없다. 서늘한 바람이 지나가는 호수 한쪽에 웅크리고 앉아 야광의 찌를 응시하며 시간을 낚는 재미는 꾼들만이 아는 경지이다.

낚시는 연애다. 고도의 심리전이다. 물 좋은 포인트를 고르는 안목은 연애와 낚시의 출발점이다. 입맛에 맞는 미끼를 상대에 따라 적절하게 구비하는 것 역시 기본 중의 기본. 지루한 탐색전을 견뎌내고 마침내 미늘을 덥석 물 때까지 끈기 있게 기다리는 미덕도 까다로운 애인의 마음을 잡아채는 일과 다르지 않다. 낚시와 연애가 똑같이 인내의 미학이요, 타이밍의 예술이라 불리는 연유가 여기에 있다.

민물낚시의 채비 중에서 가장 중요한 요소는 무엇보다도 미끼다. 물고기의 식성은 예민하고 정직하기 때문이다. 우아한 어족일수록 입맛이 까다롭다. 블루길이나 베스처럼 아무 미끼나 덥석덥석 물지는 않는다. 그래서 낚시 가게에 가면 상품으로 나온 미끼의 종류가 헤아릴 수 없을 정도다. 그만큼 물고기의 식단은 호락호락하지 않다. 인스턴트나 패스트푸드로 적당히 걸려들 놈들이 아니다.

거기에 비하면 인간의 식성은 얼마나 천박하고 잡스러운가. 먹어도 먹어도 식욕을 포기하지 않는 동물은 지구상에 인간밖에 없다고 한다. 먹은 것을 후회하고 게워내고 쓸어내느라고 호들갑을 떠는 동물도 인간밖에 없다. 예전 개그 프로에서 배꼽을 훔쳤던 뚱뚱교의 교주 '출산드라'의 호들갑을 떠올려보라. "먹다 지쳐 잠이 들라, 먹다 지쳐 잠이 들라. 처음엔 비쩍 곯았으나 네 나중은 심히 비대하리라."

이런 탐욕을 간특하게 이용해 참을 수 없이 가벼운 먹을거리들이 넘쳐난다. 끊임없이 식탐을 부추기는 잡다한 군것질 거리들. 그런 급하고 강퍅한 입맛을 돋우는 데 광고가 한몫하고 있다. 알맹이 없이 겉만 번드레한 컴퓨터 그래픽, 화려한 빛깔과 음향으로 침샘을 억지로 자극하는 장식 효과, 오두방정을 떨어대는 몸동작, 요란 뻑적지근하게 빠른 비트의 광고 음악, 유행어를 좇기에 바쁜 품위 없는 말장난, 거기에 디지털이라는 미명으로 포장된 운치 없는 영상들이 식품광고의 주류를 이루고 있다.

버거킹(Burgerking) 광고도 예외는 아니다. 저만큼 서서 고고한 자태를 드러내는 품격 높은 이미지는 아니다. 하지만 혐오감이나 진부함과는 거리가 먼 감상의 즐거움을 선사한다. 이것저것 꾸며놓은 겉치레의 디자인이 아닌, 군더더기 없는 아트로 할 말만 하는 미니멀리즘의 진수를 보여준다.

유머는 소비자를 사로잡는 미끼

케첩을 찍은 프라이드 포테이토를 성냥개비처럼 표현해서 불같이 톡 쏘는 매운맛을 한 방에 전해주는 광고, 닭살로 만든 버거라는 걸 한눈에 알아차리게 하는 닭발 햄버거, 후추처럼 화끈하게 매운맛임을

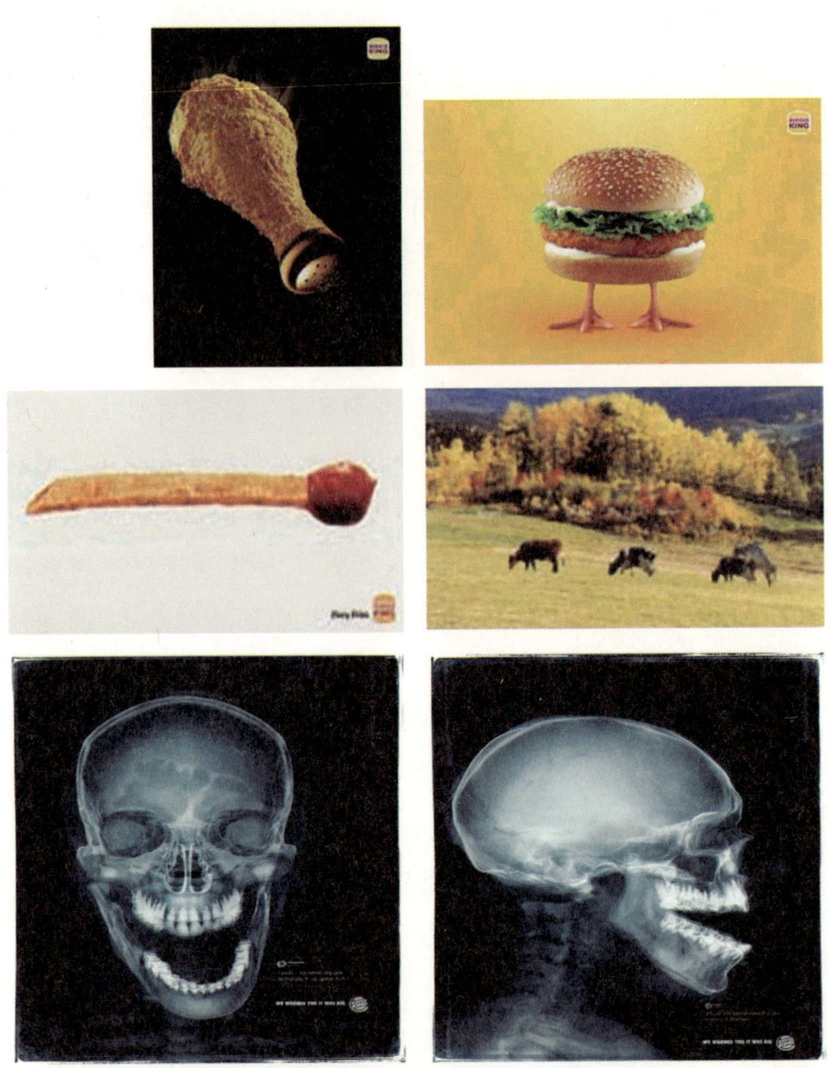

너무 큰 햄버거를 먹다 빠진 턱뼈 엑스레이 사진

말해주는 광고, 초원에서 한가롭게 풀을 뜯는 소들의 민망하게도 리
얼한 동작을 표현하면서 '자연에서 온 진짜 치즈버거'라는 것을 선언
하는 넉살 좋은 광고(리얼하게 보여주기 뭣해서 그런지 그림은 약간

흐릿하다), 한입에 넣기엔 너무 큰 사이즈라는 것을 장난스럽게 표현한 광고, 이런 광고들이 한 편 한 편 쌓여서 버거킹 스타일을 구축하고 있다.

하지만 버거킹 광고의 묘미는 비교 광고를 통해 한껏 드러난다. 비교광고 하면 밋밋하고 뻣뻣하게 자랑 일색이거나 과도한 비방으로 눈살을 찌푸리게 하기 십상이다. 이에 비하면 버거킹의 드라이브인

"버거킹 드라이브인. 가깝고 잘 보이고 든든해요"

(Drive in) 광고캠페인은 애교와 재치의 경연장 같기도 하다.

유쾌한 딴죽걸기, 비교와 패러디

1등 브랜드에 유쾌한 딴죽걸기를 선택한 버거킹 광고 전략에는 이유가 있다. 간략하게 기업이 처한 상황을 살펴보자. 버거킹은 1954년 미국 마이애미에서 제임스 맥라모어(James Mclamore)와 데이비드 에드거톤(David Edgerton)에 의해 설립되었다. 1957년 불에 그을린 맛을 내는 와퍼(Whopper)로 상품 차별화를 선언하며 햄버거 시장에 뛰어들었다. 그러나 빅맥의 브랜드 파워를 내세우며 햄버거의 왕국으로 군림하고 있는 맥도날드(McDonald)에는 언제나 몇 발 뒤지고 있다.

광고를 통한 브랜드 만들기에도 이렇다 할 뚜렷한 성과를 내지 못해왔다. *Ad week* 기자 케네스 하인(Kenneth Hein)이 지적하듯이 버거킹은 독자적인 햄버거 메이커로서의 이미지를 찾기에 늘 고전했다. 또한 이렇다 할 심벌이나 아이덴티티를 만들고 있지도 못하다.

맥도날드의 '미스터 로널드', KFC의 '털보 할아버지', 그리고 파

버거킹 공동 창립자 맥라모어(좌)와 에드거톤(우)
출처: brunch story

     광고에 말 걸기

파이스의 '뽀빠이'에 필적하는 친근한 캐릭터를 내세우고 있지 못하다는 것도 브랜드 이미지를 뚜렷이 부각하지 못하는 요인이 되었다. 집행하는 광고캠페인마다 실패의 연속이었기 때문에 버거킹은 광고대행사들에게는 '마의 회전문'으로 불릴 정도였다. 1980년대부터 1990년대에 걸쳐 수많은 대행사가 이 회전문에서 튕겨 나왔다는 《월스트리트 저널》의 기사는 버거킹의 불운을 단적으로 묘사하고 있다.

버거킹이 광고 전략에 돌파구를 찾은 것은 크리스핀 포터 앤 보거스키(Crispin Porter & Bogusky)라는 광고대행사를 새로운 파트너로 선택하고부터다. 비교적 무명이었던 이 광고회사는 이후 몇 해에 걸쳐 BMW와 IKEA 등의 광고로 국제광고제에서 연이어 수상하면서 크리에이티브의 돌풍을 일으키고 있다.

이 회사와 함께 버거킹이 전개하고 있는 캠페인 테마는 '당신 식으로 드세요(Have it your way)'이다. 하지만 새로운 광고캠페인이라기보다는 이미 소비자에게 친숙하게 말해왔던 세일즈 토크(sales talk)의 리모델링이다. 소비자가 매장에서 입맛에 맞게 주문하면 거기에 맞춰 햄버거를 만들어준다는 것을 그럴듯하게 포장한 것일 따름이다. 거기에 맥도날드 햄버거와는 달리 쇠고기를 불 위에서 직접 굽는 불꽃 석쇠구이(Flamebroiled) 방식이기 때문에 맛이 담백하다는 제품 특징도 분명한 광고포인트로 만들고 있다.

버거킹의 비교광고는 도발적이다. 그러나 경제적이다. 상대방이 애써 만들어 놓은 자산을 재치 있게 슬쩍 가로채고 있다. 정색하고 잘난 점을 주장하기보다는 가벼운 잽을 날리듯 조크로 일관하고 있다. 일반적인 비교광고가 다소 수다스러운 데 비해 버거킹은 알파벳 몇 개로 할 말을 다하고 있다. 별다른 카피 없이 사이즈를 나타내는 기호 S, M, L, XL, XXL으로 맥도날드를 M(중간) 사이즈로 전락시켜버리는

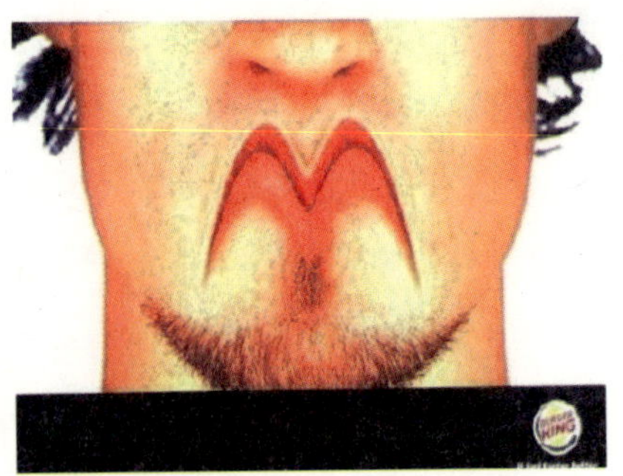

광고. XXL 아래쪽으로 "버거킹엔 쇠고기가 75% 더 들어 있습니다"라는 카피가 간단하지만 충분한 정보를 담고 있다. 맥도날드의 맛에 실망한 표정을 M자 모양의 입으로 형상화한 광고도 재치가 넘친다. 유머가 비교를 한층 재미있는 장르로 끌어올릴 수 있음을 입증한다.

버거킹의 글로벌 매출 순위를 보면 맥도날드의 적수가 되지 못한다. 그럼에도 불구하고 끊임없이 1등을 향해 도발을 멈추지 않는다. 급기야는 엉뚱하게도 휴전 제의를 하기도 한다. 하지만 맥도날드는 이에 말려들지 않는다. 오히려 난민들을 위한 구호 프로젝트로 딴전을 피운다.

2019년 12월, 미국 마이애미에서 열린 아트 바젤에서 이탈리아

광고에 말 걸기

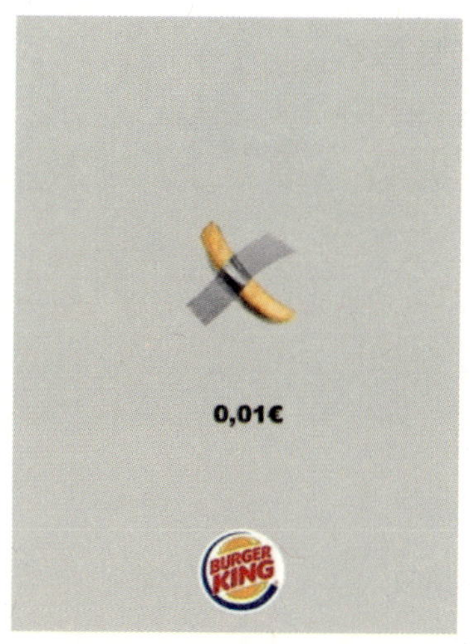

예술가 마우리치오 카텔란의 작품 '코미디언'이 화제를 모았다. 하얀 벽에 덕트 테이프로 붙여놓은 바나나가 전부였다. 작품은 한 행위 예술가가 바나나를 떼어 먹는 퍼포먼스로 더욱 유명해졌다. 이 사건은 버거킹의 재치 있는 비교광고로 되살아났다.

프랑스의 광고대행사 버즈맨(BBuzzman)의 크리에이티브였다. 역시 흰 벽에 덕트 테이프로 고정된 감자튀김이 비주얼의 전부였다. 원작인 바나나 작품 아래에는 '12만 달러', 감자튀김 아래에는 '0.01유로'라는 가격을 써놓았다. 카피는 '당신이 삼키는 것을 조심하세요'였다. 광고는 소셜 미디어를 타고 엄청난 화제를 모았다.

스스로 내세울 심벌은 없지만 상대방의 유명세를 잘만 이용하면 큰돈 안들이고도 효과를 거둘 수 있음을 간파한 광고 전략도 주목된다. 버거킹 매장이라는 것을 암시하는 장소에 눈에 익은 손님 하나가 줄을 서 있다. 산타클로스만큼이나 미국 어린이들에게 친숙한 맥도날드의 캐릭터 로널드 씨라는 건 발만 봐도 한눈에 알아차릴 수 있다. 그이가 다음 광고에는 아예 뒷모습을 드러내면서 버거킹 매장을 찾아와

"여행 필수템: 프렌치프라이, 햄버거, 콜라"

주문하고 있다. 경쟁사 점원의 입맛까지 동하게 한 펩시와 코카콜라의 비교 광고를 재연하는 듯한 애교가 돋보인다.

제품에 대한 자신감은 무모한 역발상도 무죄로 만든다. 방부제를 사용하지 않는 햄버거임을 증명하기 위해 곰팡이가 피어 썩어 들어가는 과정을 그대로 영상에 담기도 했다. '역겹다, 불쾌하다, 혐오감이 든다' 등의 부정적인 반응도 컸지만 노이즈마케팅 효과도 제대로였다.

비교 광고는 일전을 불사하는 선전포고다. 날카로운 발톱을 숨겨 놓았다가 결정적인 순간에 상대를 할퀴어 피를 흘리게 하는 전쟁이다. 그러나 제품의 기능을 정색하고 알리거나 내세워서는 재미없다. 추종자의 여유를 한껏 즐기면서 1등을 은근히 약 올리는 데 비교 광고의

무방부제 햄버거 광고영상

광고에 말 걸기

묘미가 있다. 버거킹의 전략은 엄밀한 의미에서 비교 광고라기보다는
비방광고에 가깝다. 하지만 전혀 불편하거나 불쾌하지가 않다.

목숨보다 비싼 한 모금

스텔라 아르투아 광고캠페인

스텔라 아르투아(Stella Artois)는 프랑스를 대표하는 맥주 브랜드이다. 소설 《별》의 작가 알퐁스 도데의 고향이기도 한 남프랑스의 프로방스가 이 세계적인 술의 요람이다. 스텔라는 별이라는 뜻의 프랑스어다. 우연의 일치가 아닐지도 모르겠다. 고흐가 〈해바라기〉, 〈황색의 집〉, 〈아를 공원〉 등을 여기서 그렸고, 세잔이 〈생트 빅투와르산〉, 〈마르세유 항구〉를 이 땅에서 낳았다.

하지만 엄밀한 의미에서 스텔라 아르투아의 산실은 벨기에의 루뱅(Leuven)이다. 1366년 벨기에의 루뱅 지방에서 '덴 호른(Den Horen)'이라는 이름의 맥주공장이 설립된 것이 이 맥주의 탄생이었다.

관악기 호른으로 상징되던 이 작은 맥주 브랜드는 루뱅이라는 영락한 시골마을을 일약 관광명소로 도약하게 만든다. 이 도시의 유명세에는 루뱅대학교도 한몫한다. 이 학교는 덴 호른과 자매결연을 맺고 아예 맥주 제조법을 수업에서 가르칠 정도였다.

스텔라 아르투아라는 이름이 세상에 알려진 것은 1466년에 이르러서이다. 650여 개의 업체가 공동으로 명의를 사용하기로 했는데 그 브랜드 네임 중의 하나가 스텔라 아르투아였다.

광고에 말 걸기

스텔라 아르투아 메모리얼 굿즈

그러나 이때 설립된 최초의 아르투아 공장은 1948년 1차 세계대전 중에 포격으로 자취도 없이 사라져버렸다. 나중에 공장을 새로 옮겨 지었는데 이 사건은 지금도 벨기에의 국가적인 기념사업으로 손꼽힌다.

1708년 6월 13일 세바스찬 아르투아(Sebastian Artois)는 치열한 경쟁을 거쳐 덴 호른의 대표(Master Brewer)로 추대되는 영예를 안게 된다. 이로써 아르투아 가문은 맥주의 명가로 자리 잡게 된다.

아르투아 맥주의 원료는 탄생 당시부터 지금까지 변함이 없다. 지하 깊은 암반에서 길어 올린 순수한 물과 몰트, 향기로운 호프, 비옥한 루뱅의 흙이 길러낸 보리와 잘 숙성된 효모는 와인의 맛에 오랜 세월 길들여진 프랑스인을 사로잡을 만큼 독특한 맛의 원천이 되고 있다.

진짜 맥주는 이렇게 마시는 거야!

맛으로도 유럽의 미식가들을 매료시킨 이 브랜드는 광고로 또 한

번 세계인의 눈길을 홀렸다. 스텔라 아르투아 광고는 그만큼 맥주광고의 기본을 파괴한 광고로 정평이 높다. 그래서 칸, 클리오 등의 국제광고제에서 연거푸 전파광고와 인쇄광고 부문의 정상 자리에 우뚝 서는 기염을 토했다. 칸광고제를 참관한 사람이라면 스텔라 맥주 광고가 뿜어내는 크리에이티브의 매력에 한동안 혼이 나간 경험이 있을 것이다.

먼저 포스터 작품을 몇 편 보자. 얼핏 감이 안 잡힐 정도로 난해한 광고다. 비주얼이라야 고작 전자기타, 스쿠터 헤드, 자동차 보닛, 의자 아니면 테이블, 여자의 하이힐 등이다.

또 있다. 후속 광고에는 피아노, 전화기, 토속적인 가면, 큐브 스타일의 장식 등에 남아 있는 병뚜껑과 긁힌 흔적도 보인다. 그런데 하나같이 고급스러운 때깔을 하고 있다는 공통점이 있다.

아무리 비싼 물건도 맥주의 맛엔 비할 수 없다는 능청이다. 또 다른 공통점은 그 소품들 한편에 툭 떨어져 있는 맥주병 뚜껑과 자연스레 시선이 이어지는 곳에 보이는 긁힌 자국이다.

'인마, 진짜 맛있는 맥주는 이렇게 대충 따서 마시는 거야'라며 낄낄거리는 듯하다. 긁힌 자국이 병뚜껑의 소행이란 걸 굳이 설명하면 독자를 무시하는 일이 될 것이다.

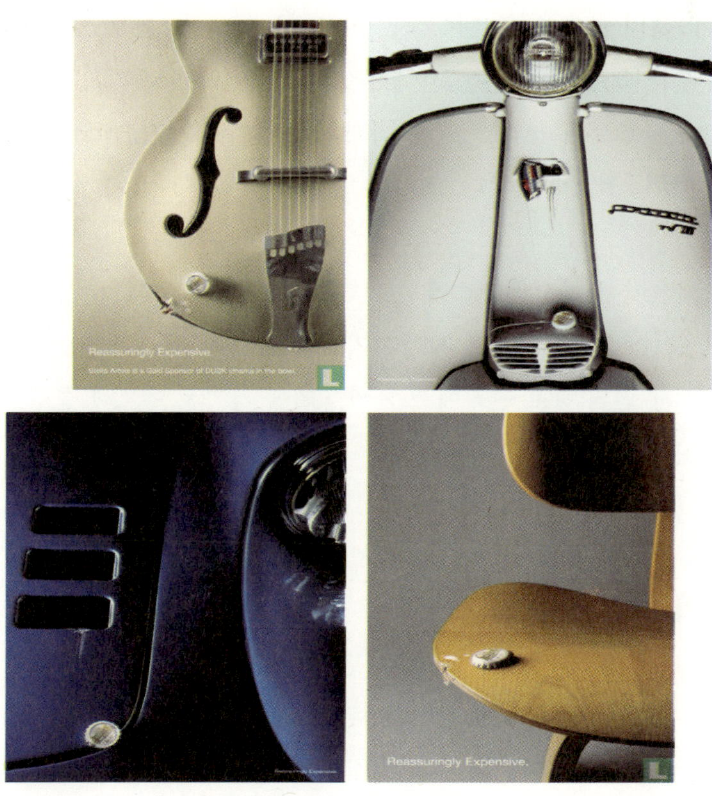

우리라고 왜 이런 생각을 못 했겠는가? 이런 단순무식은 오히려 성질 급하기로 세계에서 둘째가라면 서러울 우리 '냄비족'들의 일상 아니었던가? 우리가 애써 안 그런 척 고상을 떨면서 좀 더 우아한 해법을 찾느라 끙끙대는 동안에 그들이 먼저 기습적으로 표현에 써먹었다는 차이가 있을 뿐이다.

세상에서 제일 값나가는 맥주, 천금을 주어도 바꾸고 싶지 않은 맛. 수백 마디 말을 사진 한 컷으로 팍 죽여버리는 광고들이다. 광고마다 공통의 슬로건 'Reassuringly Expensive'라는 말이 사족처럼 붙어 있다. 두말하면 잔소리일 정도로 값이 나가는 브랜드라는 자신감 아니겠는가? 칸은 이 광고를 인쇄광고 그랑프리로 결정하는 데 10분 이상을 소비하지 않았다고 한다.

너무나 비싼, 너무나 오만한 광고

'세상에서 가장 비싼' 맥주 브랜드의 자만심은 여기서 멈추지 않는다. 그 오만한 이름값을 확인시켜주는 악역이 하나 등장한다. 그 사나이는 세 편의 광고 연작에서 돈키호테에 가까운 무모한 실행력으로 한 병의 스텔라 아르투아와, 그것과는 비교도 되지 않을 값진 물건들을 간단히 바꿔치워 버린다.

위용 당당한 여객기 한 대가 이 맥주와 거래해도 전혀 아깝지 않을 하찮은 물건으로 전락해버리는가 하면, 거대한 공장이 교환의 제물로 바쳐진다. 다른 광고에선 개발을 기다리고 있는 건설 예정지가 스텔라와 교환될 운명에 처한다. 과장도 분수가 있지 현실에선 도무지 개연성이 없어 보이는 부조리 광고의 전형이다. 이렇게 말도 안 되

    광고에 말 걸기

는 거래를 마치 서부영화의 갱처럼 성사시키는 무모한 카우보이의 모습은 광고에서 이미 익숙한 서사구조를 드러낸다.

'돌아온 영웅' 편을 잠깐 살펴보자.

전쟁에서 부상당한 아들이 친구의 도움으로 집에 돌아온다. 아버지는 아들의 생명을 구해준 친구에게 와인을 부어주며 감사를 표한다. 그런데 그 친구가 스텔라 아르투아 한 잔을 간청하자 아버지는 냉정하게 거절한다는 비장한 코미디다.

또 한 편의 영상광고는 죽음을 앞둔 아버지와 슬퍼하는 아들의 이야기다. 아버지는 유언으로 스텔라 아르투아 맥주 한 잔을 주문한다. 아버지의 마지막 소원을 들어주기 위해 맥주를 사들고 오던 아들은 돌아오는 길에 맥주를 조금씩 다 마셔버리고 만다. 칸 국제광고제 그랑프리 수상작의 줄거리다.

'빙상의 사제' 편도 선을 넘는다. 얼음판에서 스케이팅을 즐기는 사제에게 뇌물을 주고 스텔라 맥주를 주문한 신부. 사제는 눈보라와 폭설을 뚫고 임무를 수행하다 얼음 구멍으로 빠지면서 맥주병을 빠뜨리고 만다. 혼비백산해서 달려간 신부는 가까스로 살아 나온 그에게 다시 눈짓으로 입수를 강요한다. 맥주병을 건져내라는 명령이었다.

'목숨보다 비싼 한 모금'이라는 콘셉트에 집중하는 비정하기까지 한 영상이다.

이렇게 세상의 그 무엇과도 맞바꾸고 싶지 않은 비싼 맥주. 이 대단한 술을 쉽사리 아무 데서나 내놓을 수 있겠는가? 그래서 그런지 이 광고는 뜻풀이도 호락호락하지 않다. 산산조각이 나서 나동그라진 양주잔과 흉물스럽게 녹아내린 촛대는 또 무슨 이야기를 하기 위한 소

품이란 말인가? 상상력으로 해독하기에는 의미작용의 구조가 너무 모호하다.

기표에 내포되어 있는 기의는 수용자의 참여로 인해 이차적인 기표로 재생산되고 있다. 광고 메시지는 송신자의 의도만으로 의미가 구비되는 것이 아니라는 것을 단적으로 말해주는 광고이다. 이 광고의 모호성은 수용자들의 채워 넣기(fill-in) 또는 해석에 의해서만 완성된 의미로 거듭난다. 몇몇 사람들의 기지와 상상력을 빌려서 이 난해한 광고 표현의 의미를 해독해보기로 한다.

이 맥주 한 잔을 먹기 위해서라면 최고의 맛이 들어 있던 와인 잔도 미련 없이 집어던지라는 엄포가 아닐까? 허접한 술로 흥청대던 파티가 끝나고 모든 술이 동난 뒤에야 진짜 맥주인 스텔라 아르투아 한 방울을 마실 수 있게 된다는 얘기로 귀결된다. 같은 맥락으로 해석하면 녹아내린 촛농은 이 브랜드의 도도함을 상징하는 기표이다. 무수한 시간을 인내하면서 기다려서야 비로소 당신의 목마른 입술을 축일 수 있다는 오만한 약속이 비주얼 메시지로 함축되어 있는 것이다.

　미술관에 걸린 오래된 명화 속에서 맥주잔을 본 적이 있는가? 그리고 그 맥주가 스텔라 아르투아일 가능성은 얼마나 될까? '스텔라 아르투아일 확률(The Artois Probability)' 캠페인은 바로 이 질문에서 출발했다. 제작팀은 "오래된 그림 속에도 스텔라 아르투아가 존재했을까?"라는 흥미로운 가정을 세웠다. 르네상스부터 19세기까지의 명화 속에서 맥주잔을 찾아내고, AI 분석을 통해 맥주의 색깔, 거품, 잔의 모양 등을 비교했다. 그리고 "이 맥주가 스텔라 아르투아일 확률 78%" 같은 데이터를 제공하는 방식으로 브랜드를 스토리텔링했다.

　광고는 뉴욕과 런던 같은 주요 도시의 미술관에서 명화 옆에 확률을 표시하는 방식으로 전시되었고, 대형 빌보드 간판에도 비슷한 메시지를 담았다. 또한, 온라인에서도 사람들이 직접 명화를 선택하면 AI가 확률을 분석해주는 인터랙티브 경험을 제공했다. '스텔라 아르투아일 확률'은 데이터와 예술을 결합해 브랜드의 유산을 감각적으

AI가 계산해낸 아르투아 확률

로 전달한 좋은 예다. 이 캠페인은 2023년 칸 라이언즈 광고제에서 옥외 광고 부문 금상을 받았다.

미술관에서 명화를 감상할 때가 있을 것이다. 잠깐 그림 속 맥주잔이 스텔라 아르투아일지 생각해보자. 어쩌면 당신도 '스텔라 아르투아일 확률'에 참여하고 있는 것일지도 모른다.

11

소란으로 관심 끌기

캘빈클라인 '옵세션' 광고캠페인

"흔들어주세요" "줘도 못 먹나?" "못생겨도 맛은 좋아" "힘 좋고 오래갑니다" "살짝 들춰보세요" "이젠 위로 넣어주세요" "난 큰 게 좋더라". 이런 광고 카피를 두고 한 번도 야릇한 느낌을 품지 않은 사람이 있을까? 만약 그렇다고 대답한다면 당신은 센스 불량이거나 양심 불량 둘 중의 하나일 것이다.

불변의 광고 콘셉트, 에로티시즘

에로티시즘은 왜 사람들에게 관심과 욕구를 일으킬까? 그것은 성이 삶의 본질과 관련된다는 데 있다. 광고란 게 결국 무엇인가? 인간의 생리적 본능, 무의식적 동기, 잠재의식에 가라앉아 있던 욕망을 부추겨 구매에까지 이르게 하는 활동에 지나지 않는다. 개개인의 정서적 구조, 심성의 밑바닥까지 파고 들어가야 내면의 욕구를 충동할 수 있지 않겠는가? 그래서 섹스에 대한 사람들의 콤플렉스를 역설적으로 이용하자는 명분이 생기는 것이다.

누드라고 다 외설스러운 것은 아니다. 밀로의 비너스를 선정적이

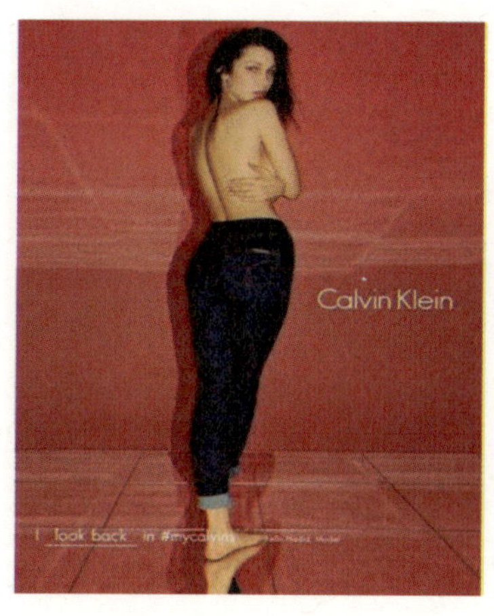

라고 매도할 사람은 아무도 없다. 올리비에로 토스카니의 카메라를 통해 만들어진 베네통 광고들은 외설스러움과는 거리가 멀다. 오히려 그의 작품들은 사회문제나 생명에의 외경 등으로 승화되고 있음을 볼 수 있다. '광고의 섹스화' 또는 '성의 상품화'의 선두주자는 역시 여성용 내의, 자동차, 화장품, 술, 향수, 콘돔 등이다. 이런 광고들은 상당수가 함량미달의 저질성을 보이고 있다.

캘빈클라인의 변함없는 광고 콘셉트도 섹스였다. 베네통이 사회문제를 이슈로 삼아서 끊임없이 논쟁을 불러일으켰던 것과 마찬가지로 캘빈클라인은 에로티시즘 논쟁 속에서 성장하고 또한 성공을 거듭해왔다. 그 지칠 줄 모르는 섹스 신드롬의 원동력은 미국의 매스컴이었다.

"나와 캘빈 진 사이에는 아무것도 없어요!"라는 고백으로 미국의 매스컴을 흥분시켜 불과 석 달 만에 매출을 300%나 끌어올린 브룩 쉴즈의 노팬티 진 광고. 키 168cm의 다소 어려 보이는 18살 소녀였던 케이트 모스의 누드 사진으로 새로운 에로티시즘 논쟁의 불씨를 지핀 '옵세션' 광고. 이들 콘텐츠들은 한동안 화제와 논란의 진원지였다.

　10대 청소년들의 아슬아슬한 포즈를 의도적으로 연출하여 포르노그래피 논쟁을 불러일으킨 청바지 광고 시리즈 등 캘빈클라인 옵세션 시리즈는 대부분이 노골적인 노출과 성적 도착, 적나라한 누드 또는 혼교, 매춘의 이미지가 잠재된 표현으로 유명하다.

　옵세션(obsession)은 강박관념이라는 뜻으로 번역된다. 그러나 캘빈클라인의 하위 브랜드로 더 유명해진 이 단어에는 ‘성적인 것에의 집착’이라는 뜻이 담겨 있다. 어원을 따지자면 ‘장면(scene) 외의 것’이라는 뜻이기도 하다. 옵세션 광고캠페인은 아름다운 장면과는 가끔 거리가 먼 외설스러운 그림들로 성의 상품화라는 비난을 무릅쓰고 스캔들을 일삼았다. 30년의 시간이 흘러도 캘빈클라인의 이미지는 변함없이 소란의 중심에 서 있다.

　비평가 존 버거(John Berger)의 말을 빌리면 바라보는 사람의 시선에 충실한 표현이라고 볼 수 있다. 마치 ‘날 건드려줘!’라고 호소라도 하는 듯한 도발적인 포즈는 전형적인 포르노그래피의 카메라 앵글이요 구도이다.

　광고평론가들은 이 광고를 두고 ‘옷입은 포르노그래피’라고 부르

기를 주저하지 않는다. "아름답다는 말보다 섹시하다는 말을 듣고 싶다"라는 카피로 유명한 여성 언더웨어 브랜드 와코루의 광고 철학과 맥락이 통한다고 볼 수도 있을 것이다.

'시끄럽지 않으면 관심을 끌 수 없다'는 명제를 입증하기라도 하듯 캘빈클라인은 지속적으로 '청바지를 위한 말썽거리'를 만들어 나가고 있다. 미국의 섹시 스타 제러미 화이트(Jeremy Allen White)를 모델로 기용한 2024년 광고는 또 하나의 영상스캔들이다. 화보이자 한 편의 영화 그 자체이기도 했다.

한 청바지 캠페인은 미성년 포르노(kiddie porno)로 불릴 만큼 노골적이고 민망한 장면을 연출하고 있다. 흰 속옷이 드러나 보이도록 다리를 벌리고 있는 소녀의 모습, 짧은 청바지 사이로 흰 삼각 브리프를 내비치는 소년의 포즈, 가슴의 라인을 은근히 내비치는 도발적인 눈매의 아가씨. 특히 타임스퀘어에 내걸린 옥외광고물은 어린이 포르노라는 이유로 시민단체들의 거센 비난을 받았다.

마돈나의 도색 화보를 촬영·제작했던 파비앵 바롱과 스티븐 마이젤이 감독과 촬영을 맡았다. TV, 잡지, 신문 광고뿐만 아니라 뉴욕 거리의 대형 빌보드 간판, 버스 부착광고, 다이렉트 메일 등에 대대적으

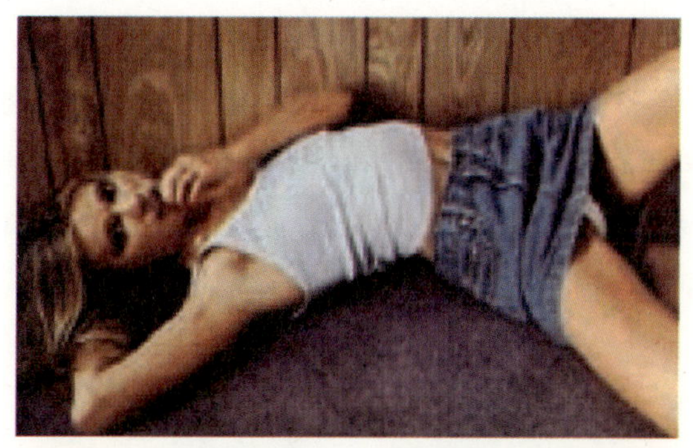

로 집행되기 시작한 이 캠페인은 기대했던 논쟁을 유발한 것은 물론이다.

아이들 사이에서 옵세션 신드롬을 불러일으키기도 했다. 모델을 흉내 내서 팬티를 살짝 내비치게 입는 패션을 유행시킬 정도였다. 매출 곡선은 주체하지 못할 정도로 튀었다. 소문이 없는 것보다는 나쁜 소문이 낫다는 전략이 적중한 셈이었다.

그러나 이 광고캠페인은 미국과 유럽에서 대대적인 불매운동에 직면했다. 급기야 FBI의 수사 착수로까지 번지는 부작용도 낳았다. '광고가 아이들에게 성적 느낌을 부여하고 있다' '아이들이 추잡할 정도로 선정적이다'. 걸려오는 항의전화에 떠밀려 회사는 마침내 광고의 전면적인 철회를 결정했다. 한국 등 아시아 일부 시장에서도 매장을 폐쇄하는 등 심각한 후유증을 낳기도 했다.

오도넬은 미디어 스타였다. 중산층의 대변자를 자처하면서 그들의 시각에 막대한 영향을 미치고 있었다. 그녀가 진행하던 '로지 오도넬 쇼'는 공전의 히트를 치고 있었다. 당시 최고의 시청률을 기록하기도 했다. 그녀는 생방송에서 캘빈클라인 광고를 신랄하게 비판했다.

"주요 타깃은 자신들이 멋지다고 생각하고 튀고 싶어 하는 아이들과 젊은 청소년들이었죠. 하지만 많은 성인들도 캘빈클라인 제품을 구입하고 있습니다. 논쟁이 되는 광고를 만들어 그들은 10대들로부터 자신들이 원하는 악명을 얻고 있죠. 자신들에게 더 책임이 있다는 식의 인상을 남기기 위해 광고를 철회해서 성인 소비층을 끌어들이는 전략이기도 하고요. 이 공짜 광고로 그들은 10억 달러를 챙겼지요."

마케팅 기법의 한 유형인 '치고 빠지는 전략'의 전형이라 할 것이다. 제빵사 사망사고나 남성혐오 논란을 일으켜 소비자들의 불매운동을 초래한 기업들을 연상하게 한다. 천연덕스럽게 기업의 책임을 다하겠다고 강변하는 대기업들의 낯 두꺼운 기업광고를 되돌아보게 하는 대목이다. 아무튼 캘빈클라인의 선정적인 언더웨어 광고 시리즈는 미국 문화의 일부가 되어버렸다. 캘빈 클라인(Calvin Klein)의 딸인 마시 클라인(Marci Klein)의 말은 그것을 방증하는 일화로 기억되고 있다.

"뭐 이런 웃기는 경우가 다 있어? 남자와 잘 때마다 그 녀석의 팬티에 새겨진 아빠의 이름을 봐야 하다니."

섹스어필 광고는 포르노그래피와는 구별되어야 한다. 포르노그

     광고에 말 걸기

캘빈 클라인(좌)과 마시 클라인(우)
출처: 구글

래피는 성적인 연상을 직접 이끌거나 시각화해서 육체적이고 성적인 충동을 일으키는 데 그친다. 자극적인 표현 소재를 썼다고 해서 마케팅의 궁극적인 목표인 판매와 연결된다는 보장은 없다. 그러나 예술적으로 승화된 섹시함은 작품의 차원으로까지 올라간다. 광고에 있어 에로티시즘에 대한 비난의 포인트는 성을 도구로 하는 것보다 성을 왜곡하는 데 두어야 한다.

12

+로 연결되는 세상

휴렛패커드 +HP 광고캠페인

"방금 여러분이 본 것이 바로 오늘 아침부터 집행될 광고캠페
인입니다. 우리는 이 광고를 축가(anthem)라 부를 것입니다.
바로 우리 고객들의 이야기입니다. 또한 그들이 우리의 테크놀
로지를 어떻게 사용하고 있는가를 묘사하는 캠페인입니다. 여
기에 등장하는 모든 고객들이 지니고 있는 공통점이 있습니다.
불가능하다고 여겨지는 것들을 반드시 이룰 수 있다는 희망을
가졌다는 것입니다."

2002년 11월 18일 휴렛패커드(HP)의 칼리 피오리나(Carly Fio-

칼리 피오리나
출처: biz.chosun.com

 광고에 말 걸기

rina) 전 회장의 연설문 머리말이다. 해마다 미국 네바다주 라스베이
거스에서 열리는 지구촌 최대의 컴퓨터 관련 기기 전시회인 컴덱스
(Computer Dealers Exhibition)에서였다.

HP의 새 브랜드 캠페인 '+HP: 모든 것이 가능하다(+HP: Every-
thing is possible)'은 이렇게 극적으로 시작되었다. +HP 캠페인은 기업
광고이자 브랜드 광고이기도 하다. 스타벅스, 아마존, 페덱스, BMW,
뉴욕 증권거래소, 홍콩 정부 등 기업, 단체 또는 브랜드와의 시스템 통
합을 선언했다. 이들 고객이 HP와 만나면 세상에 불가능할 것이 없다
는 메시지이다.

이미 막강한 파워를 과시하고 있는 파트너들의 브랜드 가치에 연
계해서 HP의 위용을 끌어올리려는 계산이 담긴 윈윈 전략이다. HP
는 클라이언트들의 위세를 광고에 끌어들여 강력한 브랜드파워를 구
축하는 데 보기 좋게 성공했다.

이익이 있다면 적과도 동침하라

물론 이러한 광고 형태 자체가 생경한 것은 아니다. '바늘 가는 데
실 간다'는 속담이 떠오르는 공동 마케팅은 세탁기와 세제, 커피와 크
림, 휴대전화 단말기와 통신회사 등의 사이에서도 이루어졌다. 공동
마케팅은 보완관계의 브랜드를 넘어서서 경쟁 브랜드 간에도 이루어
질 수 있다.

이익이 있다면 적과의 동침도 불사하는 것은 마케팅의 냉엄한 생
리다. '백지장도 맞들면 낫다'는 속담도 이러한 관계를 두고 하는 말이
다. 공동 마케팅은 항공사의 협력 네트워크에서 진가를 발한다. 대한

항공이 델타항공, 에어프랑스 등 세계 여섯 개 항공사로 구성된 스카이팀(Sky Team)을, 아시아나가 루프트한자, 에어뉴질랜드 등 14개 회원사 간에 스타 얼라이언스(Star Alliance)를 결성한 사례가 이에 해당한다.

공동 마케팅의 전초전은 영화 마케팅에서 발견된다. 이른바 PPL(Products Placcment)이라 불리는 마케팅 기법이다. 공동 마케팅은 동종업계 또는 이종업계 간에 전략적인 제휴를 통해 마케팅의 비효율성을 개선하고 상호 이익을 도모하는 고도의 기법이다. 그래서 어떤 파트너를 선정하느냐에 따라 사회적으로 큰 관심사가 되기도 한다. 현대자동차와 삼성전자의 공동 마케팅 합의는 언론의 스포트라이트를 받고도 남을 빅 이벤트였다.

파트너십의 상징, +HP

HP 이야기로 다시 돌아가자. 그전까지 사람들은 이 회사를 프린터나 스캐너 등 컴퓨터 주변기기나 만드는 회사로 알고 있었다. 그러나 이 캠페인을 계기로 정보통신 테크놀로지의 중심 기업으로 재인식하게 되었다. 비록 깜짝 선언이라는 형태를 취하긴 했지만 이 캠페인은 차근차근 단계적으로 진행되면서 이미지를 굳혀 나갔다.

첫 캠페인 '고객(Customer)+HP' 시리즈는 HP와 고객 간 파트너십의 토대를 마련하고 있다. 그 뒤를 이어 '당신(You)+HP' 시리즈는 프린터, 디지털카메라 등의 개별 제품을 광고하고 있다. 세 번째 단계인 '변화(Change)+HP' 시리즈는 고객과의 파트너십에다 HP의 능동적인 비즈니스 환경 대응능력까지 덧붙여 말하고 있다.

이 캠페인에서 가장 주목되는 키워드는 '+'라는 기호다. 고객 기업과의 파트너십, 연결고리, 상호작용, 시너지, 결합 등을 함축적으로 표시하는 장치이다. 이 기호는 다양한 타이포그래피로 표현되어 극적인 디자인 임팩트를 갖는다.

특히 세계 금융의 메카인 월스트리트를 그래픽으로 장식하는 수많은 '+' 기호들은 현실 세계와 판타지의 경계선을 넘나든다. 이 기호는 다양한 색상의 화살표와 어우러져 급변하는 IT 환경에서의 진취적인 대응을 보여준다. 또한 파트너 기업과의 결합을 통해 경쟁우위를 확보하겠다는 의지를 형상화하고 있다.

이쯤에서 HP가 어떤 회사인지 관심을 돌려보자. HP는 스탠퍼드대학교 동창생인 빌 휴렛(Bill Hewlett)과 데이비드 패커드(David Packard)가 공동으로 설립한 기업이다. 이들의 이니셜을 따서 HP라는

빌 휴렛(좌)과 데이비드 패커드(우)
출처: 나무위키

이름이 붙었다. 캘리포니아 주의 허름한 차고에서 탄생한 이 기업의 모태는 실리콘밸리의 태동을 상징하는 역사적 유적지로 지정되는 영광을 누리기도 한다.

그러나 리더십의 붕괴와 관료적 매너리즘, 컴퓨터 주변기기 전문이라는 기업 정체성의 한계에 직면한 HP에는 참신한 리더십이 필요했다. 1999년 한 여성 CEO를 영입하면서 HP에는 일대 전기가 마련된다. 그 주인공은 바로 현대판 철의 여인으로 불리는 칼리 피오리나였다.

그녀의 명성과 능력은 언론이 부여한 화려한 수식어들로 일별할 수 있다. 《포춘》은 5년 연속 '세계 최고의 여성 CEO 1위'로, CNN은 '올해의 여성'으로, 《비즈니스위크》 역시 '올해의 인물'로 그녀를 선정했다. 명실공히 세계 최고의 여성 CEO로 화려하게 등장한 그녀는 전통의 대명사 HP를 세계적인 IT기업으로 전환시켰다.

2001년 9월, 피오리나는 경쟁사 중 하나인 컴팩 컴퓨터와의 인수합병을 결정했다. 당장의 수익보다는 업계 최고가 되기 위해 기업의 생존을 걸었던 것이다. 세계 최대 규모의 합병 계획이 발표되자, HP 주식의 수입으로 사회사업을 하고 있던 휴렛 재단과 패커드 재단의

광고에 말 걸기

창업자 후손들은 거세게 반발했다. 결국 월터 휴렛과 피오리나는 '휴렛 대 휴렛패커드'라는 이름으로 법정에 서게 되었다. 그러나 시간이 갈수록 피오리나의 결정은 힘을 얻어갔다. HP 재건을 위한 피오리나의 결단과 정당성에 재판정 역시 동의했던 것이다.

2002년 9월, 세기의 만남은 그렇게 성사되었다. 칼리 피오리나는 편법이나 타협이 아닌 자신의 소신과 철학을 바탕으로 승리했다. 그녀의 리더십은 HP를 더 이상 위세와 전통에만 안주하는 늙은 공룡기업이 아니라 도전과 실험으로 고객과의 관계를 새로 정립하는 젊은 기업으로 거듭나게 했던 것이다. 피오리나는 퇴진했지만, 휴렛패커드는 여전히 세계 최대 PC 제조업체로서의 저력을 과시하고 있다.

브랜드 진화의 신기원, 분사 프로젝트

2015년 11월 1일, HP는 대형 분사를 통해 두 개의 독립적인 회사로 재탄생했다. 기존의 HP 주식회사는 프린터와 PC 사업부를 중심으로 운영되었고, 새로운 휴렛패커드 엔터프라이즈(HPE)는 기업 하드웨어와 서비스 사업을 담당하게 되었다.

포춘 500 기업 중 19위에 위치했던 HP의 분사는 전 세계적으로 주목받는 초대형 프로젝트였다. 이는 단순한 사업 구조조정이 아니라, HP 브랜드의 핵심 가치를 재정의하고, 두 회사 모두 각자의 전문성을 극대화하기 위한 전략적 변화였다.

HP의 브랜드 캠페인은 이러한 대규모 변화를 반영하며 진화했다. 2000년대 초반부터 사용된 +HP 캠페인은 브랜드의 본질을 '협력'과 '결합'으로 정의하며 고객과의 파트너십을 강조했다. 그러나 분사

를 기점으로, +HP는 단순히 파트너십을 넘어 변화와 혁신의 상징으로 자리 잡았다.

+HP 캠페인의 확장과 진화

초기 +HP 캠페인이 '고객과의 협력'에 초점을 맞췄다면, 분사이후 캠페인은 두 가지 방향으로 나뉘어 발전했다. HP 주식회사(HPI)는 개인과 소비자 시장을 대상으로 하여 '일상 속 혁신'을 중심으로 광고를 전개했다. 예를 들어, 프린터와 PC를 통해 창의적이고 효율적인 개인 생활을 돕는다는 메시지를 강화했다. 반면, HPE는 기업 고객을 대상으로 '미래를 선도하는 디지털 솔루션'을 핵심 가치로 내세웠다.

HPE의 '더 빠르게 다가오는 다음 세상(Accelerating Next)' 캠페인은 이를 잘 보여준다. 데이터 분석, 클라우드 솔루션, 그리고 AI 기반의 서비스 제공을 통해 고객 기업이 빠르게 변화하는 IT 환경에서 성공하도록 돕는다는 비전을 제시했다. 특히 'HPE + (고객사 이름)' 구조로 전개된 광고는, 각 고객사가 HPE와 협력하여 이룬 성공 사례를 강조하며, 과거의 +HP 캠페인의 철학을 계승하면서도 더 구체적이고 세분화된 형태로 발전시켰다.

글로벌 브랜드로서의 재탄생

HP 브랜드의 진화는 단순히 광고 슬로건의 변화에 그치지 않았다. HPE는 '엣지 투 클라우드(edge to cloud)'라는 슬로건을 통해 IT 환경 전반을 아우르는 기술적 리더십을 강조했으며, HPI는 프린터와 PC의 개인화 기술에 초점을 맞췄다.

광고캠페인의 디자인도 더 현대적이고 역동적으로 변모했다. 초기 +HP 캠페인에서 사용된 다채로운 화살표와 기호들은 HPE에서는 데이터 흐름과 네트워크 연결을 형상화하는 그래픽으로, HPI에서는 창의적이고 직관적인 사용자 경험을 상징하는 시각적 요소로 재탄생했다.

분사 이후 HP는 "하나의 브랜드가 모든 것을 아우를 수 없다"라는 사실을 인정하며, 각각의 사업 영역에서 최고의 역량을 발휘하는 방식으로 방향을 전환했다. HPI와 HPE 모두 각기 다른 캠페인을 통

해 시장에서 독자적인 정체성을 확립했다. 그럼에도 불구하고 두 브랜드의 공통된 핵심 메시지는 여전히 '파트너십과 혁신'이다.

+HP 캠페인은 이제 단순히 HP와 고객 간의 협력 관계를 넘어, 개인과 기업의 성장을 돕는 플랫폼으로 확장되었다. 이는 HP가 단순히 제품이나 기술을 파는 회사가 아니라, 고객의 성과를 증대시키는 동반자로 자리매김하고자 하는 의지를 보여준다.

+HP는 HP 브랜드의 역사와 철학을 관통하며, 변화와 혁신의 중심에서 지속적으로 진화하는 캠페인으로 자리 잡았다. 앞으로도 HPI와 HPE는 각자의 시장에서 고객과 함께 +를 더하는 새로운 미래를 만들어갈 것이다.

13

뚜껑만 보면 따고 싶어!

하이네켄 광고캠페인

살다 보면 뚜껑 열릴 만큼 화나는 일이 종종 생기게 마련이다. 머리에 김이 모락모락 나도록 뻗치는 열을 주체할 수 없을 때 묘안 하나! 잘 냉장된 맥주 한 잔을 목젖이 얼얼하도록 단숨에 들이켜는 것이다. 이런저런 우울한 일상을 잊어버리기 딱 좋을 만큼 재미있는 이야기가 시리즈로 펼쳐지는 맥주 광고가 있다.

네덜란드의 대표 맥주 하이네켄(Heineken)의 광고다. 뛰어난 유머감각을 지닌 주당이라면 이 광고를 빙자해서 오늘 저녁 시원한 맥주 한 잔 청해도 좋겠다. 때마침 이 하이네켄 광고에는 병따개가 즐비하니 그냥 입만 가져오시면 될 일. 자, 지금부터 객기 넘치는 병따개들이 차례차례 펼치는 유머 광고의 진수를 지긋이 음미하도록 하자.

비디오카페 맥줏집인가? 금박으로 치장된 스크린 안에는 '시즐 (sizzle)감' 넘치는 맥주병이 섹시한 자태를 뽐내고 있다. 객석에서 꼴 깍꼴깍 침을 삼키면서 이 광경을 지켜보는 병따개들. 얼핏 보기에는 쇼윈도에 전시된 마네킹의 모습을 연상시키기도 하지만 더 이상의 엉 뚱한 상상은 자제하기로 하자.

이 구실 저 구실 동원해가며 술 먹을 건수를 만들 내는 주당들의 심리가 이런 것 아닐까? 으슥한 밤거리 뒷골목에서 병따개 하나가 하 이네켄 맥주를 노리고 있다. 걸리기만 하면 냉큼 따버릴 태세를 하고 서. 거기에 슬로건이 범행 동기를 분명하게 밝히고 있다. '하이네켄이 아니면 있을 수 없는 일(It could only be Heineken).'

     광고에 말 걸기

피해자인 하이네켄이 거품을 입에 물고 나뒹굴고 있다. 병따개 녀석, 마무리하는 솜씨를 보아하니 역시 지능범은 아닌 것 같다. 초범들이 늘 그렇듯이 범행 현장에 재차 나타나서 확인하는 초조함까지 보이는 걸 보니 더더욱 그렇다. 포토라인 뒤에서 열띤 취재경쟁을 벌이는 병따개들 뒤에 숨어서 엿보는 것까지 쏙 빼닮았다.

여기는 취조실. 상당히 삭막한 실내 분위기이지만 범행 용의자를 가려내는 코믹한 풍경이 웃음을 자아내게 한다. 이 동네 저 동네에서 잡혀온 고만고만한 병따개들이 도토리 키 재기를 하고 있다. DNA 감식, 혈흔 체취, 거짓말 탐지기, 탐문, 취조 등 범인을 판별하는 방법에는 물론 여러 가지가 있지만 여기서는 촌스럽게 키를 재보는 방법을 고집하고 있다.

'Call me!'라는 문어발 광고에다 전화번호를 남겨놓은 것까지 어디선가 많이 본 풍경이다. 그 앞에서 침을 꼴깍거리며 기웃대는 병따개 하나. 아무리 병따개를 시켜서 못할 짓을 시켜놓았지만 어째 노는 모양새가 그 동네나 이 동네나 한통속인 것 같다. 이런 끈적끈적한 표현이 판매로까지 연결될 수 있을까? 술 광고의 마케팅 효과는 뚜껑을 따기 전에는 모를 일이다.

통쾌한 발상, 유쾌한 감상

맥주는 광고의 아이디어 경연장에서 언제나 따끈따끈한 이슈로 등장한다. 시대의 트렌드와 사람들의 라이프 스타일이 그 풍성한 거품 속에 녹아 있다. 맥주 광고의 치열한 공방전은 대체로 버드와이저, 밀러, 쿠어스, 미켈럽, 부시, 브루클린 등으로 대표되는 미국 시장과 하이네켄, 파울라너, 벡스, 필스너, 칼스버그, 기네스, 스텔라 아르투아 등을 떠올리는 유럽 메이커들을 중심으로 펼쳐진다.

이들 맥주의 메이저 브랜드들은 해마다 열리는 국제 광고제에서 그랑프리를 다투면서 크리에이티브의 농도를 더해간다. 특히 네덜란드산 하이네켄 광고를 눈요기하는 것은 맥주 광고가 어디까지 감칠맛을 낼 수 있는지, 광고인들의 상상력이 어디까지 다다를 수 있는지 가늠하는 재미를 더해준다. 발상의 통쾌함에 짜릿함이 온몸을 타고 휘감는다. 머리를 쥐어짜는 고민이라든가 억지로 짜 맞춘 어색함 같은 건 별로 눈에 띄지 않는다.

'나는 바퀴만 보면 굴리고 싶어진다'고 읊조린 어느 시인의 너스레가 떠오르는 대목이다. 마찬가지로 이 광고를 만든 이들도 이렇게

        광고에 말 걸기

낄낄대며 머리들을 굴렸을 게 틀림없다.

"우리 집 냉장고 큰 걸로 바꾸고 나서 맥줏값이 장난 아니게 들어가."
"아, 술 좋아하는 사람이라면 그 정도쯤은 각오해야지."
"난 냉장고 문짝에 다닥다닥 붙어 있는 병따개만 봐도 미치도록 맥주가 당겨."
"맥주병만 보면 따먹고 싶은 건 주당들의 본능 아닌가?"

아무리 그렇게 봐주더라도 '먹는다'는 말엔 묘한 그림자가 드리운다. 뭔가 음흉스럽고 불량기가 묻어 있고 성희롱 같은 엉큼한 냄새까지 느껴진다.

"그래, 섣불리 표현했다간 호색한으로 몰리기 딱 십상이고."
"아직도 술 광고하면서 그따위 질펀한 성적 코드로 뭉개자는 거야?"
"도대체 싸구려 선술집에 붙어 있는 야릇한 색깔의 포스터와 뭐가 다르겠어?"
"그럼, 그런 얘기를 딴 녀석이 대신하게 하면 어떨까?"
"동물이 나오는 것도 너무 상투적이고…. 옳아, 수가 있다! 병따개 녀석에게 악역을 맡겨버리자."
"병따개라…. 그래, 녀석 생긴 꼬락서니만 봐도 능히 그런 짓을 하고도 남을 물건이야."

이렇게 해서 숙성 발효된 하이네켄 광고는 그래서 날렵하다. 한 마디로 경쾌한 크리에이티브이다. 스피드 시대를 실감나게 하는 기민한 재치가 작품마다 번득인다. 금 나와라, 뚝딱! 은 나와라, 뚝딱! 손만 대면 모든 게 뺑뺑 따지는 원터치 세상, 클릭만 하면 찾는 게 딱딱 나타나는 원스톱 사이버 시스템, 저절로 숨이 가빠지는 인스턴트 세상을 우리가 살고 있다는 것을 여실히 드러낸다. 한 편 한 편, 고정관념의 정곡을 찌르는 맛이 대단하다.

파격의 크리에이티브, 착실한 성장사

하지만 맥주 광고의 기본을 무너뜨리는 아이디어와 아트워크는 맥주의 명가 하이네켄 집안이 걸어온 착실한 성장의 발자취에 견주어 보면 너무나 파격이다.

하이네켄의 기원은 1592년으로 거슬러 잡아야 한다. 바인트겐 엘

창업자 제라드 아드리안 하이네켄(좌)과 초창기 제품(우)

버츠(Weijntgen Elberts)라는 미망인이 암스테르담 도심에 하이스택 양조장(Haystack brewery)을 세웠고, 1864년 약관 22살의 제라드 아드리안 하이네켄(Gerard Adriaan Heineken)이 지역 최고 규모였던 하이스택 양조장을 인수하면서 하이네켄 집안을 맥주의 본가로 자리하게 만든다.

그가 전통적인 양조법을 버리고 품질과 청결, 제조공법 등을 완전히 혁신하면서 하이네켄은 노동자의 술에서 신사의 맥주로 탈바꿈한다. 'A 이스트(A-YEAST)'라는 효모를 개발한 것도 이 무렵의 일이다. 그러나 1870년대 들어 맥주시장은 치열한 경쟁 양상을 띠기 시작한다. 이런 상황 속에서도 하이네켄가는 저급주의 생산을 중단하고 로테르담에 3천 제곱미터에 이르는 대규모 공장을 건립하면서 고급주의 본격 생산체제를 갖추게 된다.

소비자의 입맛은 결코 속일 수 없다는 철학을 가졌던 하이네켄 사장은 과장 광고를 단호히 거부하고 오로지 품질로 세계시장을 돌파한다. 와인의 본고장 프랑스로 수출하는 최대의 맥주 브랜드로 성장하면서 국제박람회에서 금메달의 영예와 함께 에펠탑 내 레스토랑의 공식 맥주로 지정받기도 한다. 1893년 제라드 아드리안 하이네켄 사후 제라드 하이네켄(Gerard Heineken)과 빌헬름 펠트만(Wilhelm Feltmann)의 20년 공동 경영하에서 하이네켄은 본격적인 대규모 맥주 산업에 뛰어들게 된다.

하이네켄의 본격적인 성장, 그 주역은 창업자의 손자인 알프레드 하이네켄(Alfred Henry Heineken)이었다. 19세 때인 1942년, 그는 하이네켄의 홍보직원으로 입사하여 미국의 아메리칸 라인 항공을 벤치마킹해서 광고캠페인을 본격적으로 시작했다. 녹색 병과 빨간 별의 로고가 만들어진 것도 이때의 일이다. 알프레드는 자신의 이름 앞에 '맥주 왕'이라는 칭호를 붙이면서 하이네켄을 세계 최고의 프리미엄 맥주 브랜드로 성장시켰다.

시대를 뛰어넘는 브랜드 유산

오늘날 하이네켄은 글로벌 맥주 시장에서 독보적인 위치를 유지하며, 190개 이상의 국가에서 판매되는 명실상부한 세계적인 브랜드로 자리 잡았다. 알프레드 하이네켄이 녹색 병과 빨간 별을 통해 구축한 브랜드 아이덴티티는 시대를 넘어 여전히 강렬한 시각적 임팩트를 선사하며, 고유의 유머러스하고 세련된 광고 크리에이티브를 통해 소비자와의 교감을 이어가고 있다.

하이네켄 광고는 단순히 맥주를 마시는 장면에 머무르지 않고, 병을 여는 순간의 짜릿함과 이를 둘러싼 일상의 이야기에 초점을 맞춘다. 예를 들어, '세상을 열어라(Open Your World)' 캠페인은 맥주 한 병이 단순한 음료를 넘어 사람과 사람을 연결하고 새로운 가능성을 여는 도구임을 이야기한다.

하이네켄 광고는 또한 항상 유머러스한 상황을 통해 메시지를 전달한다. 예컨대, '스위치(The Switch)' 캠페인에서는 평범한 바를 고급스러운 펍으로 변신시키는 장면을 통해 하이네켄이 평범한 일상에 특별함을 더한다고 표현했다. 이러한 유머는 브랜드의 긍정적이고 활기찬 이미지를 구축하는 데 기여한다.

최근 하이네켄 광고는 현대사회의 다양성과 포용성을 강조하는 방향으로 나아가고 있다. '다 같이 건배(Cheers to All)' 캠페인은 성별에 따른 음료 선택의 고정관념을 깨며, 맥주가 누구에게나 어울리는 음료임을 재치 있게 보여주었다.

하이네켄은 아티스트, 영화 제작자, 패션 디자이너 등과의 협업을 통해 브랜드에 새로운 에너지를 불어넣고 있다. 특히 한정판 병 디자인 캠페인은 소비자들로 하여금 하이네켄 병 자체를 하나의 예술작품처럼 느끼게 했다.

단순한 소비를 넘어 책임 있는 음주 문화를 독려하기 위해서도 노력해왔다. 특히 "When You Drive, Never Drink" 시리즈는 흥미로운 스토리텔링과 음악을 결합해 음주 운전의 위험성을 경고하는 동시에 하이네켄의 책임감 있는 브랜드 이미지를 강화했다.

스포츠와의 협업

하이네켄은 UEFA 챔피언스리그와 같은 글로벌 스포츠 이벤트의 공식 후원사로, 축구 팬들을 겨냥한 독특한 캠페인을 다수 선보였다. 'The Match' 광고는 축구 팬과 하이네켄이 함께 만드는 열정적인 순간을 생생하게 그려냈다.

하이네켄 광고는 단순히 맥주를 홍보하는 것을 뛰어넘는다. 브랜드와 소비자가 감정적으로 연결될 수 있는 스토리를 창조한다. 또한 소비자의 유머 감각을 존중하고 책임감을 강조한다. 새로운 경험을 제안함으로써 전통과 현대성을 모두 아우르는 브랜드 가치를 보여준다.

하이네켄의 광고캠페인은 그 자체로 하나의 크리에이티브 교과서다. 재치 넘치는 병따개 캐릭터부터, 전통을 유지하면서도 현대적으로 진화하는 스토리텔링은 맥주 한 병에 담긴 무한한 가능성을 증명한다. 어떤 기발한 발상으로 세계를 들뜨게 만들어갈지 기대된다.

하이네켄 광고는 맥주를 넘어, 일상을 새롭게 열어주는 하나의 창이다. 유쾌한 상상력과 명쾌한 메시지가 그 증거다. 맥주 그 이상의 브랜드가 소비자와 어떻게 교감할 수 있는지 보여주는 사례다.

Heineken
THE MATCH

SHARE THE DRAMA
SHARE
A HEINEKEN
각본 없는 드라마, 함께 즐기자!
Heineken
open your world

Heineken®
Proud sponsor of
UEFA
women's
CHAMPIONS
LEAGUE®
Heineken
Heineken
HEINEKEN LAGER BEER

14

럭셔리의 스탠더드

렉서스·제네시스 브랜드 캠페인

1. 렉서스 브랜드 캠페인

《렉서스와 올리브나무》라는 책이 한때 베스트셀러로 떠올랐다. 토요타가 만든 자동차 브랜드 하나가 금세기 최고의 화두인 '세계화'의 표준으로 자리 잡는 현상을 국제 정치 경제의 시각에서 조명한 책이다. 뉴욕타임스의 중동 특파원을 지낸 저자 토머스 프리드먼(Thomas Friedman) 기자의 눈에는 더 이상 자동차의 메카가 디트로이트가 아니다. 현대 대량생산 경제의 작동원리라 할 수 있는 포디즘(fordism)을 태동시킨 미국으로서는 체면 구기는 일이겠지만 어쩔 수 없는 현실이다.

신제국주의 또는 신자유주의라는 의혹을 불러일으켜 가면서 지구촌을 하나로 묶는 미국 중심의 세계 자본주의 운동, 이른바 세계화(globalization)의 상징어로 렉서스라는 동양의 자동차 브랜드가 부각되고 그 반대 현상인 지역화(localization)의 동의어로 중동의 올리브나무를 등치시키는 저자의 세계관은 일부 비판론자들의 지적처럼 편향된 것이기만 할까?

알려져 있다시피 올리브는 이란, 시리아, 팔레스타인과 그 밖의

출처: 한겨레

지중해 연안 지역에서 약 6천 년 전부터 서식한 유실수이다. 식물도감이나 백과사전은 이 나무를 문자가 발명되기 전부터 재배된, 지구촌에서 가장 오래된 나무 중의 하나라고 기록하고 있다. 이런 역사의 유산을 놓고 지금 베이루트와 예루살렘 등에서는 서로 자기의 것이라고 싸우고 있다.

세상의 반쪽은 더 좋은 렉서스를 만들기 위해 정신없이 돌아가고 있는 반면 다른 반쪽은 올리브 나무의 소유권을 가운데 두고 살기 등등한 유혈전을 벌이고 있는 기이한 풍경. 세계화의 체제에서 번영과 부를 구가하며 질주하는 지구촌의 한쪽 진영, 그리고 종교와 민족의 명분에 얽매여 한 걸음도 나아가지 못하는 지역의 현실을 상징하는 메타포가 바로 '렉서스와 올리브 나무'이다.

렉서스 현상, 렉서스 신드롬

사람은 품질관리에만 종사하고 일은 로봇이 다 알아서 전 자동화 공정을 수행하는 토요타 자동차 공장. 이곳이 세계적인 브랜드의 산

실이요 국제화, 세계화의 심장부로 비치는 것은 저자의 색안경 탓만은 아닐 것이다.

경박단소, 축소 지향을 민족의 생존 원리처럼 부르짖고 실천해 온 일본인들. 신칸센 총알열차를 만들고 세계 최고급 자동차를 만들어내는 그들이 세계화의 도도한 물결에서 주역의 자리를 차지한 것은 결코 우연이나 경이로운 일로 치부할 수는 없을 것이다.

렉서스(Lexus). 럭셔리(Luxury)라는 말에 어원을 둔 이 단어는 이제 하나의 자동차 브랜드명을 뜻하는 고유명사를 넘어서서 사물의 속성을 지칭하는 일반명사로 탈바꿈했다. 유명한 토크쇼 진행자인 제이 리노가 자동차와 관련한 이야기를 하면서 퍼뜨린 '렉서스 스타일' '렉서스화하다(Lexusized)'라는 말이 입에 오르내릴 정도이다. 반대의 뉘앙스도 만만찮다. 렉서스는 현대를 살아가는 인간들의 허영심과 물욕을 나타내는 대명사로도 자리 잡고 있다.

지금은 대부분의 미국인들이 렉서스를 토요타의 브랜드가 아닌 독자적인 회사로 생각하고, 아마도 유럽산 자동차일 것이라고 추측한다는 조사보고가 있다. 하지만 렉서스의 명성이 이처럼 확고한 위치를 점하기 시작한 것은 그리 오래되지 않았다. 1980년대만 해도 세계 고급차 시장을 주름잡고 있던 양대 브랜드는 독일의 BMW와 메르세

광고에 말 걸기

데스 벤츠였다. 유럽산 수입차의 아성을 깨고 동양 기술의 매운맛을 보인 것은 토요타의 중형 승용차 캠리(Camry)였다.

캠리의 콘셉트는 미국인들이 1970년대부터 집착해온, 외관보다 더 넓은 실내공간이었다. 획기적으로 개선된 연비와 공간 활용, 또한 새로 도입된 전륜구동 방식은 자동차 업계에 지각 변동을 일으키기에 충분했다. 이러한 일본 차의 맛에 조금씩 길들여진 미국인들의 기호를 공략한 렉서스의 마케팅 전략은 주효했다. 미국에 첫 상륙한 렉서스 LS 400은 대다수 미국 차의 경쟁 모델에 비해 더 빠르고 더 조용하고 더 높은 연비를 자랑했다. 거기에 3만 달러나 더 저렴했다. 렉서스는 출시되자마자 전 세계 자동차 업계를 충격의 도가니에 빠뜨리고 말았다.

세계 자동차 기술의 표준

렉서스는 말 그대로 세계적인 프로젝트였다. 1,400여 명의 엔지니어와 2,300여 명의 연구원이 450여 개의 프로토타입(prototype)을 시험했다. 한편 6년여의 시간과 10억 달러에 이르는 천문학적인 금액이 투입되었다. 그 결과 렉서스는 출시 2년 만에 메르세데스 벤츠를 제치고 미국에서 가장 높은 판매고를 올리는 수입 브랜드로 자리 잡았다. JD 파워의 '품질 및 서비스 지수 1위'도 렉서스의 몫이었다. 이러한 영예를 상징하는 'JD 파워상'을 무려 90여 차례나 차지함으로써 세계 자동차 시장에서 렉서스의 위광은 확고부동해졌다.

렉서스의 브랜드 구축에 광고의 공로도 빠뜨릴 수 없다. 140 마일 이상의 속도로 트레드밀 기계 위를 달리고 있는 이 자동차의 후드

위에 피라미드 모양으로 쌓은 15개의 샴페인 잔이 미동도 하지 않고 놓여 있는 장면을 보여준 실증 광고는 잠재 소비자들의 강한 신뢰를 이끌어냈다. 운전석 쪽 파워 윈도 스위치 밑에 '음량 조절(VOLUME CONTROL)'이라는 글자를 새겨놓고 완벽한 방음 시스템을 입증한 광고도 인상적이다. 에어로 다이내믹 설계가 되어 있어 창문을 올리면 차량 밖의 소음은 물론 엔진소리 등 일체의 소리가 들리지 않는다는 것을 비주얼로 말해주는 재치 있는 아이디어다.

'절대로 가격을 할인하지 않는다'는 원칙을 고집한 네트워크 방식의 딜러 시스템도 주목받을 만하다. 또한 독특한 타깃 마케팅 전략도 언급하지 않을 수 없다. 당시까지 지배적이었던 소비 집단 '여피*족'을 대신해서 '보보스**'족에 눈을 돌린 선견지명은 현대 마케팅의 길을 제시했다고 할 수 있다.

토요타라는 메이커가 아니라 렉서스라는 브랜드명을 전면에 내세운 과감한 승부수, 일본에서 만들지만 일본에서는 팔지 않는 글로벌 전략, '중고차 보증 프로그램'도 당시로서는 파격이었다. 그래서 마케팅 교과서에 빠짐없이 등장하는 사례가 되고 있다. 경영, 생산, 브랜

---

*   여피(Yuppie): 젊은(Y) 도시의(U) 전문직(P) 사람들을 뜻함.

**   보보스(Bobos): 부르주아와 보헤미안의 결합형

       광고에 말 걸기

드, 마케팅, 서비스, 세일즈 전략 등 모든 면에서 이제 렉서스라는 이름은 세계의 표준으로 기억되고 있다.

렉서스는 2000년대 이후 글로벌 시장에서 끊임없이 진화하며 마케팅, 광고, 홍보 전략을 통해 브랜드 입지를 공고히 했다. 특히 '럭셔리 하이브리드'라는 정체성을 강화하면서 프리미엄 자동차 시장의 판도를 바꿔놓았다.

럭셔리와 에코의 결합

렉서스는 하이브리드 기술을 앞세워 럭셔리와 친환경을 동시에 충족시키는 브랜드로 자리 잡았다. 2005년 하이브리드 SUV인 RX 400h를 출시하며 "럭셔리와 지속 가능성은 공존할 수 있다"는 메시지를 전 세계적으로 확산시켰다. 이는 고급 자동차 시장에서 하이브리드 차량에 대한 소비자 인식을 긍정적으로 바꾸는 데 기여했다. 최근에는 전기차(EV) 전환을 가속화하며, 2023년 전기차 모델인 RZ 450e

를 출시했다. 이 과정에서 렉서스는 전기차도 프리미엄 경험을 제공할 수 있다는 점을 강조했다.

감성과 기술의 조화

광고는 단순히 기술적 우위를 강조하는 데 그치지 않는다. 감성적 메시지와 예술적 접근을 통해 소비자와의 교감을 강화하고 있다. 2013년 캠페인 '놀라운 작동(Amazing in Motion)'은 로봇과 사람의 공존, 그리고 움직임의 아름다움을 강조한다. 자동차 브랜드 광고의 새로운 가능성을 열었다. 이 캠페인은 "기술이 단순한 도구가 아니라 예술적 경험으로 승화될 수 있다"는 메시지를 전달했다.

2017년 '놀라운 경험(Experience Amazing)' 캠페인은 소비자에게 단순히 차량을 구매하는 것을 넘어섰다. 렉서스를 통해 특별한 경험을 제공하겠다는 브랜드 철학을 담았다. 이 캠페인은 기존의 '럭셔리'를 정의하는 방식에서 벗어났다. 감각적이고 혁신적인 브랜드 이미지를 구축했다.

글로벌과 로컬의 접목

렉서스는 글로벌 브랜드이면서도 현지화(localization)를 통해 각 지역 시장에 맞는 캠페인을 진행했다. 중국 시장에서는 젊은 층을 타깃으로 '세련되고 진취적인 라이프 스타일'을 강조한 광고를 제작했다. 유럽 시장에서는 독일 프리미엄 브랜드와의 경쟁에서 차별화를 위해

광고에 말 걸기

'정숙성과 신뢰성'을 부각하는 전략을 취했다.

한국에서는 2020년 '렉서스 UX 300e' 전기차 출시와 함께, 친환경성과 도심형 라이프 스타일을 결합한 캠페인을 선보였다. 이를 통해 고급스러움과 실용성을 동시에 추구하는 한국 소비자들의 마음을 사로잡았다.

디지털과 소셜의 컬래버레이션

2000년대 이후 디지털 마케팅의 중요성이 커지면서 렉서스는 다양한 플랫폼을 통해 소비자와 소통을 강화하고 있다. 유튜브, 인스타그램 등 소셜 미디어에서 고급스러운 비주얼 콘텐츠를 통해 브랜드의 정체성을 효과적으로 전달했다. 특히 VR(가상현실)과 AR(증강현실) 기술을 활용해, 소비자가 렉서스 차량을 가상으로 경험할 수 있는 콘텐츠를 제공했다. 이는 디지털 네이티브 세대에게 브랜드 호감을 높이는 데 큰 역할을 했다.

렉서스는 고급 브랜드 이미지 강화를 위해 예술, 패션, 스포츠 등 다양한 분야와의 협업에도 적극적이었다. 2015년에는 렉서스 디자인 어워드(Lexus Design Award)를 통해 젊은 디자이너들을 지원하며 혁신적인 브랜드 이미지를 강화했다. 스포츠 분야에서는 US 오픈 테니스 대회와 협력해 브랜드 노출을 확대하고, 고급스러운 스포츠 라이프 스타일과 연계했다. 또한, 유명 셰프들과 협업해 '렉서스 미식 탐험(LEXUS Culinary Experience)'라는 미식 이벤트를 열어 소비자에게 독특한 경험을 제공했다.

렉서스는 기술력과 디자인, 그리고 감성적인 마케팅을 조화롭게 결합하며 단순히 고급차 브랜드를 넘어 현대 럭셔리의 새로운 표준을 제시하고 있다. 전통적 가치와 지속 가능성, 그리고 디지털 시대에 맞춘 혁신적인 접근은 렉서스를 21세기 글로벌 자동차 시장의 대표 브랜드로 자리매김하게 만들었다. 앞으로 렉서스가 어떤 방식으로 더 나아갈지, 그리고 럭셔리와 기술의 경계를 어떻게 확장해 나갈지 기대된다.

2. 제네시스 브랜드 캠페인

제네시스는 현대자동차가 만든 럭셔리 브랜드다. 하지만 단순히 고급 라인업에 그치지 않는다. 기업에서 독립된 브랜드로 세계 럭셔리 자동차 시장에 새로운 표준을 제시하고 있다. 독창적인 디자인과 혁신적인 기술, 정교한 마케팅 전략이 주 무기다. 이 브랜드의 성장은 단순한 성공 사례를 넘는다. 고급스러움과 정교함이 어떻게 공존할 수 있는지를 보여주는 상징이 되었다.

기술력으로 완성된 럭셔리

제네시스의 디자인 언어는 '역동적인 우아함(Athletic Elegance)'이다. 대표 모델인 G80과 GV80은 한국적 미학을 바탕으로 한 디자인과 정제된 실루엣으로 소비자들에게 깊은 인상을 남겼다. 특히 전면부의 크레스트 그릴과 두 줄의 헤드램프는 제네시스의 시그니처로 자리 잡았다. 시각적 아름다움을 넘어 브랜드의 정체성과 미래지향적 가치를 전달하는 핵심가치다.

2021년 출시된 GV70은 전통적 SUV와는 차별화된 스포티한 감각을 통해 젊은 소비자층을 겨냥하며 럭셔리 SUV 시장에서의 입지를 확고히 했다. 이는 제네시스가 럭셔리의 범위를 확장하고, 현대적 감각을 통해 브랜드의 독창성을 강화하고 있음을 보여준다.

G90에 도입된 프리뷰 전자제어 서스펜션은 도로 상황을 실시간으로 분석해 승차감을 최적화한다. 음성인식 제어와 같은 스마트 인터페이스 기술로 운전자와 차량 간의 직관적인 소통을 가능하게 한다. 제네시스는 기능을 뛰어넘어 럭셔리의 절정을 경험하게 한다.

감성과 혁신의 마케팅

제네시스의 마케팅 전략은 단순히 제품의 우수성을 강조하는 데 그치지 않는다. 소비자와의 정서적 연결을 강화하는 데 초점을 맞춘다. 2020년 진행된 글로벌 캠페인 '젊은 감각, 새로운 럭셔리'는 제네시스의 역동성에 집중했다. 전통적 럭셔리 브랜드와는 확실한 차별화였다. 브랜드 론칭 초기부터 이어온 '제네시스 인비테이셔널' 골프 대회 후원도 브랜드의 품격을 높이는 데 기여했다.

기업광고를 통해 브랜드 철학과 가치를 설득력 있게 전달하고 있다. 대표적인 사례가 2021년의 '당신의 흔적을 남겨라(Make Your Mark)' 캠페인이다. 제네시스가 단순한 자동차 브랜드가 아니라 '삶의 순간을 빛내는 동반자'임을 표현했다. 광고영상에서는 GV80과 G80 같은 플래그십 모델들이 역동적이고 우아한 디자인으로 도시와 자연을 배경으로 달리고 있다. "당신의 삶의 흔적을 남기라"는 메시지다.

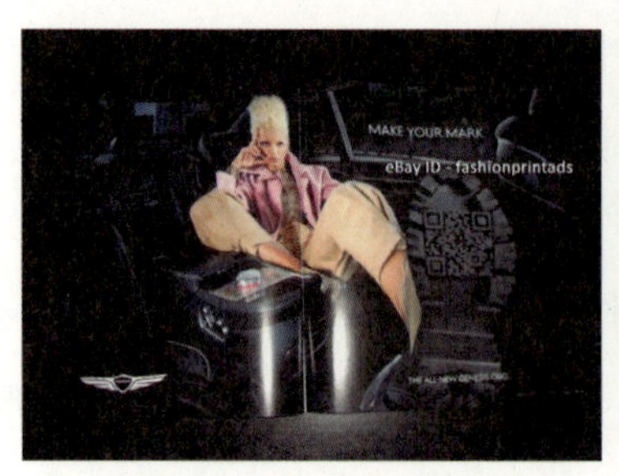

이 영상은 뉴욕 타임스퀘어의 대형 디지털 스크린에도 등장했다. 글로벌 럭셔리 브랜드로서의 입지를 과시하며 진화된 브랜드 이미지를 각인시켰다. 글로벌 무대에서 한국 브랜드의 자부심과 정서적 공감을 창출했다.

GV80과 G90의 글로벌 성공 스토리

제품광고는 제네시스의 기술력과 차별화된 특징을 강조하는 중요한 수단이다. GV80의 미국 론칭 광고는 제네시스 브랜드가 글로벌 시장에서 어떻게 성공적으로 자리 잡았는지를 보여준다.

2020년 미국 슈퍼볼에서 방영된 GV80 광고는 배우 존 레전드와 크리시 티건 부부를 모델로 기용해 화제를 모았다. 광고는 '럭셔리의 새로운 정의(New Luxury)'를 슬로건으로 내세웠다. 기존 럭셔리 브랜드와 차별화된 제네시스만의 혁신적이고 젊은 감성을 강조했다.

2022년 출시된 G90 풀체인지 모델을 위한 '예술이 된 품격(The Art of Prestige)' 캠페인은 현대적이고 우아한 디자인 언어를 예술적

광고에 말 걸기

영상미로 담아내 호평받았다. 한국의 전통미를 현대적으로 재해석한 광고영상은 글로벌 시장에서도 큰 반향을 일으켰다.

디지털 시대의 변화에 발맞추어 혁신적인 소비자 경험을 제공하는 데도 집중하고 있다. VR 기술을 활용한 제네시스 버추얼 스튜디오(Genesis Virtual Studio)는 제네시스 차량의 내부와 외부를 온라인으로 경험할 수 있게 했다. 2021년 '시승, 그 이상의 여정(Beyond the Test Drive)' 캠페인은 단순히 시승하는 것을 넘어 제네시스의 철학과 가치를 느끼게 하는 프로그램으로 큰 인기를 끌었다.

제네시스는 브랜드 철학과 감성을 담은 기업 광고, 제품의 혁신성을 강조하는 제품 광고, 그리고 디지털 시대에 맞춘 소비자 경험 제공을 통해 현대 럭셔리의 새로운 표준을 만들어가고 있다.

럭셔리의 정의를 단순한 소유의 만족을 넘어 삶의 가치와 연결시켜 한국의 자부심에서 글로벌 브랜드로 도약했다. 럭셔리와 지속 가능성, 기술의 융합을 통해 어떤 미래를 열어갈지 주목된다.

15

망가지기 딱 좋은 호텔

한스 브링커 버짓 호텔 광고캠페인

진짜 휴가의 조건은 무엇일까? 두툼한 지갑? 번쩍번쩍한 레저카? 풍광 좋은 콘도미니엄? 쾌감 짜릿한 스피드의 스노보드? 하지만 일용할 양식을 구하기에 빠듯한 도시민들의 짧디 짧은 휴식이라면 얘기가 확 달라진다. 약간의 용기, 마음을 비울 수 있는 여유, 적당한 지점에서 쉼표를 찍는 삶의 리듬감만 있으면 충분하다. 다만 장소가 문제다. 꽉 막힌 현실로부터 벗어나 '나'라는 알량한 존재조차 까마득히 잊어버릴 수 있는 '지상의 섬'을 찾아야 한다.

그런 용도에 딱 맞는 '숨어 있기 좋은 방' 하나를 안내할까 한다. 소개료도 필요 없고 거기까지 가는 값비싼 1등석 항공료도 필요 없다. 기상천외한 체험에 푹 빠질 상상력의 쪽문만 활짝 열어젖히면 그걸로 끝이다.

몇 날 몇 밤 너스레를 떨어도 레퍼토리가 떨어지지 않는 무용담, 두고두고 곱씹을수록 맛이 새록새록 나는 추억담, 그런 걸 남기기 위해 떠나는 무전여행의 베이스캠프로 안성맞춤한 곳이다. 몸을 함부로 굴리는 묘미, 인생의 밑바닥으로 냅다 떨어져보는 초절정 황당 체험, 정신을 완전히 분해한 다음 다시 재조립하는 익스트림 게임 같은 짜릿함. 왠지 이 모든 것들이 다 이루어질 수 있을 것 같은 예감이 드는

곳이다.

인터넷 여행사이트를 뒤적이다 유난히 눈에 띈 호텔 광고가 있
었다. 네덜란드 암스테르담에 본점을 두고 세계 도처에 체인을 가지

고 있는 한스 브링커(Hans Brinker)라는 버짓 호텔(Budget Hotel) 이다. 그런데 호텔 광고라면 으레 연상되는 격조나 품위, 분위기 따위는 눈 씻고 찾아봐도 안 보인다. 최근 몇 년 새 칸, 뉴욕 페스티벌, 클리오 같은 국제광고제에서 연이어 수상하면서 뜬 광고이기도 하다.

그림을 반으로 딱 갈라서 체크인과 체크아웃이라는 표시가 되어 있고 사진 두 개가 전부인 광고. 들어올 때는 꽤 반듯하게 보였던 젊은 이가 '눈탱이가 밤탱이'가 되어 엉망으로 망가진 모습으로 나간다는 얘기인 듯하다.

머리는 봉두난발로 헝클어져 있고 입가와 목 언저리엔 무엇엔가 꼬집힌 자국이 선명한, 첫눈에도 해괴망측한 광고다. 이 호텔의 광고는 죄다 이렇게 불량기 넘치는 '네거티브 톤'이다.

이런 식의 광고도 있다. 흥얼흥얼 거리는 술주정뱅이 하나가 카메라에 잡힌다. 카메라 앵글도 덩달아 취한 양 빙글빙글 돈다. 재즈기타 선율이 마구 뒤틀리면서 취기를 더해준다. 밤새 퍼마시고 방금 쉴 곳을 찾아든 무전 여행자 하나. 정신없이 비틀거리면서 싸구려 모텔의 복도를 여기저기 휘젓고 다닌다. 한참을 헤매던 사내는 이윽고 어느 방문 앞에서 머리를 툭 부딪는다. 두어 번 박으니까 안에서도 인기척이 느껴진다. 결국 이 집의 '손님 깨워주기 서비스'는 이런 방식으로 이뤄진다는 얘기다. 너무나 자연스럽고 너무나 인간적인 방식. 암전된 화면에 자막이 뜨면서 상황이 더욱 분명해진다. '우리 호텔의 모닝콜'.

또 다른 광고 한 편. 화장실에 들어온 남자 하나가 벽에다 낙서를 한다. 그러곤 또 다른 녀석이 들어와서 오줌을 누고 낙서를 하고, 그런 장면이 반복된다. 소변 보는 소리만큼이나 낙서하는 모양새도 각양각색. 똥 누는 자세로 엉거주춤 낙서를 하는 친구, 소변기를 끌어안고 심

각하게 이름을 새기는 뚱딴지, 급기야는 남정네들 이름 틈바구니에 자기 이름을 얌전하게 새기는 내숭 아가씨까지. 자막이 이런 일련의 행위에 이름을 붙여준다. '우리 호텔의 방명록'.

설비와 서비스가 형편없다는 사실을 반어법으로 간결하고 재치 있게 구사한 광고도 돋보인다. '방마다 문이 있다'라거나 '개인 룸 키를 지급한다' '마침내 객실에 침대를 들여놓았다' '배수가 되는 양변기가 있다' '불이 들어오는 전구를 갖춰놓았다' 등등, 호텔이라면 당연히 있어야 할 것들을 대단한 특종 뉴스를 전하듯이 뻔뻔하게 자랑하는 광고들이다. 빈티가 줄줄 나고 조악하고 싸구려 같은 것들에 열광하

는 젊은이들의 키치(kitsch) 감수성을 자극하는 듯하다.

한스 브링커 광고는 이처럼 의뭉과 엄살, 너스레의 종합 선물세트다. 아예 삐딱하게 나가는 수사학을 카피의 기본 전략으로 써먹고 있다. 이왕 고생하는 거 바닥까지 한번 가보겠다는 각오가 있지 않고는 도무지 받아들일 수 없는 제안을 감행하는 용기가 차고 넘친다.

두루마리 화장지가 떨어진 화장실에 그래도 화장지 꽂이만은 정성스럽게 정돈해두는 풍경, 다 찢어지고 얼룩진 누더기 침대 시트와

베갯잇을 노출시키면서도 멋진 그림을 머리맡에 붙여놓고서는 '이보다 나쁠 수는 없습니다. 하지만 우린 최선을 다합니다'라는 카피로 생색을 내는 광고. 최악의 시설 속에서도 최선의 봉사만은 극진히 다하고 있다는 다짐을 애교스럽고 유쾌한 농담처럼 하고 있다.

고급 스탠드, 다기 세트, 명화가 걸린 액자, 정원수, 와인 잔, 서랍장 등 일류 호텔 못지않은 화려한 시설 집기를 보여준 뒤 '그림은 실제 상황과 다를 수 있습니다'라고 슬쩍 비켜가는, 미워할 수 없는 변명도

한다.

변두리 목욕탕 같은 곳에서 느낄 수 있는 퀴퀴한 싸구려 분위기가 감지되지만 그럴수록 직접 눈으로 확인해보고 싶은 충동이 이는 것은 어찌할 수 없다. 이런 초염가 호텔이라면 적어도 번쩍번쩍한 인테리어로 손님들의 기를 죽이진 않을 것 같다. 나이트클럽, 레스토랑, 카지노 같은 사치스러운 부대시설로 투숙객의 여행비를 탈탈 털어내지도 않을 것이다.

호텔 요금은 잠 자는 데만 쓰이는 최소한의 비용임을 말하듯이 최소한의 광고 제작비로 최고의 크리에이티브를 연출해내고 있다. 마치 낙서 같고 장난 같은 광고. 타깃의 가려운 데를 제대로 긁기만 한다면 이렇게 천진난만한 표현도 충분히 먹혀들 수 있음을 보여준다. 시설, 격조, 품위 등의 호텔을 둘러싼 고정관념의 족쇄를 보기 좋게 격파하고 있다. 이 나라 네덜란드가 낳은 영웅 히딩크가 축구의 고정관념

          광고에 말 걸기

을 해체했듯이 말이다. 상식을 거스르는 파격은 뒤집어 보면 소신에 다름 아님을 확인시켜준다. 역시 광고는 어깨에 힘을 뺀 만큼 쌈박한 아이디어가 실린다.

'최악'을 넘어 '기상천외'로

앞에서 소개한 광고들이 나온 지도 벌써 10년이 넘게 지났다. 한스 브링커 버짓호텔은 광고계의 '트롤'답게 여전히 기상천외하다. 요즘 이 호텔의 메시지는 단순히 '최악'임을 강조하는 것을 넘는다. 코로나 시대 이후의 변화된 여행 트렌드와도 절묘하게 맞물린다. 최근 광고는 '기본도 사치다'라는 시대 정신을 반영하고 있다. 여전히 웃음과 충격을 동시에 안겨준다.

"우리 침대가 불편하다면 암스테르담의 공원 벤치는 어떨까요?"라는 어깃장을 놓는 광고. 침대가 딱딱하고 매트리스가 얇은 점을 돌려 쳐서 비꼰다. 도시의 풍광을 야외에서 즐기며 하루를 보내보라는 대담한 제안이다. 물론 농담이다. 하지만 암스테르담의 자유롭고 캐주얼한 여행 경험을 너끈하게 담아내는 레토릭(rhetoric)이다.

또 다른 포스터에는 호텔 내부의 오래된 계단을 배경으로 보여준다. "엘리베이터? 건강도 생각하셔야죠."라는 카피가 능청스럽다. 지친 여행객에게 계단 오르기를 친환경적이며 건강에 좋은 활동으로 포장하는 배짱. 한스 브링커 특유의 '뻔뻔함' 자체다. 의외로 SNS에서 반응이 폭발했다. 실제 투숙객들이 계단에서 찍은 인증샷이 줄을 이었다. '버킷리스트'를 달성했다는 농담을 붙이기도 했다.

호텔의 리노베이션 소식을 알리는 광고도 재치 넘친다. 카피는

"새로 도색된 화장실". 대리석 세면대, 레인 샤워기 등을 자랑하는 대신, 한스 브링커는 벽에 칠해진 새 페인트와 수세식 변기 하나로 열세를 반전시킨다. "우리 화장실은 이제 회색 벽이 아닌 흰색 벽입니다!"라는 광고 또한 실소를 자아낸다. 커피잔에 티스푼 한 개를 더 꽂아두곤 '업그레이드'라고 생색내는 광고도 귀엽다.

코로나19 이후, 호텔들의 최우선 정책은 단연 방역과 위생이다. 그런데, 한스 브링커는 완전히 다른 방식으로 문제를 풀었다. "우리 호텔에서는 사회적 거리 두기는 기본이지요. 아무도 같은 방을 쓰려고 하지 않으니까요."라는 카피가 해답이다. 낡은 시설을 오히려 방역 우수 사례로 포장하는 신의 한 수. 농담을 넘어 자원과 비용을 최소화하는 여행의 철학과 맞닿아 있다.

디지털 시대의 반전 매력

한스 브링커의 광고는 디지털 환경에도 강하다. 소셜 미디어를 통해 실시간으로 여행객들과 소통하며 유쾌한 투숙 후기를 공유한다. 한 고객이 방에서 발견한 오래된 전구를 찍어 올렸다. 클레임에 유머스러운 댓글로 응수했다. "저희가 준비한 빈티지 컬렉션을 제대로 즐기셨군요."

한스 브링커 버짓 호텔은 단순한 숙박시설이 아니다. 여행자들에게 '이야깃거리'를 제공하는 특별한 공간이다. 최선의 서비스와 최고의 경험만을 약속하지 않는다. "최악에서 최고의 추억을 만든다"는 모토를 내세운다. 광고뿐 아니라 실제 투숙 경험에서도 살아 숨 쉬고 있다.

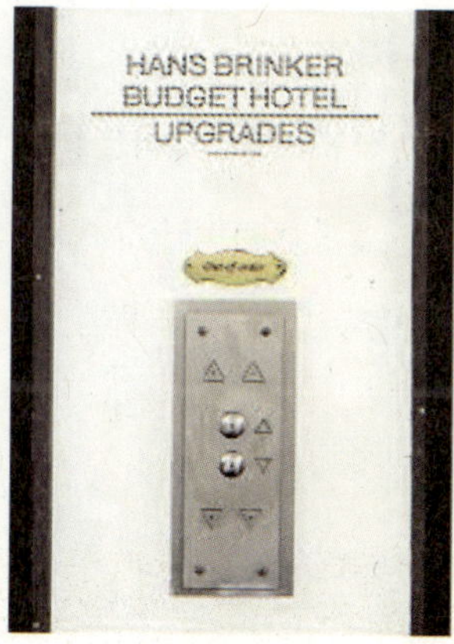

SORRY
FOR BEING
AMAZING AT
DISTURBING
YOU

SORRY
FOR BEING
THE BEST IN
IGNORING YOUR
COMPLAINTS

SORRY
FOR BEING
EXCELLENT IN
LOSING
YOUR
LUGGAGE
HANS BRINKER
BUDGET HOTEL
AMSTERDAM

SORRY
FOR BEING
WONDERFUL AT
NOT WELCOMING
YOU
NO
HANS BRINKER
BUDGET HOTEL
AMSTERDAM

16

현실에 똥침을 날려라!

디젤 For Successful Living 광고캠페인

디젤(Diesel)은 광고로 이야기하는 데 천부적인 재능을 가진 브랜드다. 도발적이고 날카로운 사회 비판, 경계를 허무는 상상력은 이 브랜드 광고캠페인의 핵심 병기다. 현실에 처절한 똥침을 날리는 풍자와 조롱, 아이러니와 패러독스가 난무하는 이야기들. 이 발칙한 광고들은 늘 시대의 관심을 끌어왔다.

디젤은 1985년 이탈리아의 렌조 로소(Renzo Rosso)가 발족시킨 작업복·청바지 브랜드이다. 베네통처럼 패션에 대한 동물적인 감각을 가진 로소는 디젤을 세계적인 진 브랜드로 자리매김해 나간다. 기름때 묻은 남성 작업복의 느낌으로 출발한 이 브랜드는 1989년 여성복(Diesel Female)이 탄생하면서 이미지 변신을 꾀하게 된다.

렌조 로소
출처: Trend Studio

이 제품이 지금처럼 독특한 개성의 컬트 브랜드로 거듭나게 된 것은 1990년 스웨덴의 스톡홀름에 있는 파라디셋 DDB(DDB Paradiset)라는 광고대행사를 만나고부터이다. 특히 요아킴 요나손(Joakim Jonason)이라는 걸출한 아티스트에 의해 진행된 'Successful Living' 캠페인은 1992년부터 오늘까지 10년 동안 1백 개도 넘는 광고물을 선보이면서 광고사에 디젤 스타일이라는 새로운 장르를 구축해가고 있다.

2001년 상반기, *The Daily African*이라는 아프리카의 어느 일간지에 이런 기사들이 연이어서 1면 톱을 장식했다.

'유럽 개발도상국들, 아프리카 담배산업의 표적 되다'
'아프리카, 미국에 대한 재정 원조에 합의'
'캘리포니아 폭도들, 148일 만에 아프리카 인질 석방'
'유럽 전염병 구제 위한 대규모 건강 프로그램 발표'

The Daily African 시리즈

날조된 이미지로 흑인들의 기를 살리다

세상이 개벽하는 순간이다. 이 무슨 아프리카 붐이란 말인가? 그 무렵 베트남에서 장동건 같은 스타가 한국 붐을 일으키고, 홍콩에서 안재욱이 그들의 가슴에 별로 떴다는 얘기는 있었다. 중국, 대만, 베트남 등 동아시아에서 한국 대중문화의 인기가 치솟는 현상에 힘입어 불어닥친 이른바 '한류(韓流)' 말이다.

'아시아에 부는 한류 열풍'이라는 얘기는 들어봤어도 아직 '서방을 강타한 아프리카 열풍'은 입에 오르내린 적이 없는데 우리가 모르는 새 서양에 바야흐로 아프리카 바람이 불기라도 했단 말인가? 누군가가 날조한 기사인가, 아니면 아프리카의 민족주의자들이 흑인들의 기 살리기를 위해 연출한 자작극인가?

더 이상 헛갈리기 전에 이쯤에서 기사의 정체를 밝혀야겠다. 세계적인 광고영화제인 칸에서 연이어 그랑프리와 금사자, 은사자를 사로잡으면서 크리에이티브의 진수를 보여준 디젤의 'For Successful Living' 캠페인에 등장한 카피들이다. 백인에 대한 무차별 공격과 통쾌한 조롱을 하면서 디젤 진을 입은 한 무리의 흑인들이 후련한 카타르시스를 경험하는 대목이다.

서방에 대한 제3세계의 '처절한 똥침'이 왁자지껄한 사진 장면들에 넘쳐흐르고 있다. 기성의 틀을 깨려는 가상한 노력이 수천 편의 작품 중에 진품을 가려내느라 심신이 지칠 대로 지친 심사위원들의 눈을 자극했던 것 같다.

컬트 코미디로 현실을 풍자하다

광고가 만들어낸 가상현실, 아니, 미디어가 만들어낸 가짜 현실이다. 마셜 매클루언의 견해처럼 그야말로 미디어는 메시지이다. 상업적 목적을 위해 하나의 그럴듯한 미디어가 만들어지고 밀가루 반죽처럼 주물러진 현실이 그 안에 담기는 것이다. 기상천외한 표현을 일삼던 디젤 청바지가 브랜드 이미지를 구축하기 위해 *The Daily African* 이라는 가상의 신문을 하나 창간하기에 이른 것이다. 흑인들의 인종 콤플렉스를 마사지하는 광고. 마치 흑인들의 권익을 대변하는 것 같지만 아니다. 광고주나 제작자 모두가 백인인 만큼 백인들의 아량과 여유가 한껏 과시된 패러디풍의 하이 코미디라고 할 수 있다.

신문기사가 현실을 비꼬고 조롱하는 것이 유례없는 일은 아니다. 우리나라에도 비슷한 급의 황색 저널은 있었다. '한국 농담을 능가하며 B급 오락영화 수준을 지향하는 초절정 하이 코미디 시니컬 패러디

 광고에 말 걸기

사이비 사이버 루머 저널'을 자임하는 풍자 전문지 말이다. '인류의 원초적 본능인 먹고 싸는 문제에 대한 철학적 고찰과 웃기고 자빠진 각종 사회 비리에 처절한 똥침을 날리는 것을 임무로 삼는' 현실 패러디에 *The Daily African*이란 가짜 매체가 동원된 것이다.

디젤 광고의 특징을 한마디로 말하면 포스트모더니즘이다. 저질스럽고 본능적인 표현으로 광고 이미지를 차별화하는 데서 벗어나 시·공간을 해체하고 현실과 허구의 경계를 무너뜨리면서 크리에이티브의 실험을 해가고 있다. 그런 기상천외한 상상력을 통해 새로운 브랜드의 장르를 만들어가기 시작한 것이다.

이 광고들은 여전히 해석이 어렵다. 광고를 판매의 도구로 생각하지 않고 문화를 실어 나르는 대중문화의 그릇으로 보면 얘기가 달라진다. 어차피 이제 사람들은 광고를 논리나 뜻으로 새겨 보는 게 아니라 감각이나 느낌으로 즉각 느끼고 반응한다. 신세대들의 감수성에 어필해서 얼마든지 지적 호기심과 탐구심을 자극하기에 안성맞춤인 실험적 이미지들인 것이다.

포스트모던 문화를 노리다

디젤 광고는 제품의 기능을 파는 것에는 관심이 없다. 언젠가 한국의 한 대학생이 파티용 청바지를 만들어 뉴욕의 패션가를 강타했다는 기사가 세인의 관심을 끌었다. 하지만 디젤은 작업복이나 청바지라는 기능의 변형을 파는 단계도 이미 졸업했다. 이제는 문화를 팔고 세상의 시사 문제를 팔고 문명을 팔고 있다.

미국의 문화학자 푸아트 피라트(A. Fuat Firat)는 '포스트모던 시

대의 소비자'에 대해 다음과 같이 이야기하고 있다. 우선 인구학적으로 볼 때 포스트모던 소비자들은 젊다. 미국에서는 제2차 세계대전 이후에 태어난 사람들부터 여기에 포함시킨다. 또한 이들은 정보화사회에서 일하며 가난하지 않고 세계시민적인 시각을 갖고 있다.

심리학적 측면에서 이들은 자존감과 외모에 대한 관심이 높다. 미적인 즐거움과 육체적인 흥미가 모두 중요하며 자신만의 스타일을 고집하는 개인주의적 성향을 나타낸다. 이들은 풍자와 유희에 대한 감각이 발달해 있으며 논리적 설명을 경시한다. 그리고 이들은 환상적, 특히 영상적인 것이면 무엇이든 높게 평가하는 성향의 사람들이다.

이런 사람들을 타깃으로 하는 광고이기에 디젤의 포스트모던 광고는 무엇보다 하나같이 시각적 영상 중심이다. 정지된 사진의 느낌이 아니라 영상을 보고 있는 듯한 착각을 일으킬 정도로 동적이다. 넥타이 부대로 통칭되는 기성세대를 조롱하는 광고, 여자의 육체를 탐하는 호색한을 엿 먹이는 광고, 판에 박힌 결혼제도에 대한 시니컬한

광고에 말 걸기

푸아트 피라트
출처: Emerald Insight

시선, 달 착륙이나 얄타회담 혹은 미국의 월남 참전 등 역사적인 순간들을 그로테스크하게 패러디한 현실비평 광고, 동성애에 대한 예찬론, 조지 오웰의 《동물농장》처럼 인간의 탐욕과 이데올로기에의 집착을 비꼬는 광고…. 이 모든 것들이 활동사진처럼 다이내믹하게 그려진다.

새로운 세기에 접어들어 디젤이 인종주의를 들고 나온 이유는 무엇일까?

첫째, 기존의 판에 박힌 백인 우월주의의 시각으로는 더 이상 디젤이 추구하는 새로운 타깃의 이미지를 표현하기가 어려웠기 때문일 것이다. 아무리 차별화를 위해 의도적으로 그런 광고를 만들었다고 해도 장기적인 브랜드 관리의 측면에서 한계를 느낀 이유가 클 것이다.

둘째, 이전 광고에서 나타나는 다수 인종의 이미지로는 디젤의 타깃을 다양한 인종으로까지 확산시키기가 어렵다는 자각 때문이었을 것이다.

셋째, 디젤이 추구하는 새로움의 영역을 더 이상 키치와 엽기, 문명 조롱 등의 가벼운 주제만으로 표현해가기엔 스스로도 진부함을 느꼈기 때문일지 모른다.

어떤 이유에서건 디젤의 광고는 이와 같이 새로운 인종주의라는

'For Successful Living' 캠페인

새로운 포장을 하고 21세기를 맞았다. 디젤 광고의 표현 특징 중 또 하나는 이미지의 모호성이다. 현실과 허구를 뒤섞어놓고 시간과 공간을 해체하면서 의미를 되도록 모호하게 만든다. 하나의 메시지로 반응을 획일화하는 것이 아니라 보는 이로 하여금 제각각의 반응을 불러일으키게 하는 심리적 여백이 철저히 계산된 것이리라.

메시지로 시대를 비틀다

2019년 디젤은 'Be a Follower' 캠페인을 선보였다. 전통적인 인플루언서 마케팅을 비틀었다. 모두들 '리더가 되어라'고 외칠 때, 디젤은 반대로 '팔로워가 되어라'라며 소비자들에게 도발적인 메시지를 던졌다. 디젤의 팔로워들은 자신만의 이커머스 링크를 만들어 제품을 판매할 수 있었다. 첫 주에만 3만 7천 개의 개인 쇼핑몰이 개설되고, 디젤의 온라인 방문율이 365% 증가했다는 기록도 나왔다. 특유의 파격적인 접근법이 여전히 통한다는 것을 보여주었다.

'Made To Run Away' 캠페인은 디젤의 유머 감각과 기발함을 단적으로 보여준다. 말 그대로 '도망칠 때를 위해 만들어졌다'라는 슬로건이다. 단순히 제품의 기능성을 강조하는 광고와는 차원이 다른 이야기다. 캠페인은 젊은 세대의 주목을 받으며 디젤의 정체성을 더욱 확고히 했다.

소셜 미디어와 오프라인을 연결하는 마케팅도 주목받았다. 고객이 매장에서 디젤 의상을 입고 찍은 사진을 바로 페이스북에 공유하도록 유도한 '디젤 캠(Diesel Cam)' 캠페인. 디지털 시대의 소비자와 브랜드가 어떻게 새로운 방식으로 소통할 수 있는지를 잘 보여준다.

'Work Hard' 시리즈

한때 디젤은 '진부함'의 함정에 빠져 위기를 겪기도 했다. 디젤은 이제 단순히 청바지를 파는 브랜드에서 벗어나고 있다. 2020년대 디젤은 더 이상 작업복 브랜드에 머물지 않는다. 노동과 휴식의 문화를 만들고 메시지를 전달하는 플랫폼으로 다시 태어났다. 현대의 소비자가 원하는 감각적이고 정체성을 표현할 수 있는 하나의 도구가 되었다.

디젤의 도전은 늘 광고 이상의 의미를 갖는다. 시대를 비틀고 틀을 깨며 제품 이상의 감각과 철학을 제시한다. 지금도 여전히 광고를

통해 새로운 세상을 보여주고 있다. 성공적인 삶을 위한 도발적인 안
내서처럼 말이다.

17

Kingdom of Condom

콘돔 브랜드 광고 열전

당신은 얼마나 뻔뻔스러운 사람인가? 이를 확인하기 위한 여러 가지 테스트 방법이 있겠지만 그중의 하나는 이거다. 여성 약사가 서 있는 약국이 실험장소로는 맞춤하다. 목표지점을 향해 성큼성큼 걸어가서 아무렇지도 않은 듯이 "콘돔 한 박스만 주슈!"라고 말할 수 있다면 당신의 '뻔뻔 지수'는 합격점이다.

그렇다. 어지간한 강심장이 아니고서는 이 예민한 물건 앞에서 쭈뼛거리기 십상이다. 창 너머로 약국 안쪽에 누가 서 있는지 관찰하면서 몇 개의 약국을 지나간 끝에야 겨우 용기를 내어 이 말을 간신히 내뱉을 수 있다면 당신은 지극히 정상이다. 그런 당신을 두고 소심하다거나 내숭이라고 비아냥거릴 사람은 별로 없다. 한 조사에 의하면 한국 성인 남자의 60% 이상이 그런 구매행태를 보인다고 한다.

그런 심리를 간특하게 파악한 시스템이 바로 자동판매기다. 공중화장실 안쪽에 설치되어 있는 자동판매기에 동전을 넣고 버튼 한 번 꾹 누르는 것으로 까다롭기만 하던 구입절차는 간단하게 끝난다. 일반형이냐 특수형이냐만 선택하면 된다. 하지만 화장지를 꺼내는 것과 콘돔을 사는 것이 심리적 노동의 에너지 면에서 똑같을 순 없다.

주위를 두리번거리다가 아무도 없는 틈을 타서 슬쩍, 아니면 술이라도 한 잔 걸치고 패거리와 함께 지나다가 장난 삼아 구입하기엔 안성맞춤인 물건이다. 일반형을 구입한 친구의 기를 꺾어놓을 요량으로 보란 듯이 특수형을 탐하는 무뢰한 같은 짓도 술김이니 용서될 수 있다. 그렇게 구입한 상품을 어디에서 어떤 용도로 사용하는지에 관한 통계자료는 과문한 탓인지 아직 본 적이 없다.

콘돔은 이처럼 일상생활에서는 낯 뜨거운 소재이지만 창작 광고제에서는 꽤 인기 있는 소재로 자주 거론된다. 1980년대 후반쯤으로 기억한다. 유명한 광고제에서 이런 광고가 상을 받았다.

순진하게 생긴 사내아이가 약국 창문을 계속 두리번거리다가 용기를 내서 문을 열고 들어선다. 그러나 빤히 쳐다보는 여자 약사 앞에서 입이 얼어붙어버리고, 한참을 홍당무처럼 서 있다가 마음에도 없는 물건을 턱으로 가리켜버린다. 이름도 모르는 약을 사들고 나오다가 그래도 미련이 남아서 뒤를 돌아보는 순간, 약사 아가씨가 다 알고 있었다는 듯이 장난스러운 표정으로 콘돔 상자를 건넨다는 내용이다. 짧은 광고였지만 긴장, 갈등, 조롱, 반전의 유머, 내면 심리묘사가 영상 속에 다 담겨 있는 작품이었다.

이와는 사뭇 다른 이야기를 담은 광고가 프랑스의 한 고등학교 체육관에서 전개된다. 교사가 포장된 콘돔을 하나 주워서 수업을 받기 위해 모여 있던 학생들 앞에 나타난다. 마치 범인을 추적하듯이 주인이 누구냐고 질문을 던진다. 잠시 수런수런하는 소리. 그러곤 주위를 살피는 시선들. 잠시 후에 일어난 일은 예상을 깬다. 한 학생이 용감하게 일어서서 자백을 하는데 그때 또 다른 학생이 일어서서 사실은 자기 것이라고 주장한다. 그런데 일은 거기서 끝나지 않는다. 여기저기서 "저요, 저요, 저요" 하면서 일어서는 학생들. 마침내 모든 학생이 일어서서 서로 주인이라고 우겨댄다. 황당한 표정을 짓고 있는 선생님을 배경으로 자막이 뜬다. 콘돔을 사용하는 것은 결코 부끄러운 일이 아님을 말하는 공익광고였다.

우리가 콘돔이라는 녀석 앞에서 용감하지 못한 이유는 꼭 부끄러움 때문만은 아니다. 불편함과 불안, 불신도 한몫한다. '기분을 잡친다' '왠지 감이 안 온다' '이질감이 느껴진다' 등등의 불만을 늘어놓으며 사용을 주저하게 되는 것이다. 그런 문제를 말끔하고 깔끔하게 해결하는 또 다른 광고가 눈길을 끈다.

묘한 분위기의 배경음악 위로 화면을 꽉 채우면서 날아오는 콘돔 하나. 그것을 손으로 잡아 자연스럽게 포장지를 찢고 손가락에 콘돔

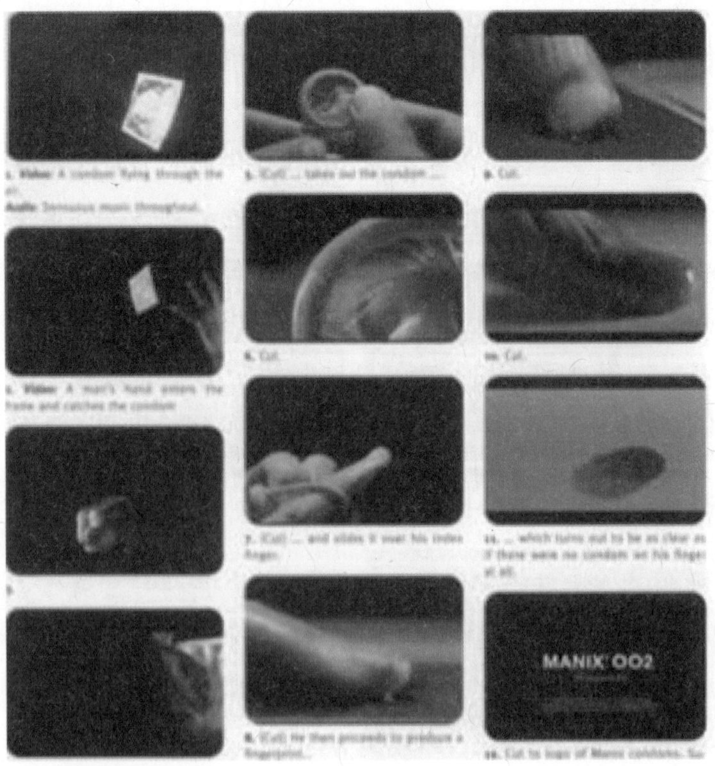

을 끼우는 모습. 왜 저러나 싶은 순간, 마치 비닐장갑을 낀 듯 콘돔에 감싸이는 손가락 끝. 천연덕스럽게 잉크를 묻혀 종이 위를 꾹 찍는다. 주민등록증에 새길 때처럼 선명하게 나타나는 지문의 소용돌이 무늬. 무슨 애긴가 의아해할 사이도 없이 자막이 뜨면서 궁금증이 해결된다. "Manix 002. 아주 미세한 느낌." 고전적인 표현 수법이라고 밀쳐놓았던 데몬스트레이션이 섬뜩할 정도의 브랜드 각인효과를 발휘하는 대목이다.

윤리나 도덕, 계몽 따위의 뻔한 목적의식을 벗겨내면 여느 상품 못지않게 깜찍한 크리에이티브가 나온다. 인쇄광고 몇 편을 보자. 안전이라는 콘셉트를 이보다 더 앙증맞게 표현할 수 있을까? 콘돔의 모양새와 네모난 포장지 모양이 한데 어울려 영락없는 자물쇠 형상을 하고 있지 않은가. 안전한 제품이라는 카피가 오히려 군더더기로 느껴진다.

또 다른 광고. 언뜻 보면 스티로폼처럼 보이지만 잘 보면 콘돔이 가지런히 배열되어 있는 모습이다. 깨지기 쉬운 물건을 감싸듯이 하나하나 애지중지 모셔져 있는 콘돔이 예뻐 보이기까지 한다. 제품이

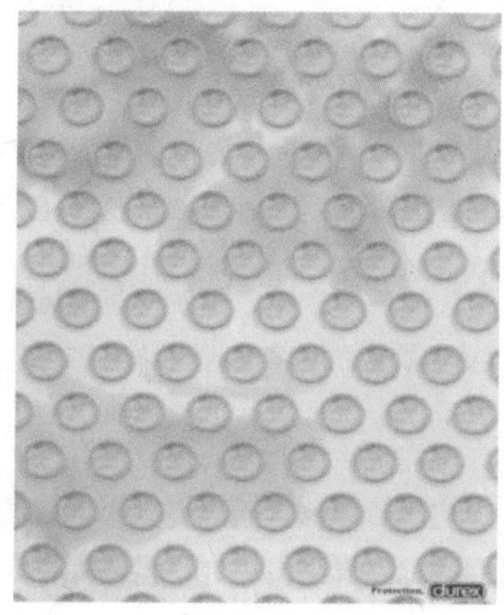

가지고 있는 민망한 뉘앙스는 온데간데없이 사라지게 만든 유머와 재치 있는 아트 작업이 경탄스럽다.

유머는 때로 과격하기까지 하다. 어떤 면에서는 천진난만하기도 하다. 일상의 생활공간에서 얼굴을 붉혀왔던 얘깃거리까지 입에 담기를 서슴지 않는다. 돈 후안 같은 무지막지한 껄떡쇠를 위한 특수 콘돔 광고 시리즈. 아무리 괴력을 표현했기로서니 기관차, 드릴, 슈퍼맨, 황소 같은 데다가 남성의 거시기를 비유하다니. 해도 너무했지 않나 싶다. 때로는 이렇게 무식하게 웃겨야 기억의 창고 속에 브랜드를 남길 수 있는 거다.

동서고금을 통틀어 남성의 심벌을 비유하는 메타포로는 '물건'이나 '연장'에 비길 것이 없다. 남성의 성기야말로 여성의 몸과 마음을 해체한 다음 재조립하는 훌륭한 연장이라는 노골적인 비유가 광고에도 어김없이 등장한 것이다. 또한 영어의 '수탉(cock)'이라는 단어도 음경을 의미하는 비속어로 곧잘 쓰인다. 그 생김새에서 유래한 것인

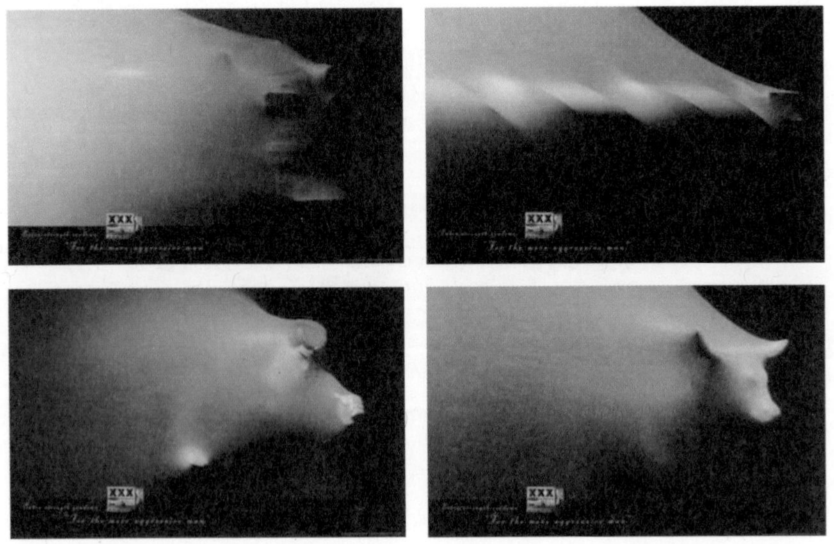

　　　　광고에 말 걸기

지 힘이나 기능을 뜻하는 것인지는 잘 모르겠지만 웬만한 텍스트에서는 다 그렇게 표기 한다.

그 밖에 병이나 필기구, 소라고둥 등도 형태의 유사성을 유추하는 것이 어려운 일이 아니다. 메이트(mates)라는 콘돔 브랜드는 이를 보란 듯이 광고 표현으로 살려내고 있다. 남성의 물건이 제각기 다르게 생겼으니 콘돔도 그럴 수밖에 없다는 나름의 철학을 슬로건으로 내세우면서 말이다.

남자와 여자가 한데 어울려 취하는 포즈 가운데 가장 감각적인 형태는 역시 '체위'를 들 수 있을 것이다. 기원전 6세기부터 인도에서 전래된 《카마수트라》는 세계에서 가장 오래된 '체위의 교과서'이다. 이 텍스트를 음란한 성애 기교를 보여주는 춘화로 보는 사람은 별로 없다. 점잖은 신사숙녀의 성 교양서로 바라보는 시각이 더 보편적이다. 그런 맥락에서 남녀의 의상이 연출하는 체위 형태를 활용한 메이트의

또 다른 광고에는 담백한 아름다움까지 엿보인다.

창의적 광고캠페인의 향연

콘돔이라는 물건을 대하는 시선과 시대적 분위기는 예전과 같지 않다. 남성 중심의 고루한 예화라는 비판도 피할 생각이 없다. 앞선 이야기들은 콘돔 광고의 창의성을 탐구하는 고전일 수도 있다. 이제는 현대 광고의 새로운 경지를 살펴볼 차례다. 기술과 문화적 변화를 반영해 새롭게 탄생한 콘돔 광고들은 뻔한 계몽 대신 세련된 유머와 상상력으로 소비자의 마음을 사로잡고 있다.

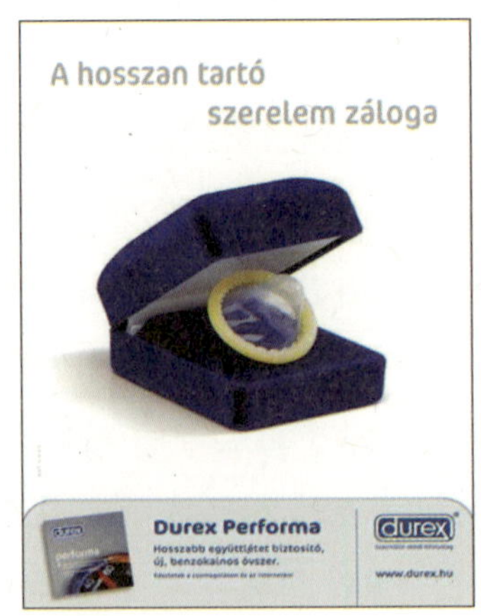

　　　광고에 말 걸기

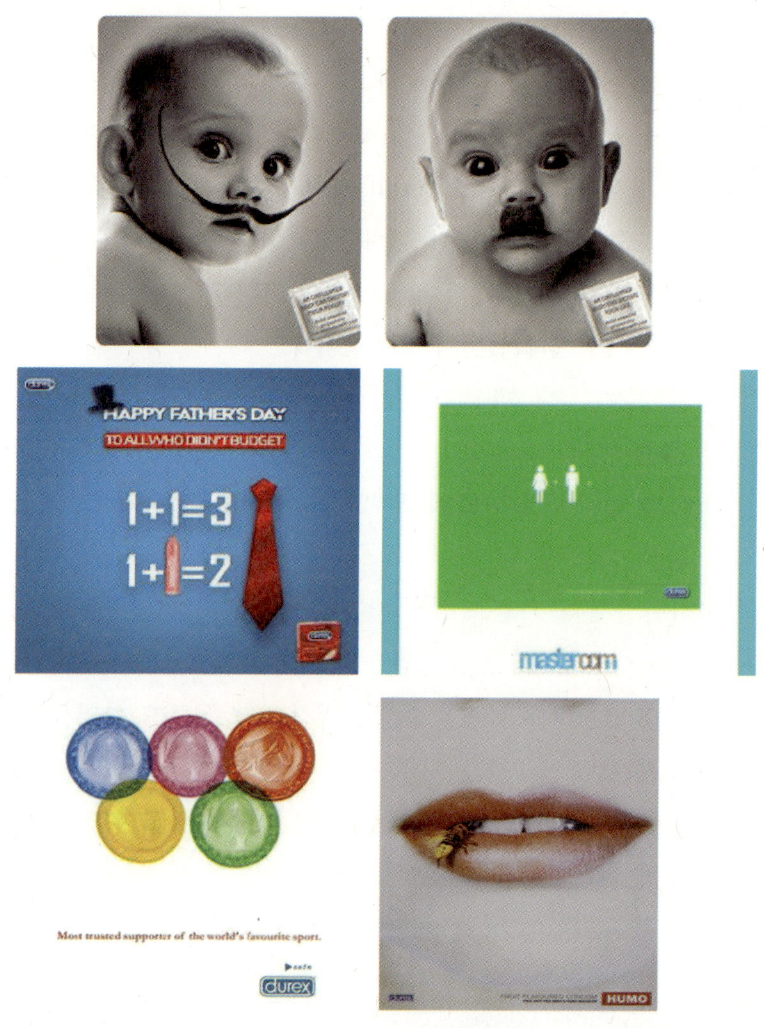

유렉스의 역발상: 'Unexpected Babies'

듀렉스(Durex)는 최근에 'Unexpected Babies'라는 캠페인을 선보였다. 광고는 도심 곳곳에서 갑자기 튀어나오는 '예상치 못한 아기들'

로 가득하다. 지하철, 카페, 공원 등 사람들로 북적이는 장소에서 갑
작스럽게 등장한 아기들은 어색하고 혼란스러운 상황을 연출하며 웃
음을 자아낸다. 하지만 이 광고의 하이라이트는 마지막 장면. "놀라지
마세요. 준비하세요(Don't be surprised. Be prepared)"라는 카피와 함께
듀렉스의 로고가 등장하며, 예상치 못한 상황을 피하기 위한 준비성
을 강조한다. 단순히 제품의 필요성을 넘어서 소비자에게 미묘한 경
각심과 유머를 동시에 선사한 캠페인이다.

스킨의 감각적인 아트워크: 'Be Safe. Be Creative'

프리미엄 콘돔 브랜드 스킨(SKYN)은 감촉과 친밀감을 강조하며
'Be Safe. Be Creative'라는 슬로건을 내세운 캠페인을 진행했다. 이 캠
페인은 콘돔을 사용한 예술작품으로 가득하다. 콘돔으로 만든 거대한
풍선 오브제, 꽃잎처럼 촘촘히 배치된 패턴 디자인, 그리고 무중력 상
태에서 춤추는 듯한 콘돔의 움직임은 눈을 즐겁게 하며 안전과 창의
성을 동시에 전달한다. 스킨은 이를 통해 '콘돔은 단순한 보호 장치가
아니라 감각을 깨우는 도구'라는 메시지를 전달한다.

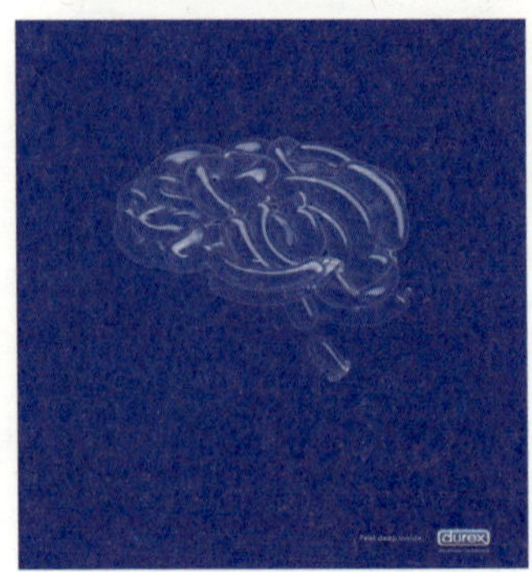

아르헨티나 브랜드 Tulipán은 툴리판(Tulipán)은 '콘돔 사용에 동의하다(Consent Condoms)'라는 혁신적인 제품을 선보였다. 이 제품은 포장지의 양쪽을 동시에 누르지 않으면 열리지 않도록 설계되었다. 이는 성관계에서 가장 중요한 전제조건인 '동의'를 상징적으로 표현한 것이다.

광고영상은 어두운 톤의 배경에서 두 손이 협력해야만 열리는 포장지를 강조하며, "좋은 성관계는 상호 동의에 의한 것입니다(Good sex is about mutual consent)"라는 강렬한 메시지로 마무리된다. 단순한 상업적 이익을 넘어 사회적 가치를 담아낸 캠페인으로 큰 주목을 받았다.

트로잔의 직관적 비주얼: 'Ultra Thin'

트로잔(Trojan)은 초박형 콘돔의 특징을 감각적으로 보여주는 광고를 제작했다. 광고는 심플한 애니메이션으로 패키지와 제품을 귀엽게 연출하고 있다. 컬러와 폰트를 최소한 절제한 자막의 아트도 브랜드의 매력을 한껏 끌어올린다. 제품의 말랑말랑한 질감이 시각적으로 표현되는 영상이다. 여기에 '당신의 느낌을 찾아라(Find your feel)'이라는 카피가 이어지며 초박형 콘돔의 섬세함을 극대화한다. 이 광고는 시각적 유머와 직관적인 표현으로 제품의 USP(Unique Selling Proposition)를 완벽히 전달했다.

마이사이즈의 디지털 맞춤형 콘돔: "Perfect Fit"

독일 브랜드 마이사이즈(MY.SIZE)는 모든 사용자가 자신에게 맞는 크기를 찾을 수 있도록 'Perfect Fit Finder'라는 온라인 서비스를 도입했다. 광고는 다양한 형태와 크기의 튜브, 병 등을 비교하며 콘돔 역시 '한 사이즈가 모두에게 맞을 수 없다'는 점을 유쾌하게 전달한다.

디지털 캠페인에서는 사용자가 자신의 크기를 측정하고 완벽히 맞는 제품을 추천받는 과정을 상세히 보여준다. '당신의 핏에 딱(Because you deserve the perfect fit)!'이라는 카피는 제품의 기능성뿐 아니라 소비자의 자존감까지 높여준다.

뻔뻔하고 창의적으로!

콘돔 광고는 단순한 제품 홍보를 넘어 사회적 메시지, 유머, 예술적 감각을 결합해 소비자의 마음속에 강렬한 이미지를 남긴다. 때로는 뻔뻔하게, 때로는 섬세하게, 이 작은 제품은 광고 크리에이티브의 무한한 가능성을 보여준다. 당신의 '뻔뻔 지수'는 어디쯤인가?

18

우리가 저질로 보여?

허슬러 잡지 광고캠페인

어쩌면 당신처럼 순진무구한 분에게는 갑갑하기 짝이 없는 광고일지도 모른다. 그림이 무슨 선문답 같다. 이렇게 귀여운 멍멍이가 이 소녀랑 무슨 상관이란 말이야? 피자 배달원과 섹시한 여인이랑은 또 어떤 관계지? 냉장고 문짝에 꽂혀 있는 크림 스프레이가 도대체 어쨌다는 거야? 침대에 나란히 누워 수다를 떨고 있는 두 처녀는 또 뭐야?

가만 보니 광고 한편엔 예외 없이 허슬러라는 이름이 보인다. 그

래도 정말 모르겠다는 건가? 설마 허슬러라는 이름조차 들어본 적이 없다고 시치미 떼진 않을 테지. 그렇다면 당신과는 아예 얘기가 안 될지도 모른다. 너무나 건전하고 반듯하게 살아온 대한민국 남성에게는 좀 어려운 연상퀴즈일 것이다.

어쩌면 문제는 당신이 아니라 이 그림을 보고 이상야릇한 상상을 하는 사람에게 있는 것일지도 모르겠다. 적어도 이 광고의 카피는 이렇게 강변하고 있다. '이 이름을 보면 당신은 불결한 걸 생각한다.' 허슬러라는 도색잡지를 한 번이라도 본 사람이라면 그렇게 생각하는 것도 무리는 아니다. 허슬러가 어떤 잡지던가. 웬만한 남자라면 래리 플린트는 몰라도 도색 잡지 《허슬러》는 다 안다.

빨간 안경알은 모든 것을 빨갛게 물들인다

미국에는 3대 포르노 잡지가 있다. 그 순서를 저질로 따지자면 《허슬러》《플레이보이》《펜트하우스》쯤 될 것이다.

분명 《허슬러》는 다른 두 잡지와는 차원을 달리하는 저속함으로 유명하다. 그래서 발행인인 래리 플린트는 끊임없이 법정에 서야 했

다. 갈피갈피를 들춰보면 난교와 혼교, 수간 따위가 심심찮게 등장하는 하드코어 포르노그래피다. 이런 화보에 익숙한 사람이라면 광고에 표현된 암시적인 그림만 봐도 성적 흥분을 느끼기 십상이다.

개는 섹스 토이로, 피자 배달원은 근육질의 섹스 파트너로, 스프레이는 섹스 용품점에서 구할 수 있는 국소마취제로, 침대 위의 두 여자는 레즈비언으로 보이는 게 결코 비정상이 아니다. 그 원인은 일상의 모든 사물을 성적 코드로 치환해버리는 사람들의 착시현상에 있다. 실제 지각되는 대상이 있기는 하지만 사람의 눈으로 느낄 때 실제의 대상과 오차가 생기는 것을 착시라고 한다.

그렇다. 이 광고가 독자와 커뮤니케이션하는 기제는 '시각소구(visual appeal)'이다. 시각소구란 눈을 통해서 외부 세계의 물체나 그 변화를 탐지하는 과정을 말한다. 당신은 어쩌면 이 광고를 통해 그림 이면에 숨어 있는 음란한 영상을 훔쳐보고 있는지도 모른다. 일상에서 보면 극히 평범한 영상이 성도착의 렌즈에 걸리면 끈적끈적한 섹스 스토리로 변질되는 것이다.

그런 의미에서 《허슬러》 광고는 이 잡지가 담고 있는 저질의 선정적 화보와는 달리 '착시의 사회학'이라는 아주 고차원적이고 사변적인 논제를 제기하고 있다. 그런 표현 코드로 성적인 것을 연상하는 독자를 오히려 성도착으로 몰아붙이고, 그럼으로써 스스로의 품격을 높이는 고단수를 부리고 있다.

《허슬러》를 창간한 래리 플린트에 관한 이야기는 1997년 밀로스 포만 감독에 의해 그의 이름을 따서 〈래리 플린트〉라는 영화로 만들어져 국내에서도 개봉된 바 있다. 《플레이보이》의 발행인인 휴 헤프너보다 래리가 먼저 스크린을 탄 것은 아이러니다. 휴는 전기 영화의 주인공이 되기를 간절히 원했지만 정작 한참 하수로 여기던 래리에게

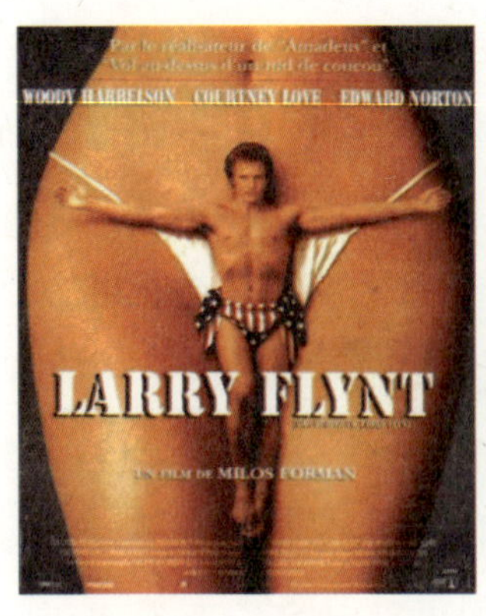

먼저 그 자리를 내줘야 했다.

영화 속에서 래리는 법정에 성조기로 된 기저귀를 차고 나오거나, 별 상스러운 말들이 찍힌 티셔츠를 입고 나오는 등 기행을 일삼는다. 법정모독으로 벌금이 부과되자 스트립 걸들을 앞세워 쓰레기봉투에 담긴 1달러짜리 지폐 5만 달러를 법정에 쏟아놓기도 한다.

국내에서 영화 〈거짓말〉이 개봉되었을 때의 사회적 파문을 떠올리면 표현과 예술의 자유가 두 나라에서 얼마나 판이한 양상을 띠었던가에 생각이 미치게 된다. 하지만 세상은 달라지고 있다. 이 영화의 원작자인 장정일 씨의 변론을 전 법무부장관 강금실 씨가 맡기도 했

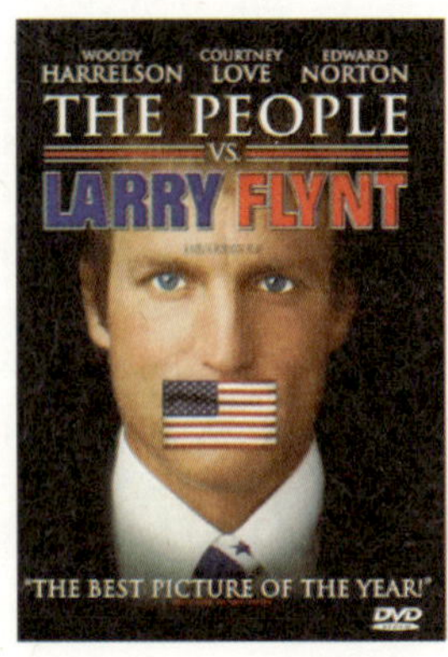

고 그 변론기가 모 사립대학교 입시에서 논술고사 제시문으로 나왔을 정도다.

래리 플린트의 궤변에 가까운 발언이 새삼 설득력 있게 와닿는 대목이다. "살인은 불법이지만 그것을 촬영해 〈뉴스위크〉에 실으면 퓰리처상을 받는다. 섹스는 합법이지만 그것을 촬영해 잡지에 실으면 감옥에 가야 한다. 뭐가 더 유해한가?"

광고여, 《허슬러》의 누명을 벗겨라!

원래 '허슬러'는 래리 플린트가 오하이오주 신시내티에서 경영하던 스트립 클럽의 이름이었다. 래리는 클럽의 수입이 신통치 않자 홍보의 일환으로 여자 나체 사진으로 도배한 '허슬러 뉴스레터'를 배포한다. 여기서 재미를 본 래리는 '펜트하우스나 플레이보이는 사기다!'라는 선언과 함께 이 뉴스레터를 전국 발매용 월간지로 개편한다. 사업 감각이 뛰어나고 대담했던 그는 섹스 산업의 엄청난 상업성을 간파한 것이었다. 이것이 바로 성인잡지 《허슬러》가 시작된 계기였다.

그 후 허슬러는 다른 성인잡지와 비교할 수 없는 노골적인 사진으로 대성공을 거뒀다. 그러나 이 잡지는 그를 '공공의 이익'에 반하는 적으로 끊임없이 법정에 세운다. 포르노 산업은 어느 나라에서나 보수 기득권층의 공격을 받고 있다. 래리 플린트는 표현의 자유를 내세우며 평생을 보수주의자들과 투쟁했다. 그러다 1978년에는 우익 보수 단체 단원의 총격을 받아 하반신 불구가 되기도 했다.

래리 플린트의 기나긴 법정 투쟁에 빌미를 제공한 것은 공교롭게도 광고였다. 제리 폴웰이라는 유명한 목사가 명예훼손죄로 그를 고

소한 데서 수난은 정점에 달한다. 제리 폴웰은 당시 미국에서 레이건 다음으로 존경받는 인물로 매스컴을 풍미하던 인기 목사였다.

그런데 래리가 그를 한 주류광고에 이용하면서 "나의 첫 고백, 나는 엄마와 잤다"라는 문구를 《허슬러》에 실었던 것이 문제가 되었던 것이다. 이 재판은 대법원까지 올라가게 되고 그는 '건강한 사회를 위해서 개인의 표현의 자유는 타인에게 끼치는 감정적인 피해를 이유로 제한되어서는 안 된다'는 요지의 판결문으로 재판에서 승리하게 된다. 그는 《허슬러》의 판매율을 높이기 위해 광고와 재판이라는 수단을 교묘하게 엮었다.

그런 잡지가 이제는 광고 독자의 인식과 한판 싸움을 벌이겠다고 결전을 선언한 것이다. 개 눈엔 뭐만 보이듯이 당신이 섹스광이라면 이 광고를 보고 추잡한 것을 떠올릴 수도 있다는 주장이다. 허슬러 하면 저질 포르노를 연상하는 사회적 통념을 벗고 고급 정보잡지 혹은 생활 잡지로 자신을 자리매김하겠다는 전략이 숨어 있는 광고이다.

광고는 시대의 거울이라고 했던가? 한때는 '도저히 볼 수 없는 저질'로 불리던 《허슬러》가 달라지고 있다. 과거의 오명을 벗고 '문화와 풍자를 아우르는 어른들의 매거진'으로 탈바꿈하려는 움직임을 보이고 있다. 그들이 말하는 '새로운 얼굴'은 어떤 모습일까?

《허슬러》는 여전히 센 이미지를 유지하고 있다. 하지만 최근 들어 광고캠페인에서 노골적인 섹슈얼리티 대신 유머와 풍자를 전면에 내세우고 있다. 예를 들어, 2024년 미국 대선 시즌에 맞춰 나온 광고는 기존의 성적 코드를 활용하면서도 정치 풍자를 결합했다.

한 광고에서는 커다란 피자 박스에 미국을 다시 뜨겁게(Make America Hot Again)!'이라는 문구와 함께 피자 배달원의 뒷모습을 담았다. 피자의 토핑이 흐트러진 모습은 그 자체로 암시적이다. 그래도 메시지는 단순히 자극적이지 않다. 관객에게 《허슬러》가 제공하는 것은 성적 자극을 넘는다. 사회와 정치에 대한 유쾌한 풍자임을 드러낸다. 트럼프의 대통령선거 슬로건 'Make America Great Again'을 살짝

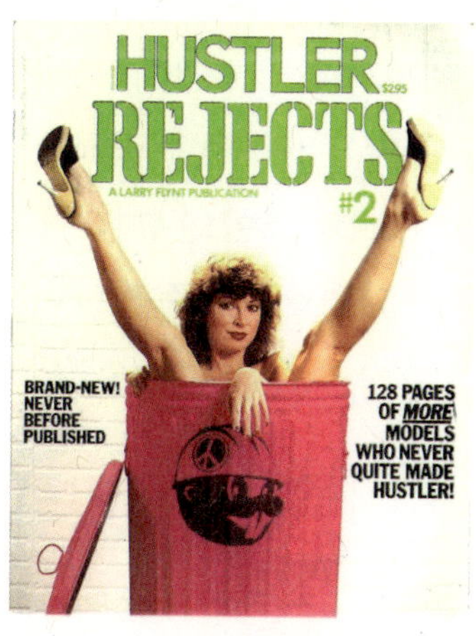

패러디한 기념 모자 디자인도 아이디어가 상큼하다.

《허슬러》는 과거의 저질 이미지를 극복하기 위해 독자층의 변화를 겨냥하고 있다. 전통적인 성인잡지 독자층이 줄어드는 상황에서 《허슬러》는 젊은 세대를 공략하고 있다. 디지털 콘텐츠와 라이프 스타일 브랜드로 확장하려는 시도를 하고 있다. 최근 론칭한 '허슬러 라이프(Hustler Life)' 웹사이트가 그 사례다. 단순히 성적인 콘텐츠를 넘어 여행, 음식, 와인, 그리고 예술에 대한 심층적인 이야기를 담고 있다.

'일상 속의 착시'라는 주제를 바탕으로 한 최근의 광고는 독자에게 철학적인 메시지를 던진다. "당신이 보는 것이 진실인가, 아니면 당신이 보고 싶은 것인가?"라는 카피와 함께, 정체 모를 그림들이 광고를 채운다. 이는 단순히 독자의 시선을 끌기 위한 시각적 효과가 아니다.《허슬러》가 독자와의 새로운 지적 소통을 시도하는 방법이다.

와인 브랜드와 협업한 광고캠페인에는 "삶의 모든 순간은 축제다"라는 메시지를 담았다. 성적 암시 대신 고급 와인과 함께하는 우아한 저녁 만찬이 등장한다. 광고 속에서 여전히 고유의 도발적 톤은 살아 있지만, 메시지는 전혀 다르다. "삶을 즐기되, 그 안에서 자신을 발견하라"는 새로운 브랜드 철학이 느껴진다.

디지털 시대의 프라이버시 문제를 다룬 또 다른 캠페인도 주목된다. "진짜 당신은 무엇을 숨기고 있나요?"라는 도발적인 질문을 던진다. 성적 이미지 없이도《허슬러》가 여전히 대중과의 '불편한' 대화를 이어갈 수 있음을 보여주는 사례다.

     광고에 말 걸기

《허슬러》, 어디로 가고 있는가?

　《허슬러》의 변화를 보면 한 가지 확실한 것이 있다. 단순히 성인 잡지로 남으려는 의도는 없다는 것이다. 《허슬러》는 도발적인 이미지를 유지하면서도 점차 지적이고 문화적인 정체성을 강조하는 방향으로 나아가고 있다. '허슬러'라는 이름은 여전히 저질의 대명사로 남아 있을 것이다. 그러나 그들은 이를 무기 삼아 새로운 시대의 광고와 브랜딩 전략을 펼치고 있다.

　광고는 브랜드가 시대와 소통하는 방식이다. 《허슬러》의 최근 캠페인은 성적 콘텐츠라는 오래된 틀을 깨부수고 있다. 독자와 깊은 대화를 시도하며 자신들의 품격을 재정의하려는 여정을 보여준다. 광고여, 허슬러의 누명을 벗겨라! 그들의 도전은 이제 막 시작되었을 뿐이다.

19

당신의 향기는 변한다

레브론 향수 광고캠페인

광고는 시대정신을 만드는가, 아니면 반영하는가? 질문하는 사람에 따라 대답은 다를 것이다. 광고인이라면 광고는 단지 사람들의 존재 양식과 생각을 되비출 뿐이라고 말할 수 있다. 그러나 철학자들은 광고가 사회적으로 용인되지 않는 허구적인 라이프 스타일을 만들어 내고 있다고 주장한다. 페미니스트들은 광고에다가 여성을 상품 가치로 다루는 반인권주의의 산물이라는 혐의를 덮어씌우길 주저하지 않는다.

　　1988년에 레브론(Revlon)이 선보인 '찰리(Charlie)' 캠페인을 예로 들어보자. 35년 전 당시만 해도 파격이라고 할 정도로 과감한 페미니즘 시각을 최초로 광고에 반영한 작품으로 평가받았다. 이 작품은 레브론의 가장 성공적인 캠페인이었는데 그중에서도 가장 유명한 광고는 바로 인쇄광고였다. "그녀야말로 바로 찰리"라는 헤드라인과 함께 섹시한 뒷모습의 비즈니스 우먼이 동년배 남자의 엉덩이를 툭툭 치는 아주 도발적인 모습이 시선을 잡아끈다.

　　'찰리'는 레브론의 창업자인 찰스 렙슨(Charles Revson)의 애칭이기도 하며 영국에서는 바보 멍청이라는 뜻으로 쓰이고 있다. 또한 미국 사람들은 '미스터 찰리(Mr. Charlie)'를 백인 녀석이라는 다소 얕잡아 이르는 뜻으로 쓰고 있다. 그만큼 친근하다는 뜻일 게다. 이처럼 브랜드 네이밍에도 사람들의 의식 밑바닥에 흐르는 감정을 담고 있다.

　　찰리라는 이름으로 통칭되는 남성의 이미지로, 남성의 관심 대상으로서의 여성과 제품을 동일시하는 기호학적 접근. 그러나 뉴욕타임스는 이 광고의 게재를 거부했다. 아이러니하게도 '저급 취향'의 남녀 차별이라는 낙인을 찍었던 것이다. 반대로 11개도 넘는 당시 잡지들은 이를 환영해 마지않았다. 오늘날 여성에 대한 시선과 너무나 다른 분위기에 아연한 느낌을 지울 수 없다.

레브론 이미지의 원초적 요소

　　세계적으로 유명한 향수 브랜드들은 대부분 오트 쿠튀르의 유명 디자이너들에 의해서 베스트셀러로 탄생했다. 시대적 배경과 그때그때 돌출한 이슈를 브랜드 확장의 계기로 활용하기도 한다. 에스티로

찰스 렙슨
출처: Mad Times

더사의 '뷰티풀', 뮐렌의 '구치', '4771', 로레알의 '피지', '아나이스 아나이스', 샤넬의 '샤넬 No.5', 입생로랑의 '파리', 크리스천 디올의 '푸아종' 등이 좋은 예이다.

엘리자베스 테일러가 성공시킨 '패션(Passion)'과 닥터 지바고의 주연배우 이름을 딴 '오마 샤리프'는 향수 마케팅사에 불후의 성공사례로 남아 있다. 국내 미술계에도 소개되어 커다란 반향을 불러일으킨 앤디 워홀의 작업을 통해 '샤넬 No.5'는 실크 스크린 프린트 이미지로 다시 태어나기도 하지 않았는가? 레브론은 '찰리' 이후 끊임없이 소비자 취향을 반영해서 다양한 하위 브랜드를 개발해내고 있다.

원래 레브론은 창업자 찰스 렙슨이 3백 달러라는 빈약한 자본금과 엄청난 엔터프라이즈 정신으로 시작한 회사다. 1932년의 일이었다. 당시 매니큐어 공급업자였던 찰스 렙슨과 그의 동생 조셉의 공동작품, 거기에 친구 찰스 라흐만(Charles Lachman)이 가담하면서 레브론이라는 이름이 만들어졌다. 1985년에 이르러 레브론은 세계 굴지의 생활용품 회사인 P&G 그룹의 가족이 된다. 그 배후의 인물로 P&G의 레

　　　　　　광고에 말 걸기

브론 경영대표였던 로널드 펠만의 명성을 떠올리지 않을 수 없다.

여기에 또 하나의 요소, 리처드 애버던이라는 광고사진의 귀재가 만들어낸 창작혼이 깃들어 있다. 그는 깊이 있는 톤 앤 매너와 감각적인 표정 연출로 독특한 광고 이미지를 만들어갔다. 그의 아트에는 잘 계산된 광고 전략이 암묵적으로 자리 잡고 있었다. 너무나 향수다운 광고, 그러면서 과학적인 배려가 깃들어 있는 광고. 레브론 캠페인은 브랜드의 계열화를 충실히 지켜가면서 이미지를 축적해가는 장기 캠페인의 또 다른 성공 스토리이다.

신디 크로퍼드, 캐런 더피, 조안 콜린스

레브론 이미지의 또 다른 요소로 우리는 신디 크로퍼드, 캐런 더피, 조안 콜린스, 수전 루치 등 기라성 같은 모델들의 이름을 함께 기억해야 한다. 왜냐하면 상품이 우리에게 어떻게 인지되는가에 따라 모델 전략의 양태도 달라지기 때문이다. 감각적, 경험적으로 소비자와 관여하는 비누, 청바지, 향수 같은 제품의 경우 모델은 브랜드 이미지에 상당한 기여를 한다. 그러나 모델의 중도 하차, 스캔들, 도덕적 문제 등으로 기용 목적에 반하는 중대한 신변 변화가 생겼을 때는 문제가 심각해진다.

신디 크로퍼드의 경우를 보자. 너무 진한 향기는 독이 되는 걸까. 그녀는 리처드 기어와의 파경, 배우 존 에노스와의 염문, 발 킬머와의 연애 등으로 끊임없이 구설수에 올랐다. 캐런 더피의 경우와 마찬가지로 레브론 광고가 빠져나와야 할 모델 전략의 덫이 아닐 수 없었다. 미국인들이 가장 지겨워하는 광고 모델에도 버젓이 그녀의 이름이 올

라 있었다. 그럼에도 불구하고 신디는 광고 출연빈도 1위의 기록을 오랫동안 유지했다.

1980년대의 레브론은 어땠을까? 겉보기에 잘나가던 경제가 주춤하고 정체기의 터널이 시작되었다. 그 와중에도 반발 작용으로 이른바 '여피족(Yuppies)'이라 불리는 젊은 도시 직장인 그룹의 소비적 향락문화가 기승을 부리기도 했다. 상업자본이 조종하는 대중적 우상이 음악과 영화, 패션을 리드해갔다. 향수는 오리엔탈 계통의 향과 플로랄 계통의 향이 혼합된 화이트 발삼 향이 주종을 이루었다. 구태여 이름을 붙인다면 '플로리엔탈' 향이라고나 할까. 또한 오드퍼퓸이 또 다른 향수의 카테고리로 공인되어 향수에 대한 대중적 취향이 급격하게 변한 시기이기도 했다.

1990년대를 넘어 2000년대는 환경문제가 돌출하고 테러리즘, 핵확산, 마약, 전염병 등의 문제가 끊임없이 사회 이슈로 불거진 시대다. 그 가운데 이라크 전쟁, 사스, 에이즈 등이 지구를 황폐하게 하고 있다. 전문화, 개인화의 사회적 추세에 대한 반작용으로 다양한 레저생활과

자유를 갈구하는 이피족(Yiffies)*의 출현도 새로운 이슈다.

젊은 층을 겨냥한 여성스럽고 부드러운 향이 남성들에게, 신선하고 가벼운 느낌의 플로랄 향이 여성들에게 인기를 끈 것도 주요한 특징이다. 패션에 불고 있는 유니 모드 바람은 향수의 트렌드에도 영향을 미치고 있다. 국내에도 캘빈클라인의 'CK-1'이 인기를 끌면서 유니섹스 향수 모드는 독자적인 시장을 형성하고 있다. 레브론은 토속

---

*　　이피(Yiffies): 젊고 개인주의적이고 자유분방한, 1990년대 베이비붐 이후 미국의 신세대

적이면서도 자연미 넘치는 향수 브랜드로 시대 수요를 창출해 나가고 있다. 액세서리, 패션, 메이크업, 배경 등이 말해준다.

향기는 저절로 배어들지 않는다

향수라는 브랜드 이미지를 오랫동안 남기는 요인에는 어떤 것들이 있을까? 브랜드 네임, 로고, 패키지 따위가 어우러진 제품 이미지에 회사 이미지가 더해지고, 광고 메시지, 모델 전략 같은 커뮤니케이션 관련 요인들이 가세한다. 이렇게 구축된 브랜드 파워와 아트, 그리고 모델을 하나의 전략으로 꿰어 상승효과를 발휘해가는 이미지 통합의 힘. 이것이야말로 레브론 향수 광고캠페인에 숨어 있는 브랜드 이미지의 기본이다.

레브론 향수 광고캠페인은 시대를 비추는 거울이면서, 때로는 그 시대를 앞서가는 촉매로 작용해왔다. 찰리 캠페인의 대담한 페미니즘 메시지가 그러했듯, 레브론은 광고를 통해 단순히 제품을 파는 것을 넘어 새로운 여성성을 제안하고, 사회적 화두를 던지는 역할을 해왔다. 최근 레브론이 선보인 광고 역시 이러한 전통을 이어받아 변화를 담아내고 있다.

2023년 레브론은 '대담하게 살아라(Live Boldly)' 캠페인을 통해 '향기'가 단순히 아름다움을 상징하는 것을 넘어, 여성들의 정체성과 자기표현을 대변하는 수단임을 강조했다. 특히 '일루전(Illusion)'이라는 신제품 광고에서는 가상현실(VR)과 디지털 기술을 활용해 향수가 만들어내는 기억과 감정을 시각적으로 표현하며 젊은 세대의 공감을 얻었다.

광고 속 주인공은 도시와 자연을 넘나드는 초현실적 배경에서 자신만의 길을 개척한다. 그녀의 발자취는 빛나는 입자들로 이어지며, 그녀가 남긴 향기를 시각적으로 형상화한다. 이 광고는 단순히 제품을 홍보하는 데 그치지 않고, 여성들이 세상 속에서 '자신만의 흔적'을 남기는 주체적인 존재임을 시사한다.

모델 전략에서도 변화가 두드러진다. 신디 크로퍼드와 같은 고전적 아름다움의 대명사였던 모델에서, 이제는 다양한 배경과 외모, 이야기를 가진 인물들이 등장한다. '대담하게 살아라' 캠페인에서는 젠더, 인종, 나이의 경계를 허물며 현대 여성의 다양성을 보여주는 모델들을 기용했다. 배우 헌터 세이퍼와 같은 젊은 세대 아이콘부터 70대의 환경운동가까지, 이들의 존재는 레브론이 단순히 향수를 파는 브랜드가 아닌, 포괄적이고 진취적인 가치를 지향하는 브랜드임을 상징한다.

　2000년대 이후, 환경과 지속 가능성은 소비자들이 제품을 선택할 때 중요한 요소가 되었다. 레브론은 이러한 트렌드에 발맞춰 재활용 가능한 패키지와 지속 가능한 원료를 사용한 향수를 선보이고 있다. '일루전'의 광고에서는 모델이 숲속에서 향기를 맡으며 자연과 조화를 이루는 장면을 통해 이러한 메시지를 시각적으로 전달했다.

　레브론의 향수광고는 단순히 제품을 알리는 데 그치지 않는다. 그것은 시대를 담고, 변화하는 여성성을 반영하며, 나아가 새로운 가치를 제안한다. 찰리 캠페인이 사회적 금기에 도전했던 것처럼, 최근의 광고는 환경, 다양성, 그리고 자기표현이라는 현대적 가치를 적극적으로 수용하고 있다.

　세상이 변하면 여인의 향기도 변한다. 그 변화를 선도하는 브랜드가 레브론이다. 오늘날의 레브론은 여전히 시대정신과 여성의 이야기를 담아내고 있다. 그리고 우리에게 질문을 던지고 있다. "당신의 향기는 어떤 이야기를 담고 있는가?"

20

비틀스의 부활

폭스바겐 광고캠페인

자동차 역사에서 폭스바겐(Volkswagen)만큼 강력한 브랜드가 또 있었던가? 그만큼 폭스바겐은 위대한 광고캠페인이었다. 톤, 스타일, 위트, 당돌함, 그 모든 면에서 말이다. 이 광고는 다른 어떤 광고보다도 많이 인용되었다. 때로는 모방되거나 표절되고, 복제되거나 오용되기도 했다.

이 광고를 말하면서 우리는 빌 번바크(Bill Bernbach)를 떠올리지 않을 수가 없다. 광고는 과학이 아니라 예술이라는 철학을 지녔던 번바크와 그의 동료들은 네거티브와 유머를 적절히 섞어 새로운 광고 스타일을 창조해 나갔다. 딱딱한 사실을 전달하는 대신 이 자동차의

빌 번바크
출처: 구글

한계와 약점을 활용해서 이를 오히려 강점으로 바꾸어 놓았다.

"새 차란 이래야 한다고 흔히 생각하는 것으로부터 탈출하라. 겉모양은 변하지 않지만 내부는 늘 새로워지고 있다는 걸 알리자. 폭스바겐은 색다르다. 그 생산과정까지 색다른 광고의 소재가 될 수 있다"는 것이 그들이 설정한 크리에이티브 콘셉트였다.

너무나 많은 사람들이 이 캠페인을 만들어갔음에도 불구하고 한 사람의 카피라이터, 한 사람의 아트디렉터에 의해 만들어진 것처럼 일관된 스타일, 일관된 콘셉트를 유지하는 광고. 이 작품들은 제한된 예산과 무제한의 비전, 제품에 대한 놀라운 충성심으로 가득 찬 광고주의 살아 있는 역사였다.

아래의 '불량품(Lemon)'이라는 헤드라인이 붙은 광고 한 편을 보자. 운전대 옆 글로브 박스(Glove box)의 크롬 조각에 결함이 발견되어 수리해야 했다는 내용이 바디 카피에 적혀 있다. 'Think small' 캠페인과 함께, 카피라이터 입문서에 반드시 소개되는 고전적인 카피이다.

광고에 말 걸기

네거티브 접근법의 전형이다.

1970년 중반에 에너지 파동이 일어났다. 미국 시민들은 몇 갤런의 가솔린을 사기 위해 주유소 앞에 장사진을 쳤다. 커피가 든 보온병과 도시락까지 싸 들고 올 정도였다. 그런 시대적 이슈를 재빠르게 잡은 시의성 짙은 광고가 나왔다. 주유건으로 이마를 겨누는 비주얼, 그 아래에 '아니면 폭스바겐을 구입하세요.'라는 카피.

이 광고가 집행되자 미국 전역에서 엄청난 반응이 일어났다. 제

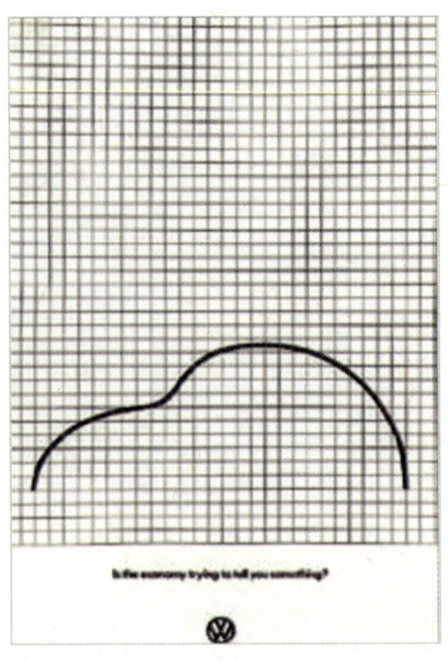

품은 불티나게 팔리고 자동차 구매 패턴에 폭스바겐 신드롬이 생겨났다. 극도로 절제된 표현의 일러스트레이션은 불황시대 광고의 미니멀리즘(minimalism)이라는 새로운 스타일을 만들었다.

세 번째 광고는 그들 디디비 니드햄(DDB Needham) 아티스트들이 구사한 심플함의 극치를 보여주는 작품이다. 카피를 보라. "경제학이 뭐 별겁니까?" 얼마나 위풍당당한가? 비주얼이라고 해야 고작 모눈종이 위에 그려진 폭스바겐의 아웃라인이 전부이다. 경기지표 등을 나타내는 그래프 모양으로 폭스바겐 경제학을 상징하고 있다. 얼마나 제품에 자신이 있으면 이렇게 능청스러울 수 있을까?

겉은 우스꽝스럽지만 속은 진지합니다

폭스바겐만큼 패러디가 많이 된 화젯거리도 없을 것이다. 그만큼 이 자동차는 제품의 경지를 넘어서서 브랜드로, 아니 전설로 자리 잡고 있다는 증거다. 이런 우스갯소리도 있다. 어느 초보 운전자가 폭스바겐을 샀다. 기분이 좋아서 여기저기 차를 몰고 다니는데, 갑자기 차가 털털거리더니 서버렸다. 불안해서 보닛을 열어 봤더니 엔진이 없는 것이었다. 황당해서 멍하니 서 있자니 때마침 다른 폭스바겐 한 대가 옆을 지나가다 무슨 일이냐고 물어왔다. 보닛 속에 있던 엔진이 보이지 않는다고 말하자 그 운전자는 의아해 하면서 이렇게 말했다. "어, 그래요? 희한한 일이네요. 마침 내 차 트렁크에 엔진이 하나 있으니 가져다 쓰실래요?"

기억의 창고에서 가물가물해져 가는 1980년대 말의 일화이다. 엔진이 여느 차와는 달리 뒤쪽에 달려 있어 그것 하나만으로도 충분히 농담거리가 되던 시절의 이야기다. 20년이나 중단되었던 그 폭스바겐 아트가 다시 부활하고 있다. 미국과 유럽 등 세계의 전역에서 그 화려했던 전설이 되살아나고 있다.

"80년대에 영혼을 팔아버렸다면 이제 되찾아올 기회입니다"라는 카피를 필두로 폭스바겐 캠페인은 이미 1990년대 말에 재기의 깃발

을 올린 바 있다. 우선 제품의 중요한 특징에 변화가 생겼다. 뒤에 있던 엔진을 앞으로 옮기고 파워를 강화했다. 그리고 차체 디자인을 모던하게 바꿨다. 그것을 이런 카피로 일갈하고 있다. '엔진은 앞으로 옮겼지만 심장은 여전히 그 자리에 있습니다.'

광고 아트에도 눈에 띄는 변화가 생겼다. 말하자면 시대의 조류에 맞춘 스타일의 버전 업(version up)이다. 흑백의 딱정벌레가 있던 자리에는 원색의 비주얼이 들어앉아 눈길을 현혹한다. 서늘한 논리의 카피가 있던 자리에는 현란한 이미지가 들어서 있다. 리바이스가 마티스를, 나이키가 미켈란젤로를, 입생로랑이 렘브란트를, 코카콜라가 앤디 워홀을 상업적 메시지의 전도사로 초대하고 있을 즈음 폭스바겐이 포스트모더니즘을 채용한 것은 오히려 뒤늦은 감이 있다.

과학자의 두뇌에 예술가의 심장을 합친 것이라고나 할까. 피타고

　　　　　　광고에 말 걸기

라스의 기하와 미켈란젤로의 회화를 교배한 스타일의 하이브리드. 그
러나 폭스바겐은 변함없이 콘셉트의 등뼈를 곧추세우고 있다. 그 옛

날 광고에서 차체와 거푸집을 나란히 늘어놓고 '이것(내부)은 바꿉니다. 그러나 이것(외형)은 바꾸지 않습니다'라고 단호하게 선언하던 때와 조금도 다르지 않다.

유럽에서 한창 유행했던 카툰 시리즈 *CRACK*의 컬러풀한 컷들을 전면에 깔아버린 광고를 보자. 이미 폭스바겐의 심벌이 되어버린 딱정벌레 모양의 면에는 흑백 신문의 기사가 보인다. 캐주얼한 물방울무늬의 순모 뒤편에 깔린 스트라이프 양복 천, 아이들이 그린 벽화 같은 그림 안쪽에 자리 잡은 클래식한 명화, 울긋불긋한 퍼즐을 걷어낸 곳에 보이는 흑백의 타일 조각. 모두 진지함과 중후함을 기호화하는 고전적 소재와, 즐거움과 패션을 상징하는 캐주얼 요소의 결합이다.

"뉴 비틀스, 겉은 우스꽝스럽지만 속은 진지합니다"라는 슬로건이 굳이 없더라도 메시지는 분명하다. 호들갑스럽게 '안을 보라!'고 목에 힘을 줄 필요가 있을까?

폭스바겐의 아트는 결코 수다를 떨지 않는다. 그렇다고 절제의 강박감에 사로잡혀 허무맹랑한 미니멀리즘에 빠지지도 않는다. 무미건조함을 벗어나려고 애쓰면서도 중언부언하지 않는 비주얼 메시지.

그 스타일은 시대를 넘어서도 변치 않는 궁극적인 아트의 패러다임
이다.

비틀스 아트의 부활

폭스바겐의 광고는 단순한 브랜드 홍보에 그치지 않는다. 문화와
예술을 담은 상징으로 자리 잡았다. 유머와 진지함, 단순함과 메시지
의 힘. 이 모든 것을 조화롭게 아우르며 자동차 광고의 새로운 기준을
만들어낸 딱정벌레(beetles)의 아트. 그들의 이야기는 진행 중이다. 디
지털 시대에도 여전히 돋보이는 인쇄광고는 폭스바겐 광고의 정수다.

"Lemon"이라는 단어 하나로 혁신적인 광고의 역사를 쓴 폭스바
겐. 이제 그들은 새로운 시대에 맞춰 다시 한번 인쇄광고의 매력을 선
보이고 있다. 2019년 캠페인에는 브랜드 유산의 자부심이 고스란히

담겨 있다. 비틀스 모델의 생산 종료를 기념하기 위해 만들어진 이 광고는 1960년대 전설의 'Lemon' 광고를 오마주했다. 마지막으로 생산된 비틀스는 'Lime'으로 명명되었다. 결함이 없음에도 불구하고 품질 검사에서 통과되지 않아 멕시코 푸에블라의 폭스바겐 박물관에 영구 보존된다는 내용을 담고 있다.

　'충전, 모든 순간이 특별하다(Every Charge Counts)' 광고에는 단순한 배터리 충전 아이콘이 폭스바겐 ID.4의 실루엣 안에 담겨 있다. 그 아래엔 단 한 줄의 카피가 적혀 있다. "한 번의 충전이 삶을 얼마나 멀리 데려갈 수 있는지, 상상할 수 없습니다."

시각적으로도 단순하고 메시지도 짧다. 하지만 단순함 속에 담긴 의미는 크다. 전기차 시대에 환경을 보호하면서도 여전히 여행과 이동의 즐거움을 잃지 않는다는 폭스바겐의 철학이 녹아 있다.

사운드를 시각화하다

또 다른 사례로, "Silence"라는 타이틀의 광고가 있다. 인쇄광고 한가운데에는 흰 배경에 크게 확대된 볼륨 컨트롤 바가 보인다. 모든 막대는 바닥으로 내려간 상태다. 비주얼만으로도 광고는 강렬하다. 그 아래에 있는 작은 글씨의 카피. "조용함 속에서도 달릴 수 있습니다. ID. Buzz."

전기차의 조용함을 시각적으로 표현한 광고다. 독창적인 발상으로 많은 이들의 주목을 받았다. 기존의 자동차 광고들이 엔진 성능과 속도를 강조했던 것과는 다르다. 조용함을 하나의 강점으로 내세운 접근이 신선하다.

딱정벌레의 실루엣

폭스바겐은 종종 브랜드의 과거를 떠올리게 하는 인쇄광고를 선보인다. 그중에서도 "Heritage"라는 제목의 광고가 돋보인다. 흰 배경 위에 ID.3의 깨끗한 실루엣이 드러난다. 그 아래에 자동차의 그림자가 드리워져 있다. 하지만 그림자는 ID.3가 아니라 1960년대 딱정벌레의 실루엣이다.

카피는 단순하다. "뿌리는 변하지 않습니다. 그러나 우리는 진화합니다." 오래된 팬들에게는 향수를 새로운 세대에게는 현대적 감각을 선사했다. 브랜드가 과거와 현재를 이어가고 있음을 보여준다.

또 하나의 주목할 만한 인쇄광고는 '뜻밖의 수하물(Unexpected Luggage)'이라는라는 제목의 작품. 평범한 여행 가방 안에 실제 딱정벌레 자동차가 작게 들어가 있는 모습을 보여준다.

카피는 이렇게 말한다. "여행을 간다면, 당신은 더 많은 공간이 필요할 것입니다. ID.4." 유머러스한 비주얼과 실용적인 메시지를 조화롭게 담아냈다. 소비자들이 가볍게 웃으며 제품의 특징을 이해할 수 있도록 한 점이 인상적이다.

세상이 변하고 소비자의 기대가 진화하면서 폭스바겐은 또 다른 도전에 직면했다. 디지털 시대, 전기차 전환의 흐름 속에서 과연 이 상징적인 브랜드는 여전히 '진지한 유머'와 '우아한 패러디'로 시대를 초월한 매력을 유지할 수 있을까?

전기차 혁명과의 접목

폭스바겐은 전기차 라인업 ID 시리즈를 통해 새로운 시대를 열어가고 있다. 2020년대 초반, 전기차 ID.4가 등장했다. 브랜드의 DNA를 계승하는 동시에 미래로의 도약을 꾀하는 광고가 주목받았다. "지구를 사랑하세요. 그리고 그 여정을 폭스바겐과 함께하세요."라는 간결한 슬로건. 이 광고는 미니멀한 비주얼과 환경에 대한 책임감을 조화시켰다.

배경은 너무나 간단하다. 푸른 하늘 아래, 조용히 달리는 전기차 한 대. 한때 딱정벌레 모양으로 세상을 웃게 했던 그들의 자신감은 여전히 유효했다. 소리 없이 내는 속도, 공기를 가르며 흘러가는 실루엣만으로도 충분히 메시지를 전달했다. "혁신은 겉으로 드러내는 게 아니라, 느끼는 것이다." 이 한 줄의 카피는 전기차 시대서도 폭스바겐의 본질이 여전하다는 점을 강조한다.

2025년, 딱정벌레의 현대적 해석인 ID. Buzz의 광고는 한 걸음 더 나아갔다. 단순한 비주얼과 철학적 메시지에서 벗어났다. 화려하고 대담한 색채로 소비자들의 감각을 자극했다. 옛 딱정벌레를 타고 여행하던 1970년대의 장면을 컬러풀한 애니메이션으로 재현한 캠페인은 레트로와 미래가 만나는 기발한 발상이었다.

광고의 한 장면을 떠올려보자. 캠핑장을 배경으로, 구형 딱정벌레에서 ID. Buzz로 변신하는 장면. "당신의 과거를 충전하세요. 미래를 향해 달리세요"라는 슬로건이 이어진다. 이처럼 과거를 그리워하는 이들과 미래를 탐험하고자 하는 이들 모두를 포섭하는 전략은 성공적이었다. 브랜드의 정체성을 해치지 않으면서도 시대를 뛰어넘는 연결점을 만들어낸 것이다.

폭스바겐의 광고는 과장되지 않는다. ID 시리즈의 캠페인에서도 '환경'이나 '지속 가능성'을 과시하는 법이 없다. 겉으로는 유머러스하고 가볍게 보이지만, 그 안에는 시대를 통찰하는 진지한 메시지가 담겨 있다.

2023년의 ID.3 광고는 한 가족이 차 안에서 즐거운 시간을 보내는 모습을 보여주며 이렇게 끝맺는다. "이 차는 당신의 새로운 추억을 만드는 도구일 뿐입니다. 진짜 중요한 건 당신의 여정입니다." 겉으로는 흔한 광고처럼 보일 수도 있다. 그 안에는 폭스바겐이 오랜 시간 쌓아온 따뜻한 철학이 흐르고 있다.

딱정벌레를 이어가는 브랜드의 영혼

결국, 광고는 사람의 마음을 움직이는 것. 폭스바겐의 광고는 언제나 단순함을 추구하면서도 메시지의 깊이를 잃지 않는다. 겉으로는 가볍고 유쾌하게 보일지라도, 그 속에는 브랜드의 철학과 소비자에 대한 깊은 이해가 담겨 있다.

오늘날 폭스바겐은 단순히 '자동차'를 넘어 '경험'과 '스토'를 판매한다. 딱정벌레의 부활은 과거를 기념하는 동시에 미래를 준비하는 발판이다. 이제 전기차 시대의 폭스바겐은 소비자들에게 묻는다. "당신의 다음 이야기는 무엇입니까?"

시대의 흐름에 맞추어 스타일을 변주하고 기술을 혁신하고 있다. 하지만 폭스바겐의 심장은 여전히 그 자리에 있다. 결코 소란스럽지 않지만 강렬한 존재감으로 우리 곁에 남아 있는 딱정벌레. 그들은 여전히 시대를 뛰어넘는 광고의 교본을 써내려가고 있다.

광고에 말 걸기

21

인생은 돌고 돈다!

짐빔 위스키 광고캠페인

세상이 어지럽다. 변칙이 판을 치고 폭력이 꼬리에 꼬리를 문다. 날치기가 횡행하고 육탄전과 인신공격이 난무한다. 철새와 브로커, 괴담이 정치판을 한바탕 휘젓더니 급기야 괴질 독감까지 옮겨오고 있다. 인간의 끝없는 욕심에 응징이라도 하듯이 생태계가 돌연변이를 일으키고 있다. 전쟁은 인성의 추악함을 드러내고 천재지변과 대형사고들은 인명의 덧없음을 일깨운다. 세상은 한마디로 요지경이다. 아비규환, 아수라장이다.

이런 와중에, 알 리스와 잭 트라우트가 쓴 명저 《마케팅 불변의 법칙》을 비웃기라도 하듯 변칙이 힘을 쓰는 시대의 트렌드를 거슬러 원칙과 상식을 부르짖는 광고가 또 있다.

back to the basic

미국산 위스키 짐빔의 브랜드광고는 마케팅과 광고를 넘어서 인생사의 기본이 무엇인지 다시 한번 생각하게 하는 명 캠페인이다. 1989년부터 1993년까지 주로 잡지를 중심으로 집행된 시리즈 광고의 일관

제이콥 빔
출처: Whiskey University

된 슬로건은 '우리는 언제나 기본으로 돌아온다(You always come back to the basics)'이다. 이 '당신은 언제나 기본으로 돌아간다.'라는 화두는 스카치위스키와 아메리칸 위스키의 종주권 싸움에서 선제권을 잡기 위한 돌파구라 할 수 있다.

1795년 제이콥 빔(Jacob Beam)이 증류소를 세운 이래 빔 가문은 6대에 걸쳐 200년 이상 버번위스키를 제조해왔다. 하나의 브랜드가 동일한 제조자에 의해 200년이 넘게 명맥을 유지해오는 것은 위스키 역사상 기념비적인 의미를 가진다.

지금의 짐빔이라는 이름이 붙여진 것은 3세인 제임스 빔(James Beauregard Beam) 대에 이르러서였다. 그러나 1920년대 미국에서는 14년간 금주령이 내려졌다. 짐빔으로서는 일대 위기가 아닐 수 없었다. 스카치위스키의 아성을 무너뜨리면서, 미국 사회에서 인디언들의 술로 인식된 저급주의 이미지를 벗기 위해서는 뭔가 색다른 인식의 장을 마련해야 했다.

짐빔은 'basic'이라는 단어를 트레이드마크로 등록해서 광고자산으로 만드는 일부터 시작했다. 그다음엔 미국 사람들의 생활습관, 라

     광고에 말 걸기

이프 스타일, 문화, 음식, 스포츠, 음악, 연극, 레저, 미용 등 모든 분야에서 그들의 주장을 정당화하는 사실적 근거를 찾아가기 시작했다. 그래서 일상의 모든 영역에서 '기본'으로 돌아오는 생활 패턴 변화의 법칙을 끌어들여 스카치위스키에서 버번위스키로, 다른 여타의 브랜드에서 가장 대중적인 짐빔으로 돌아오는 구매패턴 회귀의 법칙을 사람들 속에 심어 나가고 있다.

'사람들은 결국 기본으로 돌아간다. 위스키의 기본은 짐빔이다. 그러므로 사람들은 결국 짐빔으로 돌아간다'라는 연역의 3단 논법에 따라가다 보면 짐빔이야말로 가장 기본에 충실한 대중 위스키임을 믿게 되는 마력. 이 광고의 제작자들이 처음부터 계산한 고도의 메시지 전략이 아닐까 싶다.

공을 가지고 하는 스포츠에도 기본은 있다. 포켓볼의 기본구인 솔리드 에잇(Solid Eight), 비치볼, 배드민턴볼, 프리스비라고 불리는 원반, 축구공, 럭비공, 스쿼시볼에서 다시 솔리드 에잇으로. 이 공처럼 절대로 없어서는 안 되는 것이 짐빔임을 암시하는 광고이다. 남성을

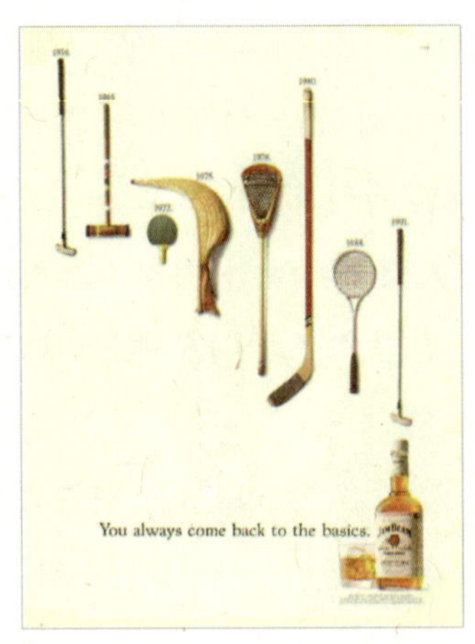

가장 편안하게 해주는 내의는 박스팬티. 꽉 조이는 삼각팬티를 입다가 사각팬티를 입었을 때의 기분이 짐빔을 마시는 기분과 같지 않을까? 골프, 게이트볼, 탁구, 펠리컨볼, 라크로스, 하키, 테니스에서 다시 골프로. 골프가 남자의 영원한 스포츠인 것처럼 짐빔은 역시 남자의 술임을 강변하고 있는 메시지이다.

패션에 붙는 브랜드 레이블. 재질에 따라 울, 캐시미어, 코튼, 가죽, 실크, 플란넬, 폴리에스터, 비스코스…. 복식의 형태에 따라 셔츠, 티, 팬츠, 재킷, 블라우스, 블레이저, 언더웨어…. 1945년부터 각 나라의 레이블이 붙어 있지만 기본은 미국산이라는 얘기다. 패션의 본고장이라는 이탈리아를 제치고 이제는 유행의 중심지가 미국으로 옮겨왔다는 주장. 술에서도 예외가 아니라는 것을 둘러대기 위한 뱃심이 느껴진다. 영원한 화폐는 달러. 물론 대용 화폐로 카지노에서 쓰이는 칩, 부동산, 오일달러, 금이 있고 때로는 정크본드로 불리는 증권도 있지만 가장 유동성이 보장되는 화폐는 역시 달러라는 얘기다. 달러가 세계 환율의 기준이 되는 중앙화폐이듯 짐빔은 세계 위스키의 중앙위스키라는 암시도 담겨 있는 것 같다.

　　　　광고에 말 걸기

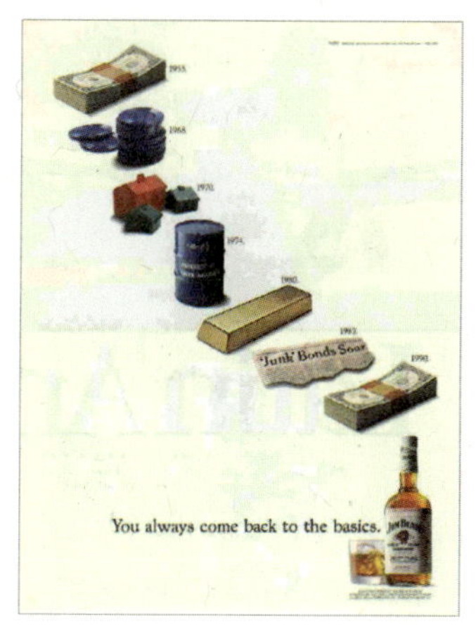

　각 시대, 각 나라의 칵테일도 눈길을 끈다. 현란한 컬러와 글라스의 모양새가 특이하다. 온더락은 예나 지금이나 가장 쉽게 만들 수 있고 가장 많이 애용되는 칵테일법. 페퍼민트, 싱가포르를 연상시키는 동남아 칵테일, 남태평양의 사모아식 칵테일, 홍콩식 칵테일, 샴페인, 미국의 맥주 브랜드인 코로나와 섞어 마시는 칵테일에서 다시 온더락으로 돌아왔음을 시사하고 있다. 바지의 영원한 베이식은 블루진. 1963년의 시가렛 팬츠, 판탈롱 나팔바지, 스트라이프 팬츠, 엘비스 프

레슬리 스타일의 나팔바지, '당꼬바지'라 불리는 항아리 스타일에서 다시 청바지로 돌아왔다.

다양한 크리스마스 캐럴 앨범의 재킷이다. 팻분의 '메리 크리스마스'에서 미치 밀러의 홀리데이 테마곡, 타이니 팀의 홀리데이 송, 노엘의 디스코, 펑키 스타일 그리고 또다시 클래식한 팻분으로 돌아왔다. 크리스마스 선물특수를 겨냥한 패키지 디자인도 눈길을 끈다. 1940년부터 시대마다 유행하던 다양한 만화캐릭터들이 나온다. 존과 메리의 사랑, 2차 세계대전의 영웅담, 원폭 반대 데모, 반전운동, 파업선언, 중성자탄 제조 금지 데모, 여피족 추방운동 등 다양한 사회적 이슈가 시대를 풍미했지만 결국 인간사의 영원한 기본 주제는 남과 여의 사랑으로 귀결된다는 위트이다. 1956년부터 시대에 따라 유행이 달라진 헤어 스타일. 기본적인 쇼트커트에서 비틀스 스타일, 히피 스타일, 펑키 스타일, 장클로드 밴덤 스타일이 인기를 모으다가 결국 단정한 쇼트커트로 돌아왔다.

손 인사법도 시대에 따라 다양하게 변해왔다. 승리의 사인에서 OK 사인, 반전 사인, 좋다는 뜻의 손 인사, 평화를 나타내는 신호로 반가움을 표시해왔지만 영원한 우정의 신호는 악수라는 얘기다. 다양한 낚시 미끼들. 물고기를 낚는 데도 자연식품만 한 게 없다. 어떤 인공미끼도 지렁이의 효능을 당할 수는 없다는 얘기다. 절대로 짐빔은 눈속임을 하지 않는다는 자존심의 선언 같다. 1955년부터 유행했던 수영복의 변천사다. 원피스에서 투피스 비키니, 핫 비키니, 지퍼 달린 원피스에서 다시 원피스가 대중적인 스타일로 정착된다.

음주 슬로건이 좀 달라졌다. '책임 있게 마시는 것은 기본 중의 하

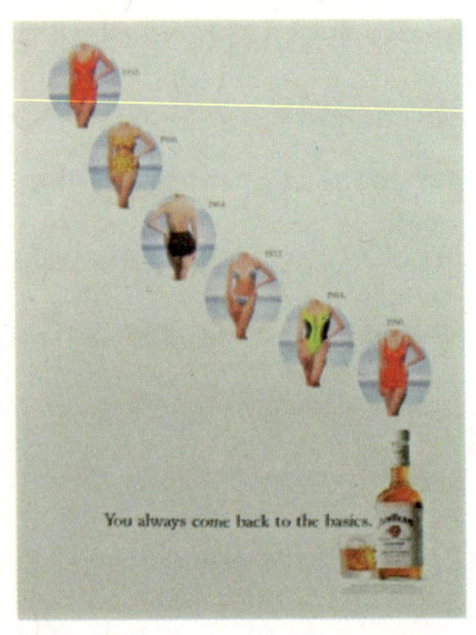

나.' 10년마다 강산이 변해도 음주의 기본율은 '책임'이 아닐 수 없다. 주도를 잃지 않고 양식과 책임감을 지켜가는 매너야말로 주당의 기본 이라는 얘기다. 1956년부터 야외요리의 기구로 사용됐던 그릴의 모양 이다. 바비큐 그릴에서 석쇠, 가스 오븐, 후드 달린 오븐 그릴의 모양 으로 변해오면서 다양한 편의기능이 추가됐지만 역시 기본은 바비큐 그릴이다. 1960년부터 1993년까지 각 지역마다 일정한 시기에 건립 된 풋볼 스타디움의 모습. 역시 축구장의 기본은 실내 돔 형식보다는

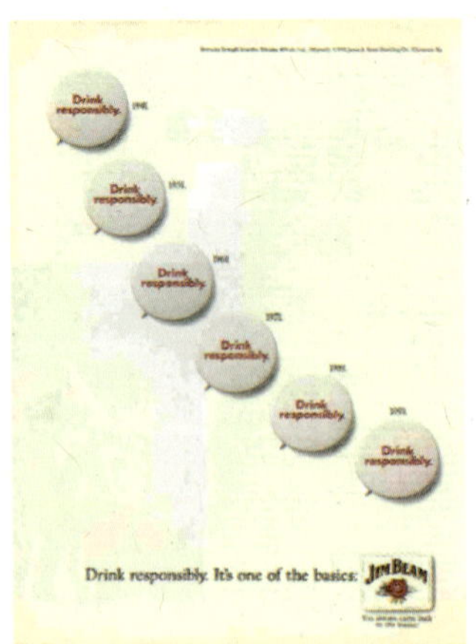

탁 트인 오픈 돔이라는 얘기다.

네 안에 있는 남자를 살려라

짐빔 캠페인은 연도를 훌쩍 뛰어넘어 1996년부터 최근까지 흑백톤의 잡지 스프레드 광고로 이어지고 있다. 취기가 오르면 남자는 부드러워지고 느슨해지고 관대해지는 속성이 있다. 반대로 여자는 술의 힘을 빌려 강해지고 치열해지고 포악해지고…. 남자든 여자든 짐빔을 통해 내면에 깃들어 있는 아니마(동물적 본성 또는 남성과 여성의 양면성)를 찾아낼 수 있다는 약속이 드러난다.

골프는 아직도 사교와 비즈니스의 스포츠이다. 일반적인 남성의 스포츠라기보다는 프로나 상류사회의 스포츠로 통용된다. 그러나 손에 새겨진 문신이 이 광고를 해독하는 실마리가 될 듯하다. 정교함이나 고급스러움을 담고 있는 골퍼의 이미지를 터프한 남성의 이미지로 탈바꿈시키고 있다. 남자들의 손과 손이 마주침에서 동성애적인 징후

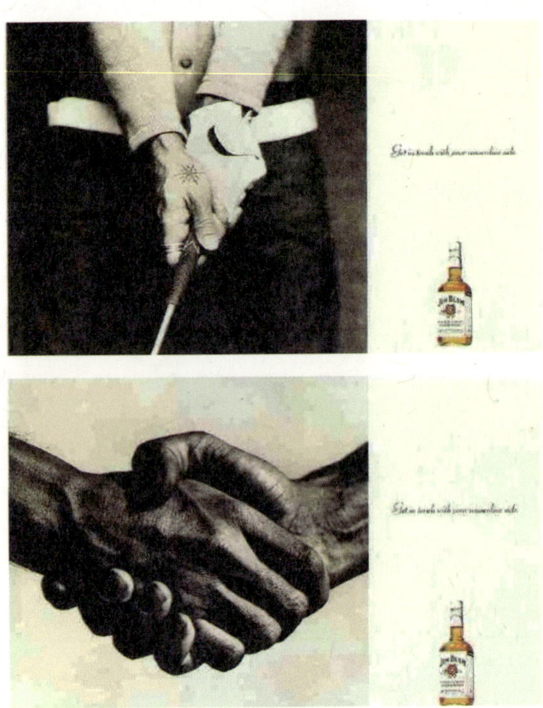

를 암시하는 것일까? 다소곳이 평화의 순간을 즐기는 모습에서 오는 부드러움과 카피가 암시하는 야성의 세계를 극대비 시키고 있다.

콧수염과 구레나룻이 남성미를 과시하지만 갸름한 얼굴선과 눈매에서 여성스러운 분위기가 강렬하다. 문신에서 느껴지는 야성적인 이미지가 시선을 압도한다. 야쿠자나 주먹들의 사회에서 문신은 일종의 지배와 권력의 심벌. 복종과 충성을 강요하는 힘도 그것이 발휘하는 공포감에서 나나올 것이다. 그러나 짐빔이 내세우는 남성미의 속성과는 성격이 다르다는 주장이다. 뒷골목의 세계에서 통용되는 근육미보다는 대중주(酒)로서 갖는 보편적 남성미를 이 술이 약속하고 있다.

근육질의 남자가 섬세한 손동작으로 여자의 발톱에 페디큐어를

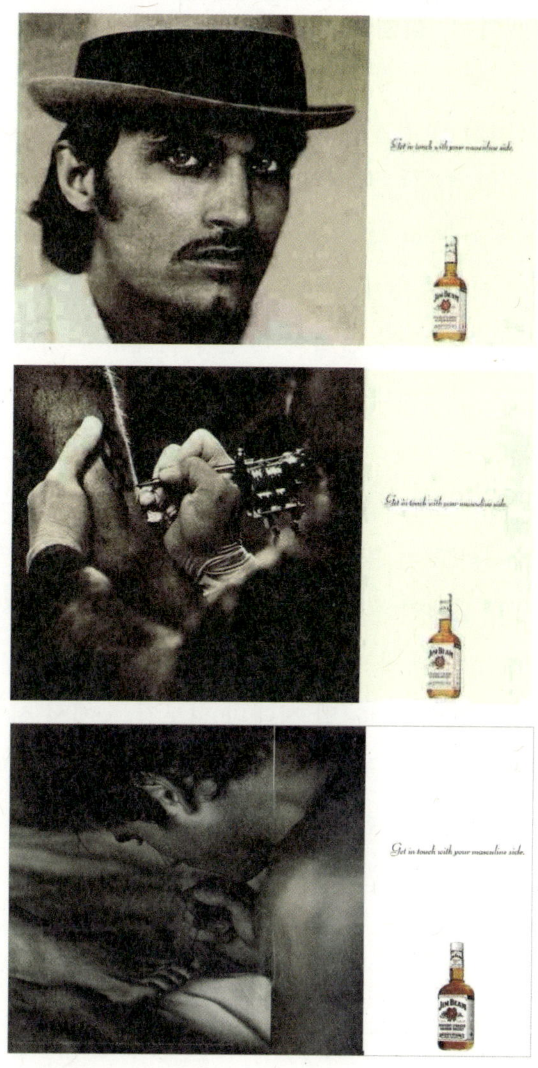

해주고 있는 장면을 스냅으로 잡았다. 자상하고 다정다감한 성격의 소유자가 아니면 연출하기 어려운 순간. 일류의 헤어드레서, 미용사, 패션디자이너, 요리사 등이 가끔씩 보여주는 여성적 징후와도 연결된다.

돌고 돌아 다시, 짐빔의 세계로

세상은 여전히 변덕스럽다. 메타버스와 AI가 세상을 점령할 것 같다. 사람들은 다시 아날로그 감성을 찾는다. 무선 이어폰이 대세를 이루더니 유선 이어폰이 '음질'의 기본이라며 귀환했다. 10초짜리 릴스와 숏폼 콘텐츠가 유행하는 세상이다. 갑자기 사람들이 긴 호흡의 다큐멘터리를 정주행한다. 변칙과 속도가 지배하는 시대에도 기본으로 돌아오는 힘은 강력하다.

이런 세상의 흐름을 예언이라도 하는 걸까? 짐빔 광고는 여전히 '우리는 언제나 기본으로 돌아온다'라는 슬로건을 고수하고 있다. 2020년대에 들어서도 이 불변의 메시지는 조금도 퇴색하지 않았다.

최근 짐빔의 캠페인은 초점이 조금 달라졌다. "네 안의 진짜 나를 만나라."라는 새로운 메시지가 등장했다. 단순히 위스키의 역사를 넘어 '진정성'을 탐구한다. 디지털 시대의 피로감 속에서 사람들은 점점 더 자기 자신에 대해 묻는다. 나는 누구인가? 나는 무엇을 원하는가? 짐빔은 이 질문에 위스키 한 잔의 여유로 답을 건넨다.

광고 속 남자는 초라한 바에서 홀로 잔을 기울인다. 허름한 셔츠에 구겨진 청바지, 그리고 무심히 놓인 짐빔 한 병. 카메라는 천천히 그의 손을 비춘다. 손등에는 세월의 흔적이 고스란히 남아 있다. 화면은 천천히 확대되며 그의 표정으로 넘어간다. 피곤하지만 결코 무너지지 않는 강인함이 엿보인다. 배경 음악은 잔잔한 블루스. "돌고 돌아 결국 나를 만나는 순간. 짐빔."

메시지는 단순하지만 강렬하다. 대중주인 짐빔이 남성성과 진정성을 새롭게 정의한다. 화려한 장식과 상징적인 문신이 아닌, 세월의 흔적과 내면의 울림으로 남성미를 재조명하는 것이다.

기본의 미학, 여전히 유효하다

짐빔 광고의 연출은 여전히 탁월하다. 잔잔한 화면 속에 담긴 메시지는 화려한 스카치위스키 광고와는 다른 결을 보여준다. 버번위스키의 진한 풍미가 마치 광고 속 삶의 무게와 닮아 있다.

최근 선보인 '집으로 돌아가는 길' 편은 특히 강렬하다. 광고는 장거리 운전 중인 남자의 뒷모습으로 시작된다. 그는 라디오를 끄고 조용히 창밖을 바라본다. 차창에 비치는 풍경은 고향으로 향하는 길. 고즈넉한 시골길을 달리며 그는 미소 짓는다. 집에 도착한 그는 마당에 앉아 짐빔 한 잔을 따르고, 멀리 떠 있던 가족들과 어울린다. 화면은 그의 표정과 한 모금의 위스키에 집중한다. "돌아온다. 결국, 기본으로."

복잡할수록 단순함의 가치가 빛난다. 짐빔의 광고는 기본을 지키는 고집에서 그 힘이 나온다. 변화를 거부하는 것이 아니다. 오히려 시대를 관통하는 본질을 붙잡아, 변화 속에서도 흔들리지 않는 기준을 제시한다.

세상의 흐름은 여전히 복잡하다. 하지만 짐빔은 말한다. "모든 것은 돌고 돈다. 그리고 그 끝에는 언제나 기본이 있다." 인생이 요지경일수록, 짐빔 한 잔으로 기본을 되새겨보는 것은 어떨까?

22

신화의 재발견

박카스 브랜드 광고캠페인

제록스, 나일론, 미원, 크레파스, 포클레인, 워크맨, 박카스…. 이들의 공통점은 무엇일까? 같은 카테고리의 브랜드를 대표하는 보통명사로 알려져 있다는 것이다. 그중에서 박카스는 피로회복제의 대명사로 통하고 있다. 박카스를 이렇게 출중한 브랜드로 성장시킨 배경에는 체계적이고 지속적인 광고캠페인이 있었다.

"그날의 피로는 그날에 푼다" "젊은 날의 선택", "힘내세요, 꼭" "지킬 것은 지킨다" "그래, 박카스" 같은 슬로건은 이들 캠페인을 통해서 사람들의 뇌리에 기억된 따뜻하고도 건강한 키워드 들이다.

1961년 알약의 형태로 탄생해서 60년이 넘도록 드링크 시장에서 1위를 지켜온 브랜드. 이 세월 동안 팔린 박카스 병의 수를 모두 합하면 지구 58바퀴를 돌고도 남는다고 한다. '국민 드링크' 또는 '박카스 신화'라는 수식어가 이 브랜드에 따라붙는 것은 당연한 귀결이라 할 수 있다.

새삼스럽게 설명할 필요도 없겠지만 박카스는 그리스 신화에 나오는 디오니소스(Dionysos),로마 신화에서는 바커스(Bacchus)의 한국식 표기다. 풍요와 식물의 성장을 관장하는 자연의 신이기도 하지만 술과 향연의 신으로 더 잘 알려져 있다.

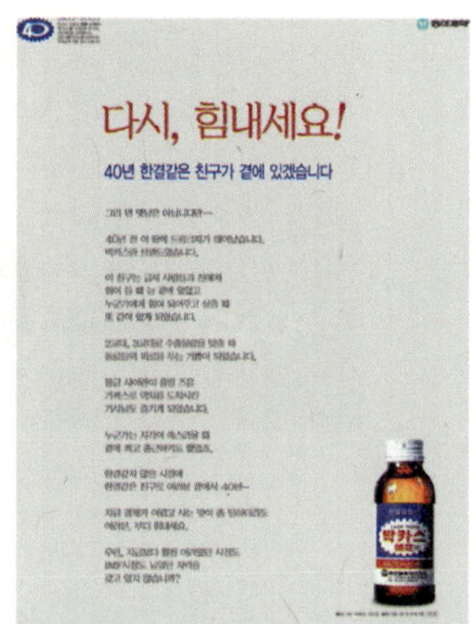

박카스는 이처럼 신화(神話)에서 유래한 이름이지만 엄밀히 말하면 인화(人話)에 가깝다. 박카스에는 강신호라고 하는 한 인간의 집념과 애환, 영욕이 고스란히 서려 있다. 전국경제인연합회 회장을 역임했고 동아제약의 회장을 지낸 강신호가 이 상품에다 박카스라는 이름을 부여한 때부터 신화의 역사는 시작된다.

1960년 5월이었다. 보릿고개가 있었고 미국 구호물자가 있었던 시절이었다. 구호물품 중에서 비타민은 몸을 튼튼하게 해주는 강장제

박카스 창업자 강신호
출처: 메디파나

로 여겨져서 최고의 인기품목이었다. 비타민과 미네랄에 강간제(強肝劑)를 배합한 종합 강간영양제 박카스는 술꾼을 지켜주고 풍년을 약속하는 바커스 신에 다름 아니었다.

시대 이슈를 담아가는 쿨한 메시지

"젊음과 활력" "활력을 마시자" "싱싱한 생명력" "승리는 체력에서!" 같은 다소 촌스러운 구호에서 탈피하여 박카스 광고가 본격적인 캠페인의 모양새를 갖추기 시작한 것은 '새 한국인' 시리즈부터라고 할 수 있다. 1993년부터 1997년까지 총 13편이 전개된 이 시리즈는 정비기사, 버스 종점, 철도 보선원, 스승과 제자, 아버지와 딸, 형사와 아내, 농촌 부부, 말레이시아 건설현장, 환경미화원, 농촌 부자, 노사 화합 등의 다채로운 소재와 훈훈한 미담들로 채워져 있다.

특히 특히 "알아주는 사람이 없으면 어떤가? 나의 일에 최선을 다하면 그뿐" "그날의 피로는 그날에 푼다" 등의 카피는 묵묵히 일하는 사람들의 모습을 담은 영상과 어우러져 이전까지의 박력과 활력을 인

위적으로 강조하던 것과는 분명한 대조를 이루고 있다.

1996년부터는 '도전과 패기가 있는 건강한 젊음'을 테마로 잡아 보다 날렵하고 활기찬 브랜드로 변신을 꾀하기 시작했다. '새벽 농구' 편을 시작으로, 1998년부터 시작되어 지금까지 지속되고 있는 '국토 대장정' 편에서는 땀으로 흠뻑 젖은 패기 있는 젊음을, '귀가' 편, '노약 자석' 편, '줄 서기' 편에서는 지킬 것은 지키는 젊음을 보여주면서 중후한 전통 브랜드의 이미지를 벗고 젊은 층과 호흡하는 브랜드로 자리 잡아가기 시작했다.

이때까지의 캠페인은 제품 광고라기보다 공익광고로서의 성격을 강하게 띤다. 제품의 효능이나 품질을 중점적으로 표현하기보다는 우리 사회의 이슈를 반영하거나 가치관을 선도하는 기능을 해왔다고 할 수 있다.

또 한 가지 이 캠페인에서 주목되는 것은 잘 알려진 연예인의 유명세에 기대지 않고 신인 또는 무명 모델을 캐스팅하여 콘셉트와 이

대학생 국토대장정 캠페인

야기에 충실했다는 것이다.

실제로 각 편마다 500명 이상의 무명 모델에 대한 공개 오디션을 거쳐 주인공으로 발탁하는 절차를 거쳤는데 '농구' 편(1998)의 주진모, '귀가' 편(1999)의 고수, '노약자석' 편(2000)의 김영준, '지하철 줄 서기' 편(2001)의 류승범, '버스' 편(2002)의 한가인 등 지금은 유명해진 스타들이 이 광고를 통해 등용되었다.

하지만 이러한 공익광고 형태의 표현방식에 대해서는 비판적 반응도 없지 않다. 국내외의 광고자료와 작품을 소개하고 평가하는 대표적인 사이트인 tvcf.co.kr의 게시판에 올라온 몇몇 글을 요약해서 소개한다.

- 이런 스타일의 공익성 캠페인은 자칫하면 소비자들로 하여금 광고의 내용에만 관심을 가지게 하고 제품에는 눈을 뜨지 않게 할 우려가 있다.
- 광고의 내용에는 현실성이 부족하다. 요즘같이 삭막한 세상

에 너무나 바른 생활만 강조한다.

· 남자들은 다 건강하고 밝고 패기 넘치게 그려지고 있다. 하지
만 그렇지 못한 사람들이 더 많은 게 현실 아닌가?

디지털 세상의 모던 아날로그

박카스 광고가 다룬 테마 중에는 다소 미묘한, 그래서 때로는 불
편할 수 있는 사회적 이슈도 있었다. 2003년 4월, 당시 정가나 연예계,
종교계에서 민감하게 회자되던 군입대 문제를 보란 듯이 전면에 내세
운 광고가 방영되었다. "꼭 가고 싶습니다"라는 청년의 쩌렁쩌렁한 외
침으로 시작되는 '신체검사' 편은 2개월여간의 기획, 제작회의를 통해
고심 끝에 만들어졌다는 뒷얘기가 있다. 누구나 공감할 수 있는 젊은
시절의 의미 있는 선택의 순간들이 무엇일까를 고민하던 박카스 관계
자들에게 당시 사회적으로 이슈가 되었던 군입대 문제는 그냥 지나칠

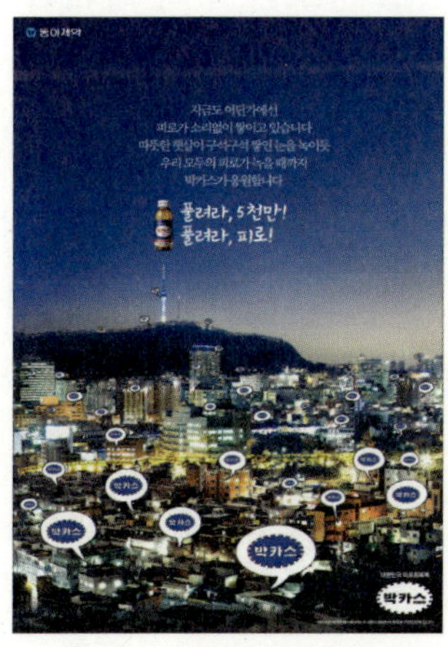

수 없는 소재였다. TV 광고를 보는 젊은이들이나 기성세대에게는 당혹스러움과 후련함이라는 양면적 반응이 감지되었다. 하지만 의도했든 의도하지 않았든 이 광고는 군대를 기피했거나 기피할 생각이 있었던 이른바 '건강하지 못한 젊은이'들에게 적지 않은 경종을 울렸음은 틀림없다.

박카스 광고는 디지털 터치를 탈피한 '모던 아날로그 스타일'로 규정되기도 한다. TTL 광고가 젊은이들이 빠져들 수 있는 시대적 신비주의를 반영하는 광고였다면, 박카스 광고는 우리 시대의 변함없는 정서적 가치를 제시하는 또 하나의 아방가르드적인 광고 스타일로 평가되기도 한다.

"문득 외롭다 느낄 때 하늘을 봐요. 같은 태양 아래 있어요. 우린 하나예요. 마주치는 눈빛으로 만들어가요. 나지막이 함께 불러요. 사랑의 노래를…." 박학기가 부른 '아름다운 세상'을 주제가로 한 광고는 한 편의 영상시 같다는 평을 얻어냈다.

"숨 가쁘게 흘러가는 열띤 도시의 소음 속에서 빛을 잃어가는 모든 걸 놓치긴 아쉬워. 잠깐 동안 멈춰 서서 머리 위 하늘을 봐. 우리 지

친 마음 조금은 쉴 수 있게 할 거야.” 더 준(The June)의 ‘한 걸음 더’ 편
도 마찬가지였다.

　2006년에 방송된 ‘그래, 박카스’ 캠페인 중에서 ‘야근’ 편은 특히
네티즌들의 좋은 반응을 얻어냈다. 야근하게 된 남편이 집에서 애타
게 기다리는 아내에게 포토 메일을 날린다. 화면에는 박카스와 함께
“나 오늘 또 야근이야. ㅠㅠ”라는 문자가 뜨고, 아내는 투정을 부리는
대신 자신의 모습을 휴대전화 카메라로 보내 화답한다. 박카스를 들
고 애교 만점의 표정을 지으면서 찍은 사진에는 “나는 당신의 박카스”
라는 문자도 함께 뜬다.

　광고에 대한 몇몇 반응들이 특히 주목된다.

· 비타 500의 맹추격으로 시장점유율이 줄어들자 브랜드 이미
　지의 실추를 반전시켜 보려는 전략
· 동일한 콘셉트를 포기한 채 표류하던 2005년 캠페인이 모처
　럼 정신 차려 만든 작품

- 박카스의 힘이 저 정도는 아닌데?
- 야근해도 좋으니까 취직하고 싶다. 저렇게 귀여운 여자 만났으면 더욱 좋겠다.
- '생활의 발견'이라는 프로덕션 이름에 걸맞게 잘 뽑아낸 쿨한 작품… 광고의 재발견!

일본 J-phone 광고에서 아이디어를 가져온 것 같다면서 광고의 독창성에 의문을 제기하는 댓글도 눈에 띈다. 그럼에도 불구하고 이 캠페인은 싱글족 여성과 어머니의 사랑, 야근, 대학생들의 시험공부 같은 일상의 소재를 잘 살려 브랜드를 더욱 젊고 친근한 아이콘으로 정착시키고 있다. 하나하나의 작품은 생활 속에서 일어날 개연성이 높은 감동적인 장면을 편안한 드라마 형식으로 드러내 보인다. 공익의 주제를 전면에 내세우지 않고도 사회적 이슈를 가볍게 소화한 경쾌한 캠페인이라 할 수 있겠다.

박카스 신화는 현재진행형

박카스의 광고캠페인은 시대의 흐름에 따라 변화하면서도 한 가지 중심축을 잃지 않았다. 그것은 바로 '우리의 삶을 응원하고 회복시키는 동반자'라는 브랜드 아이덴티티다. 박카스는 과거의 영광에 머물지 않고 새로운 시대에 맞춘 전략과 메시지로 피로회복제를 넘어선 사회적 아이콘으로 자리 잡고 있다.

박카스 신화는 단순한 피로회복의 범주를 넘어 이제는 삶의 작은 순간들을 응원하고, 더 나아가 지속 가능한 미래를 꿈꾸게 하는 브랜

드의 새로운 이야기로 진화하고 있다. 그래, 박카스. 그 신화는 오늘도 이어지고 있다.

2012-2014년에 진행된 '대한민국에서 OOO로 산다는 것' 캠페인은 부모, 자식, 엄마 등 대한민국에 살아가는 사람들의 피로를 영상으로 표현했다.

2016-2018년의 '나를 아끼자' 캠페인은 '엄마' 편, '콜센터' 편, '최고의 승진' 편 등으로 진행되었다. 힘든 상황에 나를 아끼기 위해, 나를 위해 박카스를 샀다는 메시지였다.

2019년 '시작은 피로회복부터' 캠페인은 '소방관' 편, '회사원' 편, '심리학과의 피로' 편 등이 있다. 풀려야 할 건 따로 있지만 박카스로 피로회복부터 한다는 스토리로 공감을 얻었다.

2021년 엄중한 코로나 상황에서 진행된 '우리에겐 회복하는 힘이 있습니다' 캠페인. 의료진, 구급대원 등이 우리 모두의 피로를 풀기 위해 최선을 다하는 모습을 담아냈다.

2022년 방영된 '대한민국 피로회복제, 박카스' 선생님 편은 대한민국 광고대상 TV영상 부문 은상을 수상했다. 젊은 주인공이 피로한 얼굴로 하는 말, "학교 가기 싫다". 주인공 어머니가 타박하며 외친다. "가야지. 네가 선생님인데." 학교 가기 싫어하던 게시글 작성자가 사실 교사였다는 인터넷 밈(meme)을 활용했다. 학교 가기 싫다는 장면에서 화면 전환을 통해 반전을 제시해 큰 웃음을 주었다.

캠페인 속 또 다른 주인공인 어머니가 "밥하기 싫다"라고 중얼거리는 장면도 돋보였다. 딸에게 딱 걸리는 수미상관 형식의 트레일러를 통해 영상 전반의 유쾌한 분위기를 살려주었다.

2023년에 진행된 박카스 60주년 캠페인도 대한민국 제약바이

    광고에 말 걸기

오산업 광고·PR 대상을 수상했다.

박카스 광고는 '공감'을 불러일으킨다. 직업, 상황 등 소비자들이 겪고 있거나 겪었던 일을 중점으로 피로회복 상황을 보여준다. 피로를 느낄 수 있는 상황에 대해 공감하는 광고인 것이다. "나도 이런데" "이게 진짜 현실적인 상황이지"와 같은 공감은 그 광고에 이입할 수 있도록 작용했다.

박카스는 여전히 피로회복제의 대명사로 자리하고 있다. 하지만 최근의 광고캠페인은 단순히 피로회복을 넘어 새로운 시대적 가치를 담아내고 있다. 2000년대 중반 이후 박카스는 경쟁 브랜드들의 맹추격과 젊은 층의 이탈이라는 위기를 맞고 있다. 그 속에서도 지속적으로 브랜드의 방향성을 모색하며 새로운 가능성을 열어왔다. 그렇다면 오늘날 박카스는 어떤 방식으로 신화의 지속성을 유지하고 있을까?

1. 소셜 임팩트와 공감 콘텐츠의 강화

최근 박카스는 단순히 제품 광고를 넘어, 젊은 세대가 공감할 수 있는 사회적 메시지와 정서를 담은 캠페인으로 눈길을 끌고 있다. 특히, 팬데믹 이후 강조된 '힐링'과 '리커버리'라는 키워드는 박카스의 상징성과 자연스럽게 맞닿아 있다. 2022년 방영된 '당신의 박카스는 무엇인가요?' 캠페인은 피로회복 이상의 심리적 안정을 강조하며 일상의 작은 회복과 응원이 얼마나 중요한지를 보여주었다. 대학생, 워킹맘, 1인 가구 직장인 등 각기 다른 배경을 가진 인물들의 하루를 통해 "내가 의지할 수 있는 것"이라는 공감의 메시지를 던졌다. 이는 단순히 드링크 제품의 효능을 넘어선 일종의 정서적 연결고리로 작용했다.

2. 디지털 중심의 브랜드 스토리텔링

MZ세대와의 소통을 위해 박카스는 디지털 채널을 적극적으로 활용하고 있다. 과거 TV 중심의 캠페인에서 벗어나 유튜브, 인스타그램, 틱톡 등을 활용해 짧고 강렬한 메시지를 전달한다. 예를 들어, 2023년 선보인 '한 박카스의 힘' 캠페인은 틱톡의 숏폼 콘텐츠 형식으로 제작되어, 젊은 세대가 공감할 만한 직장 스트레스, 운동 후 피로, 시험 준비 등의 일상적 순간을 코믹하게 풀어내며 바이럴 효과를 극대화했다. 짧은 영상 속에서도 "그래, 박카스"라는 핵심 메시지가 명확히 자리 잡고 있어 브랜드의 연속성을 잃지 않았다.

3. 환경과 지속 가능성을 향한 변화

글로벌 트렌드로 자리 잡은 ESG(환경, 사회, 지배구조) 경영의 흐름 속에서 박카스도 친환경 캠페인을 전개하고 있다. 2024년 초, 박카스는 병뚜껑 재활용 캠페인을 통해 소비자와 함께 환경보호에 앞장서겠다는 메시지를 전달했다. 이를 통해 단순히 피로회복제라는 제품의 역할을 넘어, 지속 가능한 미래를 위한 브랜드로 나아가고 있다.

4. 브랜드와 소비자 간의 소통 강화

최근 캠페인에서는 소비자와의 쌍방향 소통이 눈에 띈다. 박카스는 2023년부터 '박카스의 순간들'이라는 테마의 소비자 참여형 프로젝트를 통해, 박카스를 마시는 순간의 사진과 사연을 공모했다. 소비자들의 참여로 만들어진 콘텐츠는 전국 주요 지하철 광고판과 디지털 사이니지를 통해 노출되었고, 이는 브랜드 충성도를 더욱 강화하는 계기가 되었다.

5. 글로벌 시장으로의 확장

　박카스는 이제 국내를 넘어 글로벌 시장에서도 그 이름을 알리고 있다. 동남아시아와 중동 시장에서는 특히 '한국의 활력'을 상징하는 브랜드로 자리 잡았다. 이를 반영한 맞춤형광고캠페인이 진행되고 있다. 동남아에서는 현지 언어와 문화를 반영한 광고를 제작, '열대의 피로를 날리는 친구'로 포지셔닝하고 있다.

　박카스의 광고캠페인은 시대의 흐름에 따라 변화하면서도 한 가지 중심축을 잃지 않았다. 그것은 바로 '우리의 삶을 응원하고 회복시키는 동반자'라는 브랜드 아이덴티티다. 박카스는 과거의 영광에 머물지 않고 새로운 시대에 맞춘 전략과 메시지로 피로회복제를 넘어선 사회적 아이콘으로 자리 잡고 있다.

23

중독의 신드롬

소니 브랜드 광고캠페인

소니는 한때 가전제품, 오디오, 게임기, 전자기기를 대표하는 이름이었다. 워크맨, 트리니트론 TV, 플레이스테이션 같은 제품은 소니를 세계적으로 유명하게 만들었다. 단순히 전자제품을 파는 회사를 넘어 새로운 라이프 스타일을 제안하는 상징적인 브랜드로 자리 잡게 했다.

하지만 2000년대 이후 소니의 전성기는 끝나갔다. 삼성전자와 LG전자가 디스플레이 기술에서 앞서며 소니의 TV시장을 잠식했다. 애플은 아이폰과 아이팟으로 디지털 라이프 스타일을 재정의하면서 소니의 휴대용 기기 시장을 빼앗았다. 구글과 MS는 클라우드와 소프트웨어 중심으로 산업을 재편하며 하드웨어에 의존하던 소니를 시대에 뒤처지게 만들었다.

소니 내부의 문제도 컸다. 음악, 영화, 게임, 전자제품 등 다양한 분야에 진출했지만, 지나치게 분산된 사업 구조가 오히려 발목을 잡았다. 워크맨과 엑스페리아 스마트폰을 결합해 음악과 기기를 통합하는 생태계를 만들 기회가 있었다. 하지만 이를 제대로 살리지 못했다. 반면 애플은 아이튠즈와 아이폰으로 디지털 콘텐츠 시장을 장악하며 성공했다.

브랜드 이미지 역시 약화됐다. 한때 소니를 상징하던 혁신적이고 세련된 느낌은 점점 희미해졌다. 애플의 간결한 디자인이나 삼성의 기술 우위 같은 강렬한 인상을 남기지 못했다. 특히 소니는 하드웨어 중심의 전략을 고수하면서 소프트웨어와 서비스 중심으로 바뀌는 시장 흐름에 제대로 대응하지 못했다.

경영에서도 실수가 많았다. CEO 교체와 잦은 구조조정으로 혼란이 이어졌다. 신제품을 내놓는 속도도 경쟁사보다 느렸다. 결국 바이오 PC 사업을 매각하고 TV 사업을 축소하는 등 체질 개선에 나섰다. 그래도 전성기 때의 위상을 회복하기에는 역부족이었다.

하지만 소니는 죽지 않았다. 몇몇 분야에서 여전히 강세를 보이고 있다. 플레이스테이션은 세계 게임기 시장의 선두를 유지하고 있다. 스마트폰 카메라용 이미지 센서 사업에서는 세계 점유율 1위를 차지하고 있다. 영화와 음악 사업도 꾸준히 성장 중이다.

워크맨, CDP, MP3P에서 플레이스테이션 5까지

워크맨, 8mm 비디오, 음악 CD 등은 소니가 최초로 개발한 오리지널 제품이다. 그 영예를 반영하듯 세계의 소비자들은 소니 브랜드에 대해 열광적인 충성을 바치고 있었다. '영상기기는 소니, 스포츠카는 혼다!'라는 슬로건이 그것을 증거했다. 그 열망의 유효기간이 끝났을까? 전 세계 가전제품 매출액과 시장점유율에서 선두권을 지키고 있던 소니가 예전 같지 않다.

토인비의 예단처럼 거대한 공룡이 중대한 도전에 직면했던 것이다. 역사의 가설을 현실로 바꾼 장본인은 삼성이다. 애니콜이 워크맨의 명성을 대체했고 LCD와 PDP가 베가 브라운관의 자리를 대신해버렸다. 세계 최고의 자리에 오른 소니는 변화에 대한 두려움만 컸지 도전에 대한 응전을 준비하는 데는 소홀했던 것이다.

그러나 한순간의 추락을 소니의 퇴장으로 연결하기에는 성급하다는 것이 중론이다. 아직도 전자제품에 관한 한 소니라는 브랜드는 글로벌스탠더드의 자리를 완전히 내놓지 않았다고 봐야 할 것이다. 언제든지 최고의 기업으로 컴백할 저력이 있는 기업인 것이다.

Think Next Generation

소니는 '가진 것은 머리와 기술밖에 없다'고 자부하던 몇몇 발명광들에 의해 창립되었다. 도쿄통신공업이라는 다소 고답적인 이름으로 출발한 벤처 프로젝트였다. 1958년, 회사명이 '소니'로 바뀌었다. 라틴어로 소리를 뜻하는 '소누스(sonus)'와 어린아이를 뜻하는 소니(sonny)를 합쳐서 만든 조어. 소니는 브랜드 인지도에서는 맥도날드나 코카콜라와 더불어 글로벌 스타의 위세를 유지하고 있다.

기업광고 한 편을 보자. 이 캠페인으로 소니는 50년 동안 쌓아온 브랜드 이미지를 강조하면서 디지털 시대의 비전을 제시했다. 기업의 실체를 애써 보여주려고 하지도 않고 회사의 자세를 일일이 설명하려고도 하지 않는 의연함이 좋아 보인다.

단지 '워크맨, 가정용 VCR, CD, 디지털 위성 시스템… 그다음은?'이라는 물음으로 생각의 장에 동참하기를 권하는 게 고작이다. 허리까지 물이 차오른 남자아이, 그리고 돌담에 걸터앉아 구름을 쳐다보고 있는 여자아이들의 뒷모습이 묘한 여운을 남긴다. 상상의 파장이

끝없이 퍼지는 광고, 생각이 뭉게구름처럼 피어오르는 큰 메시지의
광고로 생각된다.

　소니가 세계 산업에 남긴 가장 뚜렷한 발자취는 거대한 AV(Audio
Video) 제국의 건설로 요약할 수 있을 것이다. 오디오 브랜드들은 실
로 막강한 영향력을 지닌 카리스마로 군림하고 있다. 소니의 위력 앞
에서 지구촌 젊은이들의 모든 감각기관은 향락의 포로가 되어버리고
만다. 아무리 바빠도 가쁜 숨을 고르고 인격화된 브랜드의 메시지에
귀를 귀울여야 한다.

　2000년에 나온 오디오 연작 광고는 젊은 세대들의 라이프 스타일
을 좌지우지하는 브랜드 파워를 여실히 과시했다. 카세트 플레이어,
CD 플레이어, MP3 플레이어 등 소니가 만든 오디오 기기들이 젊은
이들을 향해 더듬이를 내뻗고 있는 비주얼. 이어폰으로 귀를 막고 헤

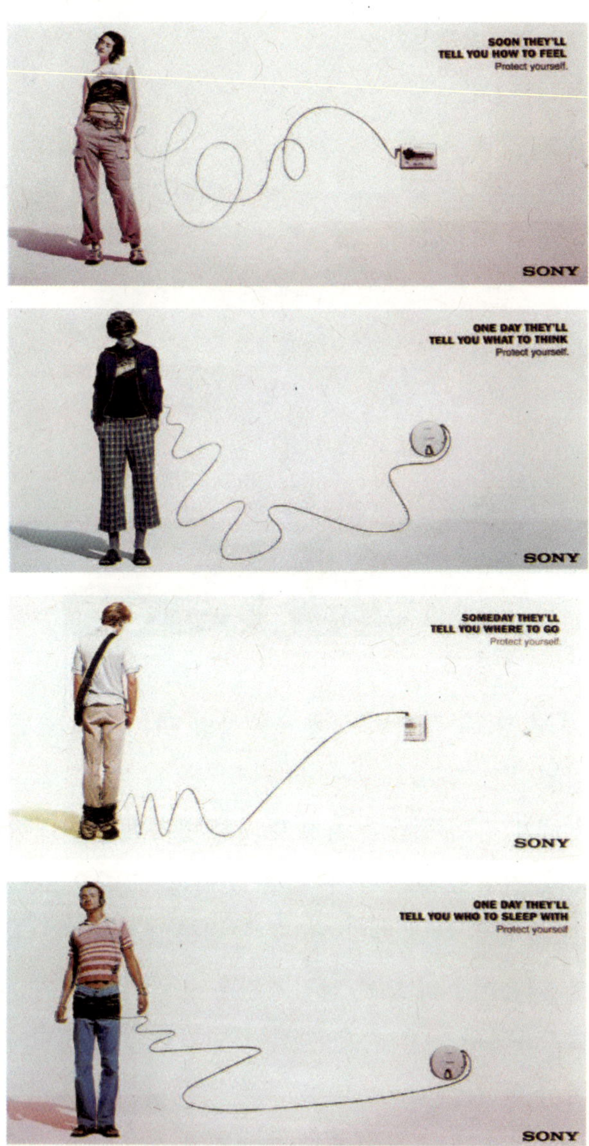

드폰으로 머리를 동여매고 있으면 세상이 그 안에 갇혀버린다는 얘기
다. 감성과 지식, 활력과 열정… 그 모든 것들을 소니 오디오가 오랏

          광고에 말 걸기

줄로 동여매 버린다는 비주얼 커뮤니케이션이다.

그렇다. 뮤즈의 여신은 잔혹하다. 움직이는 모든 것들을 사로잡는다. 일단 그녀의 마수에 걸리면 모든 감각기관은 향락의 포로가 되고 만다. 뮤즈가 조용히 말을 걸어오면 아무리 바빠도 가쁜 숨을 고르고 그녀의 메시지에 귀를 귀울여야 한다. 누구나 그녀 앞에서는 온몸을 맡기고 그 가혹한 고문을 받아들일 태세가 된다. 접신의 경지에 이르면 젊은이들의 영혼은 낡은 청바지처럼 진이 빠져버린다. 의식은 마비되고 사지는 해파리처럼 흐느적거린다.

그렇게 예단하기에는 뭔가 찜찜하다. 비주얼에 담긴 상징적 의미가 장님 코끼리 더듬기다. 오디오 광고 특유의 시끌벅적한 광란도 보이지 않는다. 음악의 코드는 기호학으로 대치되어 있다. 갑갑한 차에 이 광고캠페인을 제작한 광고대행사 레오버넷에 메일을 보내서 힌트를 요청했다. 보름간의 기다림 끝에 날아온 회신치고는 너무나 불친절한 답변. 크리에이티브 디렉터는 광고캠페인의 슬로건 '자신을 지켜라('Protect yourself)'에 답이 있다고 거드름을 피웠다.

소니 오디오는 당신을 세상의 모든 소리로부터 안전하게 지켜준다는 메시지. 그런 얘기를 그림만 봐도 느낄 수 있게 사운드를 비주얼적으로 은유한 작품이란다. 한마디로 '음악이 너희를 자유롭게 하리라. 음악이 너희에게 길을 열어줄지니 그 계시에 귀 기울일지어다'라는 호언장담이 아닐 수 없었다.

소리를 그림으로 표현했다고? 김광균의 시 '외인촌'의 한 구절이 문득 떠오른다. "분수처럼 흩어지는 푸른 종소리…" 광고에도 이처럼 오감을 총동원해야 감을 잡을 수 있는 시·공감각적 표현이 있다니. 소니 광고는 갈수록 정말 오리무중이다.

게임 중독이 빚어내는 PS 증후군

1990년대 들어 인터넷이 급속도로 보급되자 소니는 IT 비즈니스 분야에 AV 시장을 접목시킨 AV & IT 전략을 전개, 마침내 콘텐츠 비즈니스까지 평정하게 된다. 2000년 3월에는 '네 가지의 게이트웨이 전략'을 발표했다.

고속 인터넷과 연결된 디지털 TV, 컴퓨터, 휴대전화, 플레이스테이션 2 등 네 가지 제품을 재도약을 위한 성장 거점 브랜드로 내놓기에 이른다. 소니가 밀레니엄 벽두에 내놓은 플레이스테이션 2는 '차세대 게임기' 또는 '마법의 상자'라는 칭호를 얻으면서 게임 마니아들에게 돌풍을 일으키고 있다. 그것에 맞바람을 피우기 위해 개발한 마이크로소프트사의 X-Box도 만만찮았다.

플레이스테이션은 더 이상 아이들만의 게임기가 아니다. 바둑, 고스톱, 포커, 카지노에 탐닉하던 어른들도 이 요물을 만나면 곧장 변절자가 되어버린다. 게임 컨트롤러를 손바닥에 올려놓기만 하면 시간 감각이 없어지고 생활의 리듬이 깨지고 세상에 보이는 게 없어진다. 폭파하고 펀칭하고 충돌을 지시하는 아날로그 컨트롤러의 듀얼쇼크 버튼은 더 이상 기계에 머물지 않고 감각기관의 일부가 된다. 특수 이동 버튼, 방향 지시 버튼, 동작 버튼 등은 일종의 언어요, 암호요, 지령으로 자리 잡고 있다. 게임 컨트롤러를 손바닥 위에 올려놓고 버튼을 움직이면서 그 반응을 느끼는 것은 쾌감을 넘어서서 일종의 오르가슴을 느끼게 한다.

몸과 마음은 어느새 이 경건한 유희에 몰입해서 기이한 생체반응을 만들어 낸다. 홍채에서는 휘황한 광채가 번뜩이고 귀에서는 요격 미사일의 폭파음이 윙윙거리고 머릿속에는 다급한 명령어들이 용암

     광고에 말 걸기

처럼 부글부글 들끓어 오른다. 신체의 말초기관은 자신도 모르는 새 조금씩 조금씩 컨트롤러에 자리 잡은 버튼의 모양새를 닮아간다. 손가락 끝은 지문 대신 네모, 세모, 가위표, 동그라미가 낙인처럼 찍히고 심지어 젖꼭지도 흥분에 못 이겨 그런 모양으로 돌기가 솟아오르기도 한다. 그런 느낌은 스멀스멀 입안으로도 옮아가서 급기야 저 목구멍 깊숙이 목젖을 자극하기까지 한다.

상상이기에 다행이지 실제로 일어난다면 끔찍한 일이다. 인간의 몸이 빚어내는 그로테스크한 진화. 생물진화설 가운데, 자주 사용되는 기관은 계속 발달하고 안 쓰는 기관은 퇴화한다는 학설을 이 게임기가 절묘하게 입증해 보이고 있는 셈이다. 게임에 빠져서 몸을 혹사하다 보니 급속하게 신체기관이 이상 발달하는 현상. 이른바 플레이스테이션 신드롬이라고나 할까?

바로 그런 일이 환상이 아니라 현실 속에 존재한다고 기염을 토하는 광고가 세상에 떠돌아다니고 있었다. 누군가의 집 거실 탁자에 모여앉아 진지하게 대화를 나누는 성인 남녀들이 톱 커트로 나온다. 범상한 화면에 비해 오디오가 왠지 예사롭지 않다. 두런두런 대화가 이어져야 할 공간에서 윙윙거리는 기계음이 흘러나온다. 그 소리의 발신지는 실로 괴이하게도 그들의 입이다.

입을 열 때마다 말소리가 나는 대신 게임기에서나 나올 법한 신호음과 효과음이 실내의 공기를 울리고 있는 것이다. 플레이스테이션을 즐기는 사람들이라면 익숙한 소리인 반디쿠트의 충돌음, 포뮬러원의 질주음 따위다. 이윽고 카메라는 그중 누군가가 고함을 지르는 틈을 타서 목구멍을 클로즈업한다. 놀랍게도 카메라에 포착된 물체는 세모 모양의 목젖. 예의 컨트롤러 버튼에 있는 세모 모양을 빼닮은 형태이다. 여자의 목젖은 동그라미, 또 다른 남자의 목젖은 가위표, 이런

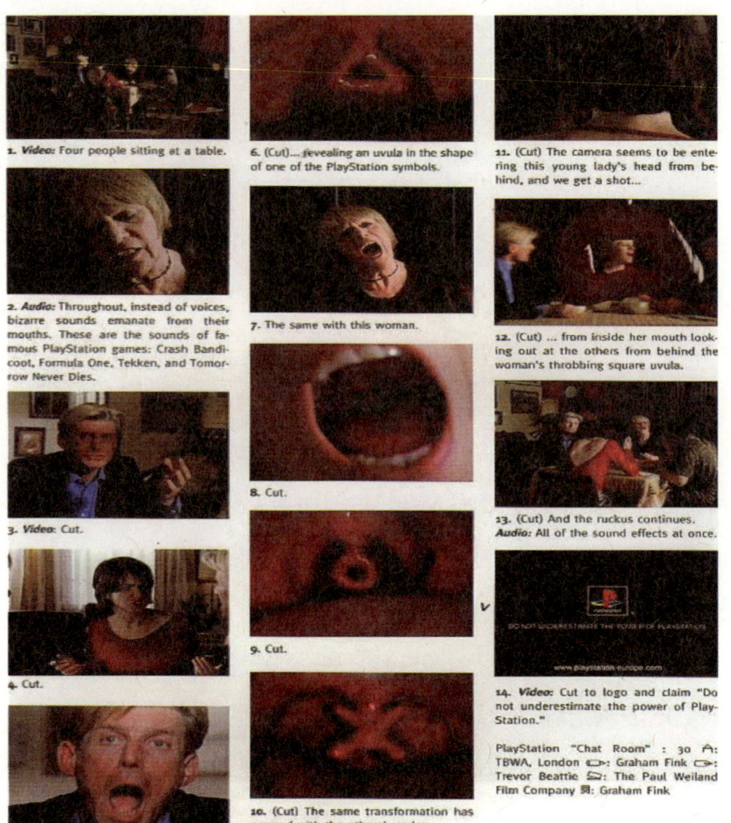

식이다.

끔찍한 기분을 지울 수 없다. 이건 게임중독을 넘어서 게임이 빚어내는 저주스러운 알레르기나 발진 같은 정체불명의 증상이라고 보인다. 그러나 그들의 표정이나 자세는 사뭇 진지하고 근엄하다. 마치 제의에 빠져 있는 일단의 사제들 같기도 하다. 그렇다. 어쩌면 그들은 플레이스테이션을 종교처럼 경배하는 유희의 성도들인지 모른다. 하지만 이상하게도 광고의 전체적인 분위기는 공포스럽다든가 음산한 기운을 띠지는 않는다. 오히려 태연하게 사실인 것처럼 뭉개는 톤앤

매너에서 희화화된 현대인의 한 단면을 꼬집는 손톱을 숨기고 있다. 첨단 문명이 선사한 게임의 쾌락, 그 포로가 된 세기말 인간들의 그럴 듯한 진화를 말하는 의미심장한 메시지일 수도 있다.

2001년의 플레이스테이션 2 광고는 지금까지의 광고에서 인체의 부위에 돌출해 있던 게임 버튼을 급기야 안구의 흰자위에 주사하는 엽기적인 시술을 감행했다. 밤새 게임을 하느라 충혈된 눈에 어른거리는 부호들은 이 게임의 몰입 효과를 제곱으로 증폭시켜주고 있었다.

소니 플레이스테이션 광고는 한·일 합작 멜로 영화 〈순애보〉의 여주인공으로 나오는 아야 역을 맡은 여배우 다치바나 미사토의 모델 기용으로 이미 유명하다. 또한 그 광고적 기호학은 1999년 칸 광고제 인쇄광고 대상의 광채를 띠고 우리 앞에 발제된 바 있다. 뒷골목의 불량배처럼 껄렁하게 보이는 소년 소녀의 다소 선정적인 포즈, 뭔가에 전율하는 듯한 몽환적인 표정, 몸에 착 붙는 스판덱스 차림의 야한 옷맵시. 그중에서도 유독 시선을 끄는 부위는 남녀의 젖꼭지 부분에 융기한 버튼 자국들이다. 이 역시 컨트롤러 버튼의 형상임을 알아차리는 데는 대단한 관찰력이나 지식을 요하지 않는다. 남녀의 신체 말단

을 통해 성적 유희를 즐기듯 게임이라는 또 하나의 오르가슴에 빠져드는 세대들의 특징을 이렇게 묘사하고 있는 것이다.

플레이스테이션의 광고 메시지는 철저히 기계적 성능이라든가 품질의 우월 같은 물성적 제품 콘셉트에서 벗어나고 있다. 그 묘미는 플레이 버튼이라는 상징성에 철저히 초점을 맞춰 제품에 내재된 드라마를 키워나가는 것이라고 할 수 있다. 그러나 비주얼이 함축하는 기호적 가정은 다소 억지스럽다. 게임 컨트롤러에 있는 버튼의 모양새가 인간의 생체와 동일물일 수 있다니? 기계는 어디까지나 기계일 따름이다. 인간복제를 논하고 생체이식을 밥 먹듯 하는 초과학 시대이지만 게임이 유발하는 인간 변형 증후군은 어딘가 씁쓸한 뒷맛을 남긴다.

소니의 광고들은 어떻게 보면 크리에이티브해 보이지는 않는다. 기교에 의존하기보다는 솔직하고 담백하게 제품의 특별함이나 신선함 등 브랜드의 장점을 부각하는데 주력하고 있기 때문이다. 광고의 표현이 유니크할 필요가 없다는 생각, 그것은 상품 자체의 유니크함

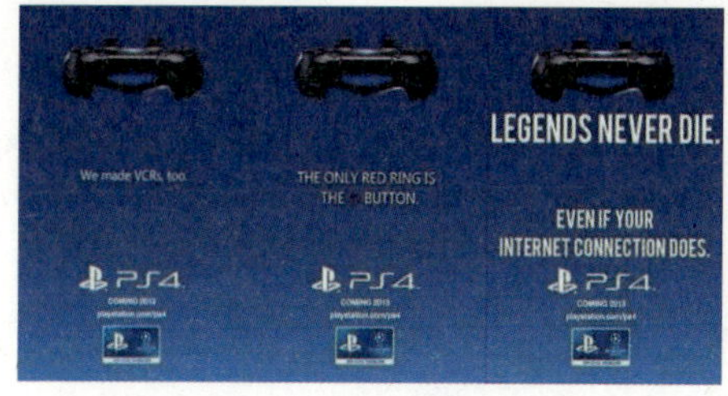

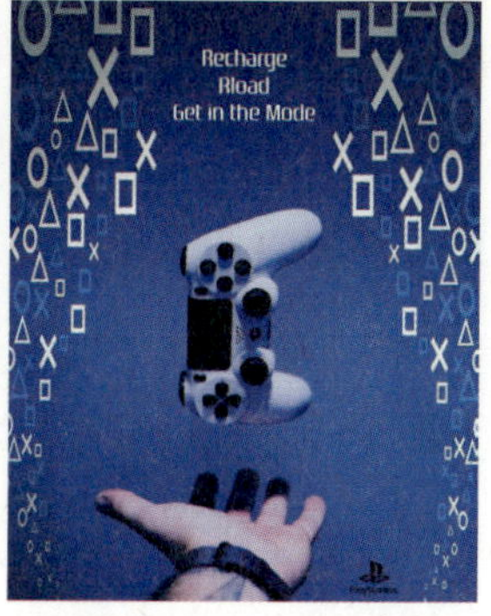

플레이스테이션 인쇄광고

중독의 신드롬

에서 오는 역설적인 자신감이다. 즉, "사주세요, 사주세요"라는 광고가 아니라 "우리는 이런 제품을 만들었습니다. 한번 봐 주세요"라는 태도이다.

소니는 최근 다양한 광고캠페인과 브랜드 활동을 통해 소비자와의 소통을 강화하고 있다.

1. WH-1000XM5 스터디 헤드폰 캠페인

소니코리아는 2024년 4월, 무선 노이즈 캔슬링 헤드폰 WH-1000XM5를 '스터디 헤드폰'으로 광고했다. 이 캠페인은 영상 콘텐츠 제작사 '돌고래유괴단'과 협업하여 제작되었다. 배우 홍경이 브랜드 앰배서더로 참여했다. 사소한 소음 때문에 공부에 방해받는 학생들의 경험을 위트 있게 그려냈다. WH-1000XM5의 노이즈 캔슬링 기능이 학습 집중에 도움을 준다는 메시지다.

2. 올리비아 로드리고와의 협업

미국 뉴욕의 바워리 지하철역이 가수 올리비아 로드리고의 앨범 테마에 맞춰 보라색으로 단장되었다. 노래 가사에서 영감을 받은 디스플레이와 지도를 설치하는 등 특별한 브랜드 경험을 제공했다. 캠페인은 통근자들에게 색다른 경험을 선사하고 브랜드 인지도를 끌어올렸다.

3. UAE 화이트 프라이데이 캠페인

아마존 광고와 협력하여 11월 11일 및 화이트 프라이데이 캠페인을 진행했다. 최근 구매 행동을 기반으로 한 타기팅 전략을 통해 소니의 제품 판매를 촉진하고 브랜드 인지도를 높이는 데 기여했다.

4. 워크맨의 부활

전성기의 인기 제품 워크맨을 현대적인 감각으로 재출시했다. 브랜드의 전통과 혁신을 동시에 강조하는 활동이다. 플레이스테이션과 바이오를 소니의 브랜드 정책으로 부활시키는 사례이기도 하다.

5. 환경 경영의 노력

'제로를 향한 도전(Road to Zero)'이라는라는 환경 비전을 통해 지속 가능한 비즈니스 활동을 추진하고 있다. 제품의 설계부터 생산, 유통, 폐기까지 전 과정에서 환경에 미치는 영향을 최소화하려는 노력이다. 탄소 중립을 달성하겠다는 목표를 세우고 다양한 활동도 펼치고 있다.

소비자와 새로운 방식으로 소통하면서 사회적 책임을 다하는 기업으로 거듭나고 있는 소니. 전 세계 소비자들에게 혁신적이고 신뢰할 수 있는 브랜드로 다시 자리 잡을 수 있을까?

광고에 말 걸기

24

안방의 영상 제국

넷플릭스 브랜드 광고캠페인

거실은 이제 극장이 아니라 개인의 왕국이 되었다. 이 변화의 중심에는 OTT(Over The Top) 플랫폼의 선구자인 넷플릭스(Netflix)가 있다. 극장의 압도적 몰입감을 대체할 편리함과 다양성이 장점이다. 넷플릭스는 단순한 콘텐츠 제공자를 넘어 전 세계 문화의 흐름을 주도하는 아이콘으로 자리 잡았다.

넷플릭스의 탄생과 성장

넷플릭스의 시작은 소박했다. 1997년, 리드 헤이스팅스(Reed Hastings)와 마크 랜돌프(Marc Randolph)가 설립한 넷플릭스는 우편으로 DVD를 대여해주는 서비스로 출발했다.

기존 비디오 대여점과 달리 연체료가 없는 시스템은 소비자들에게 혁신적인 대안으로 다가왔다. 이 모델은 넷플릭스가 OTT 플랫폼으로 전환하며 본격적인 날개를 달았다. 2007년, 스트리밍 서비스를 시작하면서 넷플릭스는 '미래는 디지털'이라는 명확한 메시지를 던졌다.

공동창업자 헤이스팅스(좌)와 랜돌프(우)
출처: 구글

2013년에는 독자적인 오리지널 콘텐츠 제작에 뛰어들며 다시 한 번 변화를 주도했다. 첫 작품인 〈하우스 오브 카드〉는 단순한 성공을 넘어, 'OTT가 TV를 대체할 수 있다'는 확신을 심어주었다. 이후 〈기묘한 이야기〉, 〈더 크라운〉, 〈오징어 게임〉 등 다양한 장르의 히트작들이 넷플릭스의 명성을 세계적으로 확장했다.

데이터가 창출하는 예술

넷플릭스의 마케팅은 독특한 두 축, 데이터 기반 전략과 문화적 연결성 위에 서 있다. 넷플릭스는 수백만 명의 시청 데이터를 기반으로 사용자 취향을 분석한다. 단순히 '많이 본 콘텐츠'를 추천하는 수준이 아니다. 사용자의 시청 이력, 좋아요, 검색 기록을 종합적으로 분석해 '당신만을 위한 콘텐츠'를 제안한다. 이 개인화된 추천 시스템은 넷플릭스가 OTT 시장에서 독보적인 경쟁력을 유지하게 한 비결 중 하나다.

광고 전략에서도 넷플릭스는 자신만의 독창성을 발휘한다. 대표적인 사례는 〈기묘한 이야기〉 시즌3 캠페인이다. 넷플릭스는 단순히

   광고에 말 걸기

예고편을 내놓는 데 그치지 않고, 1980년대 배경을 살려 뉴욕 타임스 퀘어를 복고풍으로 꾸미고, 전 세계 주요 도시에서 옛날 소품점이나 아케이드 게임을 체험할 수 있는 팝업 이벤트를 열었다. 팬들은 마치 과거로 돌아간 듯한 경험을 통해 자연스럽게 콘텐츠에 몰입했다.

넷플릭스 버스, 지하철 옥외광고
출처: TSL Media Group

OTT의 새로운 문법

넷플릭스의 광고캠페인은 단순히 콘텐츠를 홍보하는 데 그치지 않는다. 문화적 상징과 메시지를 담아내며 브랜드 자체를 하나의 경험으로 만들고자 한다.

1. '다양성의 시대' 캠페인

넷플릭스는 다양한 목소리를 담아내는 콘텐츠 제작을 강조한다. 이를 알리기 위해 '모든 목소리가 중요하다'라는 메시지를 내건 글로벌 광고를 제작했다. 흑인, 아시아인, LGBTQ+[*] 등 다양한 정체성을 가진 사람들이 중심에 서는 장면이 광고를 가득 채웠다. 단순한 캐치프레이즈가 아닌, 넷플릭스가 지향하는 가치를 시각적으로 구현한 것이다.

---

[*] LGBTQ+: 레즈비언, 게이, 양성애자, 트랜스젠더, 퀴어 등 다양한 성소수자와 성 정체성을 포함하는 약어

      광고에 말 걸기

2. "다 봤다고? 다시 시작하세요" 캠페인

넷플릭스는 한 편의 드라마나 영화를 반복 감상하는 사용자의 습관을 마케팅 포인트로 삼았다. 이를 활용한 "다 봤다고 생각했나요? 다시 처음부터 시작하세요"라는 캠페인은 기묘한 이야기처럼 복선이 많은 작품들의 새로운 재미를 유도했다. 광고는 클립 장면 속에서 놓친 디테일을 강조하며 "처음 봤을 땐 몰랐던 새로운 관점을 발견할 수 있다"는 메시지를 전달했다.

3. 지역 맞춤형 전략

넷플릭스는 한국 콘텐츠를 전 세계에 알린 주요 플랫폼 중 하나다. 〈킹덤〉부터 〈오징어 게임〉까지, 글로벌 히트작의 배경에는 넷플릭스의 투자와 지원이 있었다. 2021년 〈오징어 게임〉의 성공 이후, 넷플릭

스는 한국 드라마와 예능에 대한 지속적인 투자를 알리며 "한국 콘텐
츠의 새 시대를 열다"라는 메시지를 담은 광고를 선보였다.

숫자의 유희

넷플릭스는 '집에서 보내는 시간이 더 행복해진다'는 메시지를
전달하면서도 간단한 통계를 통해 사람들의 관심을 끌어낸다. 예를
들어, "요즘 사람들은 하루 평균 넷플릭스를 세 시간 이상 시청한다"

거나 "매년 수천 편의 넷플릭스 오리지널 작품이 만들어진다"는 등의
통계를 활용한다. 이러한 숫자는 시청자들에게 넷플릭스가 그들의 일
상에 얼마나 밀접하게 자리 잡고 있는지를 상기시킨다.

이 광고 시리즈는 단순한 OTT 플랫폼의 홍보를 넘어, 영화관과
의 경쟁에서도 더 이상 소극적일 수 없다는 메시지를 내포하고 있다.
마치 영화관에 가지 않아도 좋은 이유를 제시하는 듯한 과감한 태도는,
넷플릭스가 OTT 산업의 리더로서 자신감을 드러내는 방식으로 해석
된다.

'단 하나의 이야기로(One Story Away)' 캠페인

드라마, 다큐멘터리, 코미디 등 여러 장르의 장면들이 빠르게 교
차되며, 시청자와 등장인물의 감정이 하나로 어우러진다. 내레이션은
"우리의 삶은 하나의 이야기로부터 새로운 가능성을 발견한다"라는
메시지를 전한다. 시청자에게 감정적 공감을 불러일으켜 정서적 연결

성을 형성하는 전략이다.

'넷플릭스의 선물(The Gift of Netflix)' 캠페인

단순한 콘텐츠 스트리밍 플랫폼을 넘어, 가족과 친구들에게 특별한 순간을 선물한다는 정서적 가치를 전달하려는 광고 시리즈다. 세계의 다양한 문화와 환경에서 사람들 간의 유대감과 행복한 시간을 강조했다. 여러 가족이나 친구들이 넷플릭스의 영화를 함께 보며 웃고, 울고, 대화를 나누는 장면이 담겨 있다.

넷플릭스와 OTT의 미래

OTT 시장은 여전히 경쟁이 치열하다. 디즈니플러스, 아마존 프라임 비디오, 애플 TV+ 등 강력한 경쟁자들이 속속 등장하고 있지만, 넷플릭스는 독창적인 콘텐츠, 데이터 기반 개인화 서비스, 전 세계적인 접근성을 무기로 굳건히 자리하고 있다.

넷플릭스의 슬로건, "세상을 바꾸는 콘텐츠"는 단순히 영화나 드라마를 넘어, 현대인의 라이프 스타일과 소비 방식을 송두리째 변화시킨 브랜드의 정체성을 보여준다. 극장의 어두움 대신, 거실이라는 개인적 공간에서 전 세계의 이야기가 펼쳐지는 세상. 넷플릭스가 열어준 이 새로운 세계는, OTT의 시대가 끝나지 않을 이유를 강력히 증명하고 있다.

최근 넷플릭스는 콘텐츠 스트리밍 서비스 그 이상의 이미지를 만들기 위한 광고캠페인에 박차를 가하고 있다. '넷플 뭐봄? 넷플 뭐먹?' 시리즈처럼 일상 속 친숙한 문구를 활용해 사람들에게 자연스럽게 스며드는 것이 목표다.

"요즘 넷플 뭐봄?" 시리즈는 사람들이 가장 궁금해하는 콘텐츠를 추천한다. 단순히 어떤 프로그램이 재밌다고 나열하는 것이 아니다. 취향이나 상황에 맞춘 추천 방식을 택하고 있다. "불금을 책임질 넷플 추천" 혹은 "가을밤에 어울리는 넷플 명작" 같은 식의 테마다. 마치 친구가 나에게 슬쩍 귀띔해주는 느낌.

"요즘 넷플 뭐먹?"은 넷플릭스 시청에 자연스럽게 따라오는 '간식 문화'에 집중한다. 넷플릭스를 보면서 피자를 먹고 싶다거나, 치킨이 떠오른다는 트렌드를 공략한다. 광고 내에서 콘텐츠에 어울리는 먹거리를 추천하기도 한다. 특정 드라마나 영화를 보면서 단순히 영상을 더 즐겁게 소비하는 방법을 제안하는 것이다.

캠페인들을 위해 다양한 매체와 방식으로 접근하고 있다. 소셜 미디어를 적극적으로 활용해 짧고 재치 있는 영상을 올리기도 한다. 인플루언서와 협업하여 개인의 라이프 스타일에 넷플릭스가 어떻게 스며드는지를 보여준다. MZ세대와의 유대감을 형성하는 전략이다.

넷플릭스는 길거리 광고에도 공을 들인다. 지하철 광고판이나 대형 전광판을 활용해 '넷플 뭐봄?' '넷플 뭐먹?'이라는 간단하면서도 강렬한 문구로 지나가는 사람들에게 친숙한 이미지를 전한다.

시청자 반응은 대체로 긍정적이다. 단순한 스트리밍 플랫폼이 아닌, 개인의 삶에 맞춘 '컬처 메이트'로 다가온다는 의견이다. '넷플 뭐봄?' 시리즈는 구체적인 콘텐츠 추천을 통해 '넷플릭스에 볼 게 너무 많아 뭐부터 볼지 모르겠다'는 고객의 선택 장애를 덜어준다는 호평을 받기도 했다.

　　넷플릭스의 광고캠페인은 단순한 시청의 유도보다 "어떻게 시청하고, 어떻게 즐길지"에 대한 메시지를 던진다. 사람들의 일상에 더 깊숙이 스며드는 방식으로 접근한다. 스트리밍 서비스를 넘어서 하나의 '문화'로 자리 잡고 있다.

25

행복을 만드는 기술

삼성전자 기업광고캠페인

모두가 테크놀로지와 디지털을 얘기하는 시대다. 하지만 기술의 본질적인 목적을 놓치지 않고 따뜻하게 전하는 광고가 있다. 삼성전자의 기업광고 연작 '또 하나의 가족' 이 그렇다. 국내 광고 마케팅 환경에서 보기 드문 장기 캠페인으로 자리 잡았다.

가족을 주제로 기술이 만드는 행복을 이야기한 이 캠페인은 20년이 넘게 이어지며 기업광고의 대표 주자로 자리 잡았다. 또한 브랜드

의 철학과 비전을 꾸준히 담아냈다. 기술을 전하는 동시에 감성을 자극하는 아날로그적 접근은 삼성전자가 디지털 시대에도 놓치지 않았던 본질이 무엇인지 보여준다.

대한민국 광고대상을 비롯한 수많은 수상 실적으로도 이 캠페인은 대한민국 기업광고사에 뚜렷한 흔적을 남기고 있다. 특히 세 번째 광고인 '동네 TV' 편부터 시작한 3D 애니메이션 기법은 "올해의 가장 인상적인 광고" "한국적 광고의 전형" "한국인의 정서로 가슴을 파고드는 광고" 등의 칭찬을 들었다.

'또 하나의 가족' 캠페인의 시작은 삼성전자가 '얄미운 우등생'으로 불리던 시절로 거슬러 올라간다. 기술력은 뛰어나지만 차갑고 엘리트적이라는 이미지가 강했다. 소비자와 거리를 좁히기 위해 나온 이 캠페인은 "사랑받는 기업이어야 한다"는 윤종용 회장의 비전을 실현하기 위한 전략이었다. 다소 직설적이었던 슬로건 '또 하나의 가족'은 단순한 구호를 넘어, 기술이 가족의 일상 속에서 행복을 만들어가는 조연이 되겠다는 선언이었다.

이렇듯 광고의 국민 캠페인으로 자리 잡은 삼성전자 광고의 탄생

　　　　　　　광고에 말 걸기

배경에는 심각한 자기반성과 처절한 위기의식이 자리 잡고 있었다. '차가운 엘리트' '정감이 없는 1등 기업' 등의 수식어가 늘 따라붙고, 때마침 전개된 LG전자의 소프트 이미지 캠페인과 대조되어 소비자와의 거리감은 더욱 두드러져 보였다. 기술력에서는 아무도 따라올 수 없는 위치를 차지하고 있었지만 친근감에서는 확실한 열세였던 것이다.

당시 새로 취임한 윤종용 회장의 확고한 의지도 이 캠페인의 탄생에 결정적 역할을 했다. "21세기형 기업은 강하면서도 사랑받는 기업이어야 한다"는 취임사의 한 대목은 그대로 광고의 콘셉트가 되었다. 문어체이고 다소 작위적인 느낌이 드는 슬로건이긴 하지만 '또 하나의 가족'은 가족의 생활 속에서 늘 조연 같은 존재로 삼성전자의 제품과 서비스를 자리매김하겠다는 의지이고 실천 선언이었던 것이다.

애니메이션의 마법 그리고 따뜻한 디지털

1997년 첫 광고 '지하철' 편부터 시작해 장기간 이어진 '또 하나의 가족' 시리즈는 방송된 TV 광고만 해도 수십 편이 넘는다. 친근하면서도 투박한 이미지는 뚜렷한 캐릭터로 남아 있다. 더욱이 앙증맞은 종이인형의 모습과 함께 잔잔하게 흐르는 배경음악 '마법의 성'의 멜로디는 언제 어떤 상황에서도 이 광고를 기억시키는 차별적 아이콘이다. 이후 디지털 시대에 맞는 최신 기술과 다양한 가족의 모습을 담으며 계속 진화해왔다. 광고는 늘 시대에 맞는 감각을 보여주면서도, 캠페인의 중심이 되는 메시지, 톤 앤 매너를 일관되게 유지해왔다.

2001년에 선보인 '포장마차' 편을 한번 자세히 뜯어보자. 40대 초반의 대기업 간부인 아버지가 귀갓길에 들른 동네 포장마차. 고민

삼성전자 기업PR 광고. 또 하나의 가족 '쥬라기공원' 편(1997)

에 빠진 얼굴로 소주잔을 마주하는 순간, 초등학교 1학년 딸이 IMT-2000 휴대전화 화면에 나타나 100점을 받았으니 빨리 집에 들어오시라고 애교를 떤다.

파안대소하는 아버지와 그 행복을 함께 나누는 주당들. 이 광고는 1998년 온 나라가 IMF 사태를 맞아 실의에 잠겨 있을 때 사람들의 울적한 마음을 달래준 '집 나간 강아지' 편, '시골 할아버지 상경기' 편, '이봉주' 편, '고종수' 편에 이어 애니메이션 기법의 절정을 이루었다.

그해 말에는 지펠 냉장고를 브랜드 테마로 한 이영애의 '생일선물' 편이 흐뭇한 감동을 전했다. 퇴근길에 쇼윈도에 걸려 있는 빨간색 재킷을 보고 다음 날 친정어머니 생신에 드릴 선물을 걱정하는 맞벌이 주부. 혼자 집에 와서도 고민하며 저녁을 준비하는데, 인터넷 지펠의 모니터에 나타나 그녀가 사고 싶어 했던 빨간 재킷을 들어 보이며 장모님 생신 선물로 샀다고 말하는 남편. "여보, 장모님 빨간색 좋아하시잖아?" 그 한마디에 세상을 얻은 듯 행복해하는 주부.

제일기획의 담당 CM 플래너는 지펠 전속모델인 이영애를 실제로 인형의 동작에 맞춰 똑같이 촬영해서 이 동작을 보고 인형의 모션을 연출했다고 설명했다. 예전의 '김일' 편이나 '홍수환' 편은 닥종이로 만든 인형으로 제작한 이른바 퍼펫(Puppet) 애니메이션이었던 것에 비해 2001년 시리즈는 기법상으로 클레이 애니메이션이라고 할 수 있다. 몸체는 철제 골조에 실리콘을 입히고 얼굴만 클레이로 만들어 표정을 변화시킬 수 있게 제작했다. 마음까지 이어주는 냉장고임을 전하는 독특한 기법과 드라마타이징(dramatizing) 연출에서 새로움과 완성미가 함께 느껴진다.

2001년 이후부터 캠페인은 디지털이라는 시대의 화두에 맞춰 그해 그해 변화를 가미해갔다. 그러면서도 '또 하나의 가족'이라는 기본 골격에 해당하는 콘셉트는 절대 흔들리지 않아야 한다는 합의를 이루어냈다. 물론 내외부로부터 식상하다는 반성과 새로운 것을 요구하는 압력이 없지 않았지만 그럼에도 캠페인의 연속성을 지켜낸 것은 두고두고 칭찬받아 마땅하다. '따뜻한 기술'이라는 으뜸 메시지, 표현 기법,

배경음악, 톤 앤 매너(Tone & Manner) 등은 고스란히 유지해가면서 시대감각에 맞는 디지털 스타일을 채용함으로써 광고는 중심을 잃지 않으면서도 늘 새로운 광고로 거듭날 수 있었던 것이다.

당시 AE로서 캠페인의 기획을 담당했던 김강지는 이러한 리뉴얼 캠페인의 전략적 원칙을 세 가지로 요약하고 있다.

첫째는 '일관성의 원칙(principle of continuity)'이다. 가족같이 친근한 기업상을 애니메이션 기법을 통해 계속해서 전달해야 한다는 것이었다. 둘째는 '테마의 원칙(thematic principle)'이다. 디지털 시대의 소비자 트렌드를 '퓨전(fusion)'이란 키워드로 보고 '가족 같은 친근함' '디지털 네트워크' '머리는 디지털, 가슴은 아날로그' 등을 세부적인 캠페인의 테마로 전개해갔다. 셋째는 '차별적 어울림의 원칙(principle of distinctive fit)'이다. 각 편의 작품을 국내 기술로 제작해 완성도를 높여가면서 배경음악인 '마법의 성' 테마는 분위기에 맞게 편곡해서 연주하는 운영의 묘를 발휘해갔다.

롱런 캠페인의 원초적 고민

20년간 지속된 롱런 캠페인의 결과로 만들어진 삼성전자의 이미지에는 지금 두 가지 시각이 교차한다. 일하고 싶은 기업 1위, 3년 연속 존경받는 기업 1위라는 존경의 시선이 있는가 하면 사회적 책임을 못 하는 기업 1위, 해외에서와는 달리 국내에서 점점 거부감이 커지는 기업이라는 정반대의 평판도 있다. 2006년 《포춘》(*FORTUNE*)지가 선정한 세계 48위 기업, 세계 최초의 HSDPA폰 W200 출시, 상장주식 시가총액 기준 세계 반도체 1위 기업이라는 긍정적 사실은, 정치자금 제공 의혹과 지나치게 인재를 강조하는 엘리트 기업, 거대 재벌기업에서 오는 거부감 등의 악재에 가려 빛을 잃고 있는 것도 사실이다.

사람들은 여전히 머리로만 삼성전자를 국내 최고의 기업이라고 생각하고 있는 듯하다. 가슴으로는 아직 온전히 '또 하나의 가족'으로 느끼는 데 인색한 것도 사실이다. 광고만 보면 따뜻하고 정겹기는 한

훈이가
누구니?

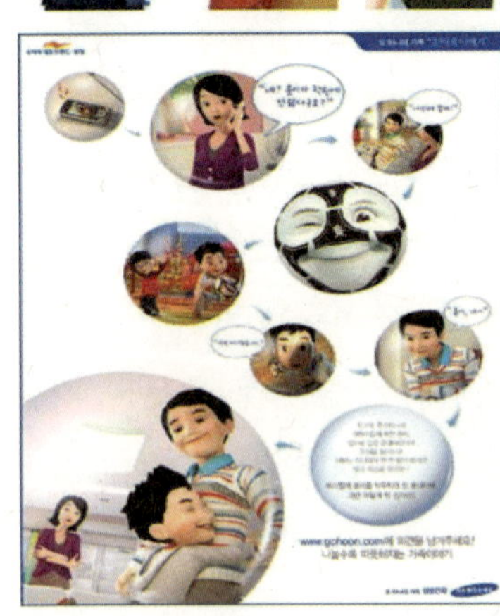

데 실제 삼성전자의 이미지를 생각하면 '글쎄요'라는 반응이다. 딸의 그림일기, 아빠의 아기 돌보기 등 가족 간의 에피소드에 싱크마스터, 하우젠, 애니콜 등의 제품을 끼워넣는 광고 방식만으로 거부감 없는 공감을 끌어내기에는 뭔가 부족하다.

이상적인 가족의 모습만을 보여주는 광고 속 가족상이 실제 우리 가족의 모습과는 동떨어진다는 불평이다. 매 편마다 새로운 얘기, 새로운 제품이 등장하지만 이제 사람들은 지루함을 호소할 시점이 되었다. 장수 캠페인이 안고 있는 원초적 고민이다. 어떤 광고를 하더라도 투덜대는 '또 하나의 가족'은 늘 있는 법이니까 말이다. 하지만 그래도 해결방안은 모색해야 할 것이다.

삼성전자 인쇄광고 카피를 가만 음미해보면 기업광고가 그리고자 하는 '또 하나의 가족'의 모습이 어렴풋이 보이는 듯도 하다. 아직은 관념적이고 추상적인 청사진 같지만 이 그림을 또 다른 동영상으로 전개해가는 것도 해법이 아닐까 싶다. 길지만 인용해보자.

"같은 동네에 살고 같은 공기를 마시고 같은 언어를 쓰고, 다 같겠거니 해도 속을 들여다보면 삶의 모습들은 다를 때가 많습니다. 주말 가족, 기러기 아빠, 한부모 가족, 재혼 가족, 입양 가족…. 우리 곁에는 생각보다 다양한 형태의 가족들이 이웃으로 살아가고 있습니다.`그들과 함께 다른 생각들을 나누고 다양한 문화를 주고받을 때 우리 삶의 내용은 더욱 흥미롭고 풍부해질 것입니다…. 징검다리의 돌 하나하나가 모두 소중하듯이 가족은 어떤 모습이든 그 자체로 소중합니다."

기업광고의 새 방향성

삼성전자는 캠페인의 핵심 메시지, 즉 기술이 사람과 사람을 연결하고 더 나은 삶을 만든다는 이야기를 시대의 변화에 맞게 재해석하고 있다. 과거에는 가족 간의 따뜻한 교감을 중심으로 했다면, 최근 캠페인에서는 다양한 삶의 형태와 가치를 담아낸다. 예컨대, 스마트홈을 활용한 고령자 케어 솔루션, 반려동물을 위한 IoT 기기, 탄소 배출을 줄이는 지속 가능한 기술까지, 기술의 따뜻함이 '가족'의 경계를 넘어 사회 전체로 확장되고 있다.

2023년 공개된 캠페인 '우리의 거리' 편은 팬데믹 이후 변화된 세상을 반영한 좋은 사례이다. 물리적으로 떨어져 있어도 연결된 마음을 표현하고 있다. 기술이 일상의 작은 행복을 만들어낸다는 메시지도 전했다. 광고 속 70대 할머니는 손녀와 AR 기술로 함께 꽃꽂이를 배운다. 30대 직장인은 AI 냉장고와 함께 더 효율적인 식단을 고민한다. 다양한 세대와 상황을 아우르며 공감을 확장한 이 캠페인은 많은 이들의 찬사를 받았다.

기술의 진화와 광고의 진화

'또 하나의 가족' 캠페인이 오랫동안 사랑받을 수 있었던 이유는 지속적인 혁신과 일관성이다. 초기의 애니메이션과 아날로그 감성은 현재의 디지털 기법과 융합되어 더 세련되고 현대적인 느낌을 자아내고 있다. 최근에는 광고 제작에도 AI 기술을 적극 활용해 개인화된 경험을 제공하고 있다. 시청자의 연령과 관심사에 따라 다양한 버전의 스토리를 보여주는 방식도 도입되었다.

오늘날 가족은 더 이상 단일한 형태가 아니다. 주말 가족, 반려동물과 함께하는 싱글 라이프, 비혼 공동체 등 다양한 형태의 '또 하나의 가족'이 생겨났다. 삼성전자는 이런 현실을 반영해 '가족'의 정의를 확장하는 데 초점을 맞추고 있다.

삼성전자의 기업광고는 더 모던한 방식으로 변화를 꾀하고 있다. 초창기의 아날로그적 접근에서 한발 나아가, 데이터와 인공지능 같은 최첨단 기술을 따뜻한 시선으로 풀어낸다. 예를 들어, 스마트 홈 광고에서는 엄마와 떨어져 지내는 유학생 아들이 냉장고 속 재료를 보고 요리법을 추천받아, 영상통화로 가족과 함께 식사를 준비하는 모습을 보여준다. 기술은 여전히 중심에 있지만, 그 기술이 만들어내는 연결과 감동에 초점을 맞춘 것이다.

기술의 미래를 이야기하다

삼성전자의 기업광고는 단순한 제품 홍보를 넘어, 시대의 흐름과 소비자의 정서를 읽고 미래를 제시하는 메시지를 담아왔다. 다양한 테마와 접근법으로 기술과 인간, 그리고 더 나은 세상을 이야기해왔다.

1. 기술과 인간의 연결: '스마트 에어' 캠페인

2018년에 공개된 '스마트 에어' 캠페인은 공기청정기를 단순한 제품이 아닌, 사람의 삶을 돕는 동반자로 그렸다. 이 캠페인에서 삼성전자는 미세먼지가 심각한 사회적 문제로 대두된 상황에서 공기청정기의 필요성을 기술적으로 풀어내는 동시에, 감성적인 연출로 차별화를 꾀했다.

광고는 어린아이가 창밖의 먼지를 보며 걱정하는 장면에서 시작해, 공기청정기가 깨끗한 공기를 만들어주며 가족의 일상을 지키는 모습을 담았다. 특히, IoT 기술을 활용해 스마트폰으로 집 밖에서도 실시간으로 공기 상태를 모니터링하고 제어할 수 있는 장면은 '스마트한 삶'을 강조했다.

이 캠페인은 공기청정기의 기술적 우수성을 보여주는 동시에, 가족을 위한 따뜻한 배려를 담아 소비자의 마음을 사로잡았다.

2. 지속 가능성을 향한 도전: '갤럭시 업사이클링' 캠페인

기술로 환경 문제를 해결하려는 노력도 광고를 통해 알리고 있다. 그중 대표적인 것이 '갤럭시 업사이클링' 캠페인이다. 사용하지 않는 갤럭시 스마트폰을 의료 장비, 환경 감지 센서 등으로 새롭게 태어나게 하는 과정을 보여줬다.

개발도상국에서 안과 진단 장비로 변신한 갤럭시 스마트폰을 보여주는 장면은 큰 감동을 줬다. 기존의 기술을 새롭게 활용해 더 나은 세상을 만든다는 메시지는 브랜드의 사회적 책임을 강조하며 소비자에게 깊은 인상을 남겼다.

3. 혁신과 성취를 담다: 'The First 8K TV' 캠페인

2019년, 세계 최초로 8K TV를 선보였다. 이를 기념하는 'The First 8K TV' 캠페인을 진행했다. 광고는 기술적 혁신에 초점을 맞춰 8K 해상도가 만들어내는 압도적인 화질을 비주얼 중심으로 표현했다. 기술의 우위를 강조하는 데 그치지 않고, 소비자가 이 기술을 어떻게 체감할 수 있는지 구체적으로 풀어냈다. 자연 다큐멘터리 같은 실감 나는 장면, 예술작품 같은 연출로 기술과 감성을 연결하는 시도를 했다.

4. 브랜드 철학을 이야기하다: 'Do What You Can't'

글로벌 캠페인으로 진행한 '불가능을 해내라(Do What You Can't)'는 기술의 한계를 넘어서 사람들의 가능성을 확장시키겠다는 메시지였다.

특히 패럴림픽 선수와 크리에이터들의 이야기를 통해, 기술이 어떻게 사람들의 삶을 바꾸고, 꿈을 실현하도록 돕는지를 감동적으로 전달했다. 스마트 디바이스가 장애를 극복하거나 창의성을 발휘하는 데 핵심적인 역할을 하는 모습을 담았다.

5. 팬덤을 사로잡다: '갤럭시 Z 플립5' 출시 캠페인

2023년, 삼성전자는 폴더블 스마트폰 갤럭시 Z 플립 5의 출시와 함께 Z세대를 겨냥한 과감한 광고캠페인을 진행했다. 광고는 제품의 독창적인 디자인과 개성을 강조하면서, SNS에서 인기 있는 인플루언서와 협업해 바이럴 마케팅을 극대화했다.

특히, 화면을 접고 펼치는 독특한 폼팩터(form factor)가 일상에서 어떻게 유용하게 쓰이는지를 직관적이고 감각적인 영상으로 풀어냈다. 트렌디한 배경음악과 비주얼은 젊은 층의 마음을 사로잡았고, 출시와 동시에 갤럭시 Z 플립5는 SNS에서 폭발적인 화제를 모았다.

기술로 사람을 행복하게 하다

삼성전자의 기업광고는 단순히 제품 홍보에 그치지 않는다. 기술이 어떻게 사람들의 삶을 풍요롭게 만들고, 더 나은 미래를 제시할 수 있는지를 이야기한다.

'또 하나의 가족' 캠페인처럼 따뜻한 정서를 담아낸 광고. '불가능을 해내라' 같은 도전적인 메시지를 담은 글로벌 캠페인. 삼성전자의 광고는 브랜드의 철학을 일관되게 유지하며 변화하는 시대에 맞게 진화해 왔다.

삼성전자 광고의 강점은 기술과 사람, 그리고 세상을 연결하는 이야기 속에서 소비자가 공감할 수 있는 메시지를 끊임없이 전달한다는 데 있다. 기술의 진보가 어떻게 삶을 바꿀지 기대하게 만드는 브랜드. 이것이 삼성전자의 기업광고가 전하는 진짜 가치다.

26

기술은 사람을 향한다

SK텔레콤 기업광고캠페인

2000년대 초반, SK텔레콤은 '사람을 향합니다'라는 한 문장으로 기술 광고의 패러다임을 바꿨다. 당시는 이동통신 시장의 경쟁이 치열해지던 시기로, 대부분의 광고가 요금제, 속도, 커버리지 등 기능적 장점에 초점을 맞추고 있었다. 하지만 SK텔레콤은 한발 더 나아갔다. 기술의 본질적 목적이 무엇인지 질문을 던지고, 그 답을 '사람'으로 설정한 것이다.

첫 번째 물결은 아날로그적 감성을 디지털로 녹여낸 광고들로 시작됐다. "꼭 011이 아니어도 좋습니다"라는 카피처럼 경쟁과 과잉이 판치는 시대에 느림과 여유를 말했고, 흑백 화면과 비틀스의 'Let it Be'는 기술 광고에 정서를 담는 새로운 접근이었다. 특히, 손의 움직임만으로 메시지를 전달하는 '손가락' 편은 당시로서는 파격이었다.

우선 다른 광고에 비해 유난히 긴 러닝타임이 눈에 띈다. 분명 이동통신회사의 광고인데 휴대전화 하나 등장하지 않고 꽤 긴 시간 동안 그냥 손의 움직임만 보여준다. 휴대폰이 들려 있지 않아도 손의 움직임만으로 문자 메시지를 통해 수다를 떨고, 결심을 하고, 화를 내고, 어떤 때는 사랑을 고백하고 있다는 것을 알 수 있다. 문자 메시지는 단순한 글이 아니라 사람의 기분과 감정까지 전달하는 메신저로서 사

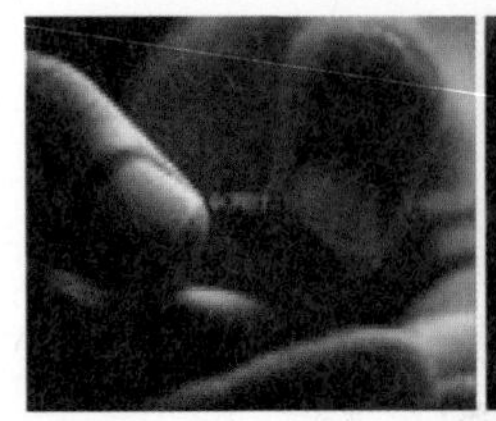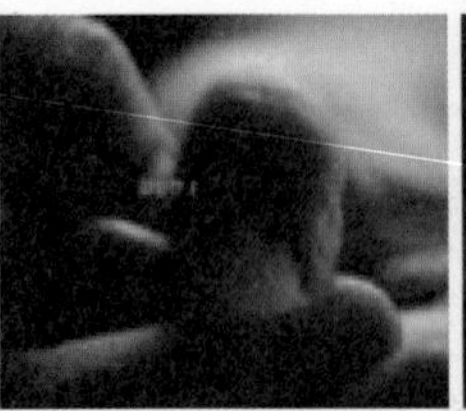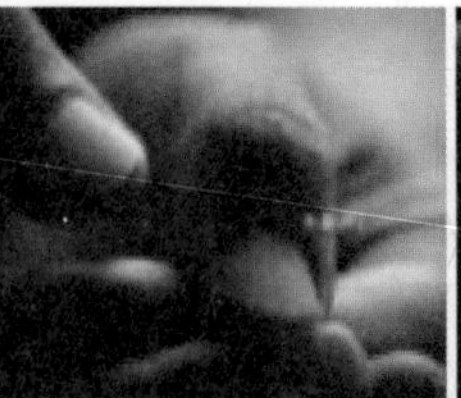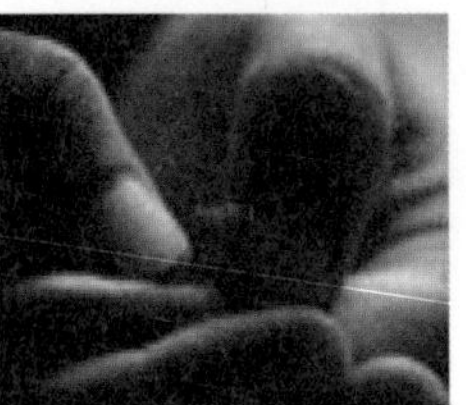

람을 향해 진화한 기술의 절정임을 말하고 있다. "기술 안에는 사람이 있습니다. 사람을 향합니다. SK텔레콤"으로 마무리 되는 자막 카피가 그런 콘셉트를 분명하게 확인시켜준다.

스마트폰이 대중화되기 전, 문자 메시지가 단순한 글자가 아니라 감정을 담은 매개체라는 사실을 사람들에게 다시 떠올리게 한 것이다. 애써 기계를 밀쳐내고 영상연출의 군더더기를 걷어낸 앵글에 비쳐진 투박한 손마디, 주름진 얼굴, 무심한 몸짓들…. 그 영상 사이사이로 사람이 보였다. 싸움의 장을 바꿀 여유와 통찰이 있는 자에겐 전혀 다른 화두와 그것을 말하는 이야기 솜씨가 자연스레 따라온다.

'없애주세요' 편은 휴대폰의 주소록, 카메라, 문자 기능을 없애달라는 엉뚱한 제안을 한다. "주소록을 없애주세요. 사랑하는 친구의 번호쯤은 외울 수 있도록. 카메라를 없애주세요. 사랑하는 아이의 얼굴을 두 눈에 담도록. 문자 기능을 없애주세요. 사랑하는 사람들이 다시 긴 연애편지를 쓰도록. 기술은 언제나 사람에게 지고 맙니다."

주소록의 분실은 지금까지 맺어온 모든 인연의 상실이요 기억의 증발을 의미하는 끔찍한 사건이다. 어쩌다가 휴대폰을 잃어버려 그 안에 저장되어 있던 모든 전화번호들을 다 날려버린 경험이 있는 사람에겐 공감이 가는 메시지다. 문자 기능은 또 어떤가? 설레는 마음으로 편지를 기다리고, 밤새 가슴 두근거리며 답장을 쓰고, 또 그렇게 쓴 편지를 아침에 망설이며 부치는 시간의 여과장치가 문자전송엔 없다.

광고에 말 걸기

감각을 기만하고 우롱하는 사이버 미디어의 허상을 고발하는 통찰력이 담긴 광고다. 인간 대 인간의 직접적인 소통만이 희망이라는 성찰이요, 잃어버린 감성의 회복선언이다.

하지만 이 광고는 어딘가 허한 느낌을 남긴다. 광고는 어디까지나 우아한 제안으로만 그칠 우려가 높다. 현실의 제품이 그러한 주장을 뒷받침하지 않으면 SK가 주장하는 '고객의 행복'은 공염불일 수 있다. '싸가지 없는' 몇몇 디지털 기능들을 없애는 것으로 아날로그의 유토피아는 쉽사리 실현되지 않는다는 것이다. 다만 우리 삶 속에서 구체적으로 발견되는 몇몇 디지로그의 풍경들을 참고삼아 해법으로 귀띔할 따름이다.

한 꼬마아이가 아슬아슬한 자전거 안장 위에 올라가 목련나무에 핀 탐스러운 꽃에 손을 뻗고 있다. 다음 장면에서 아이는 선물 상자를 품에 안고 엄마와 함께 기차를 타고 어디론가 향한다. 옆 좌석에는 예쁜 여자아이가 선물상자에 눈길을 주지만 소년은 그저 무심하게 창밖만 내다볼 뿐이다. 이윽고 도착한 곳은 할머니 댁. 소년은 자랑스럽게 선물상자를 내밀고 할머니는 대견스러운 표정으로 상자를 받지만 상자 속의 목련꽃은 이미 시들어버린 지 오래다. 마음에 상처를 입은 아이는 서럽게 눈물을 흘리고…. 할머니는 그런 손자가 가여워 꼭 껴안아준다. "사람이 행복입니다"라는 자막이 뜨고 "사람을 향합니다"라는 내레이션이 흘러나온다.

절제와 조화를 제대로 갖춘 영상과 음향은 이 광고가 주장하는 '인간을 향한 기술'에 고스란히 바쳐지고 있다. 인간은 보이지 않고 기술만 난무하는 광고 테크닉, 메시지는 들리지 않고 표현기법만 요란한 크리에이티브만이 맹목적으로 경쟁하는 정보통신 광고에서 발견한 블루오션이라고 해야 할 것이다.

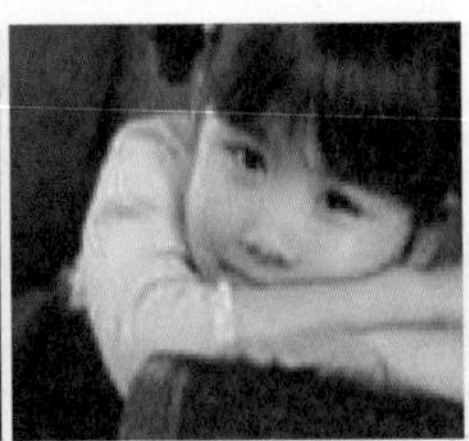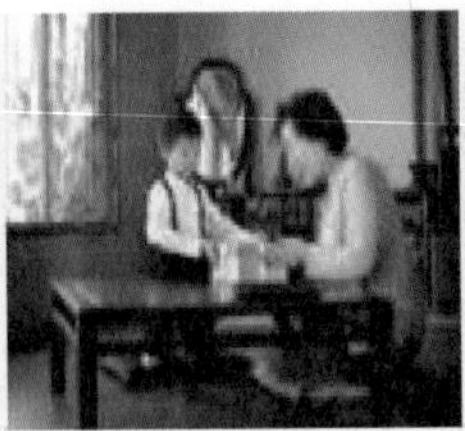

스마트 시대의 기술진화

2000년대를 지나며 스마트폰과 인공지능이 일상이 된 지금, SK텔레콤의 광고는 다시 새로운 방향으로 진화하고 있다. 특히 최근의 캠페인들은 AI 기술을 통해 사람의 삶을 풍요롭게 한다는 메시지를 담고 있다. '사람을 향합니다' 캠페인이 인간 중심의 기술을 선언했다면, 지금의 SK텔레콤은 그 철학을 실천하는 구체적인 사례를 제시하고 있다.

예컨대, 2012년 방영된 '북한 화상전화' 편은 분단된 가족이 화상통화로 재회하는 모습을 담아 기술이 어떻게 사람 간의 단절을 연결할 수 있는지 보여줬다. 이 광고는 수많은 시청자에게 감동을 주며 기술의 사회적 역할을 강조했다. 'T맵'이나 '멜론' 같은 SK텔레콤의 서비스들은 사람들의 일상을 편리하게 만드는 데 초점을 맞췄다. 광고는 이러한 기술적 혁신이 어떻게 우리의 삶을 변화시키는지를 실감나게 보여줬다.

최근 SK텔레콤은 인공지능(AI)과 구독 서비스를 중심으로 새로운 메시지를 전하고 있다. 대표적인 사례가 '에이닷(A.)'이다. "에이닷, 오늘 뭐 먹을까?"라는 질문처럼, 단순한 음성 명령을 넘어 사용자의

광고에 말 걸기

취향과 기분을 이해하는 AI의 모습을 보여준다. 기술이 사람을 단순히 지원하는 수준을 넘어, 사람을 이해하고 공감하는 단계로 진화하고 있음을 강조한 것이다.

2022년에 방영된 '미아 찾기 AI' 광고는 실시간으로 실종 아동의 얼굴을 AI가 분석해 찾는 과정을 다루었다. 화면은 짧고 간결했지만, 기술이 사회적 문제해결에 기여할 수 있음을 실감나게 보여주었다. 또 다른 광고 'T우주 캠페인'에서는 구독 플랫폼을 통해 사람들에게 필요한 맞춤형 서비스를 제공하는 모습을 통해, 기술이 어떻게 개인의 삶을 더 편리하게 만드는지 보여줬다.

창사 40주년을 기념하며 선보인 디지털 캠페인 '영원히 사랑할게(Always I Love You)'는 SK텔레콤이 지난 세월 동안 기술로 사람들을 연결해온 이야기를 가족의 일상을 통해 따뜻하게 그려냈다. 아날로그와 디지털을 잇는 정서적 연결고리는 여전히 유효했다.

'인문학적 접근'도 강조되고 있다. 기술이 단순히 효율과 편리함

을 추구하는 것을 넘어, 사람과 사회의 관계를 다시 정의하고자 한다는 것이다. AI 기반 서비스들이 늘어나는 가운데, 기술을 통해 잃어버렸던 인간다움을 되찾고자 하는 노력은 디지털 시대에 아날로그적 감성을 녹여낸 디지로그 캠페인의 연장선상이다.

기술과 사람, 연결을 말하다

SK텔레콤의 광고는 시대에 따라 형식과 메시지가 변화했지만,

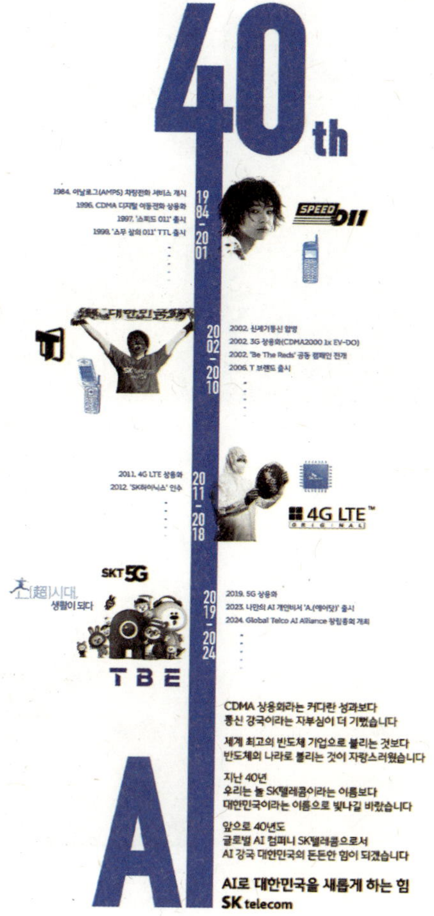

늘 사람을 중심에 둔 스토리텔링을 통해 감동을 전해왔다. 초기의 광고가 인간적인 따뜻함을 강조했다면, 최근의 광고들은 AI와 같은 첨단 기술을 통해 그 철학을 실천하고 있다.

'사람을 향합니다'라는 메시지는 단순히 광고 문구에 머물지 않는다. 그것은 SK텔레콤이 추구하는 방향성, 그리고 기술이 궁극적으

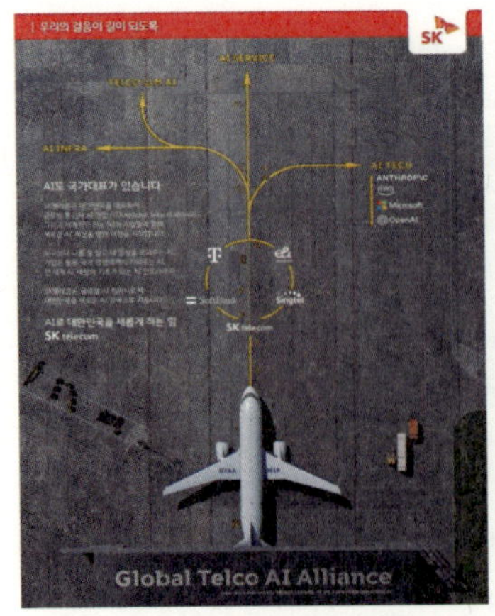

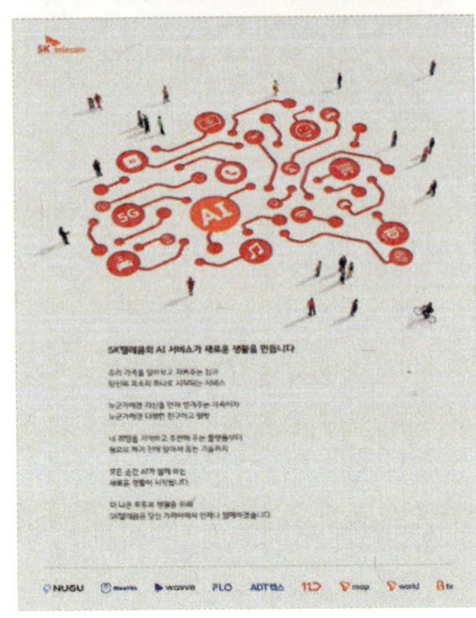

로 가야 할 길을 보여주는 선언이다. 기술의 본질은 사람에게 있다. 그것을 잊지 않는 한, SK텔레콤의 광고는 앞으로도 사람들에게 공감을 주는 이야기를 계속 만들어 나갈 것이다.

SK텔레콤 광고가 매번 성공적으로 사람들에게 다가설 수 있었던 이유는 기술을 단순히 기능적으로 설명하지 않고, 사람들 사이의 '소통'과 '연결'을 이야기했기 때문이다. '북한 화상전화' 편이 분단된 가족의 상봉이라는 감동적인 이야기를 통해 기술의 가치를 전달했던 것

　　　　　　　　광고에 말 걸기

처럼, 오늘날의 광고도 AI와 사람의 관계를 감성적으로 풀어내고 있다.

가장 중요한 것은 광고의 메시지와 현실이 일치해야 한다는 점이다. 아무리 감동적인 스토리를 광고로 만들어도, 그 기술이 실제로 사람들에게 만족과 가치를 주지 못한다면 그 메시지는 허망해질 것이다. SK텔레콤은 기술 중심 사회에서 인간 중심의 기술 철학을 광고로 선보였다. 또한 실제 서비스로 이어질 수 있음을 보여주었다.

기술의 본질은 사람이다

SK텔레콤의 광고는 늘 기술의 최첨단을 보여주었다. 그 핵심에는 사람이 있었다. 기술의 발전은 결국 사람의 삶을 더 나아지게 하기 위한 수단이라는 단순한 진리를 반복적으로 일깨워주었다. 시대가 바뀌어도 SK텔레콤의 광고가 여전히 사람들에게 감동을 줄 수 있는 이유다.

AI 시대에도, 기술은 결국 사람을 향해 진화하고 있다. SK텔레콤

출처: 서울경제신문

은 이 철학을 광고와 기술로 동시에 구현해내고 있다.

27

검색의 신

위기와 도전으로 읽는 구글 브랜드 스토리

"우리가 하는 일은 단지 기술을 개발하는 것이 아닙니다. 사람들과의 연결을 돕고, 세상이 직면한 문제를 함께 해결하는 것입니다."

1998년, 스탠퍼드대학교 동문인 래리 페이지(Larry Page)와 세르게이 브린(Sergey Brin)이 캘리포니아에서 시작한 사업인 구글은 '세상의 모든 정보를 체계적으로 정리해 누구나 접근할 수 있도록 한다'는 야심찬 목표를 내세웠다.

구글은 검색엔진으로 시작했지만, 그 본질은 단순히 정보를 찾는 것에 그치지 않았다. '정확성, 접근성, 그리고 편리함'이라는 기본 원칙을 바탕으로 구글은 누구나 쉽고 빠르게 원하는 정보를 얻을 수 있

구글의 창업자들인 페이지(좌)와 브린(우)
출처: Britannica

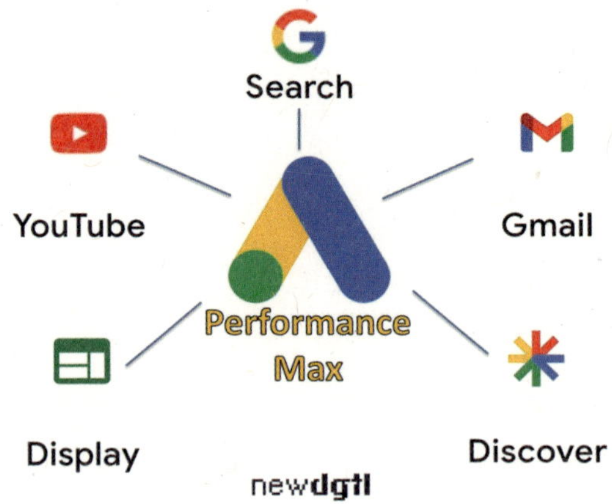

는 플랫폼으로 성장했다. 초기 구글 홈페이지가 온갖 기능과 광고로 복잡했던 경쟁자들과 달리 단순한 검색창 하나로 구성된 것은 구글의 철학을 상징적으로 보여주는 사례다.

구글의 철학은 창립 초기부터 단순한 기업적 목표를 넘어 인류와의 공생을 지향해왔다. 그러나 혁신을 향한 구글의 여정은 결코 순탄하지 않았다. 위기를 기회로, 도전을 도약의 발판으로 삼아온 구글의 역사는 그 자체로 브랜드 철학의 한 축을 이룬다. 특히 소비자와의 소통을 통해 위기를 극복하고 혁신의 동력을 얻은 다양한 광고캠페인들은 단순한 홍보의 틀을 넘어 구글의 정체성을 강화하는 데 중요한 역할을 했다.

2000년대 초반, 구글은 검색 결과의 질을 높이는 '페이지랭크(PageRank)' 알고리즘을 개발하며 검색엔진 시장의 판도를 바꾸었다. 이후 지메일(Gmail), 구글 지도(Google Maps), 구글 번역(Google Translate), 안드로이드(Android), 그리고 크롬(Chrome)까지 혁신적인 서비스를 내놓으며 "기술로 세상을 더 나은 곳으로 만들겠다"는 메시지를 광고와 서비스로 증명해 나갔다.

 광고에 말 걸기

초기 검색엔진으로의 성공에도 불구하고, 인터넷의 확장성과 경쟁사의 약진은 구글을 곧 위기에 빠뜨렸다. 특히 2000년대 초반, 야후와 MSN 등의 포털이 검색 서비스와 엔터테인먼트를 통합하며 시장 점유율을 늘려가자, 구글은 '단일 검색'이라는 한계를 벗어나야 한다는 도전에 직면했다. 구글의 전략은 단순히 광고 매출을 늘리는 데서 그치지 않았다. 광고주와 소비자를 연결하는 플랫폼으로 자리 잡으며, 검색을 넘어선 새로운 생태계를 창출하는 데 성공했다.

모바일과 안드로이드의 부상

2007년, 아이폰의 출시로 모바일 생태계가 급격히 변화하면서, 구글은 다시 한번 위기를 맞았다. 데스크톱 중심의 검색 서비스는 모바일 환경에 적응하지 못하면 사라질 운명에 처했다. 이에 구글은 2008년 안드로이드(Android)를 선보이며 모바일 OS 시장에 뛰어들었다.

그러나 초반의 도전은 만만치 않았다. 경쟁사 애플의 iOS는 사용자 친화적인 UI와 하드웨어 통합성을 내세워 독주했고, 안드로이드는 불안정한 성능과 제한적인 앱 생태계로 혹평을 받았다. 이를 극복하기 위해 구글은 소비자와 적극적으로 소통하는 광고캠페인을 전개했다.

· 2010년, 넥서스(Nexus) 시리즈 런칭 캠페인: '같이 있지만,

같지 않게(Be Together, Not the Same)'이라는 메시지로, 안드로이드가 다양한 기기와 사용자 환경을 포용한다는 점을 강조했다. 광고는 서로 다른 상황과 문화를 반영한 소비자의 일상을 보여주며, 안드로이드의 개방성과 유연성을 직관적으로 표현했다.

- '안드로이드처럼 살아가기(Androidify Yourself)' 캠페인: 사용자가 자신만의 안드로이드 아바타를 제작할 수 있도록 한 이 캠페인은 브랜드와 소비자 간의 직접적인 상호작용을 유도했다.

결과적으로, 안드로이드는 전 세계 스마트폰 시장의 80% 이상을 점유하는 성공적인 플랫폼으로 자리 잡았다.

첫 브랜드 캠페인: '심플하지만 강력한 툴'

구글의 초기 광고는 검색과 같은 핵심 기능을 강조하며, 사용자가 직관적으로 이해할 수 있는 메시지를 전달하는 데 주력했다. 대표적인 사례가 2009년 프랑스에서 시작된 "파리인의 사랑법(영문)" 캠페인이다.

이 광고는 단순한 검색창과 텍스트 입력만으로도 감동을 이끌어 낼 수 있음을 보여주었다. '파리인의 사랑법'은는 한 남성이 ""유학 프로그램 찾기"에서 시작해 "프랑스어 번역", "파리 여행", "프랑스 프러포즈 아이디어" 등 다양한 검색어를 통해 사랑 이야기를 그려냈다. 사용자의 실생활과 자연스럽게 연결된 검색 기능을 스토리텔링으로 풀어낸 이 캠페인은 전 세계적으로 큰 반향을 일으켰다. 단순하지만 강력한 메시지가 담긴 이 광고는 구글의 철학, 즉 "복잡한 것을 단순하게 만들어 세상을 연결한다"는 브랜드 가치를 시각적으로 구현한 대표 사례로 남았다.

캠페인의 진화: 사람과 기술의 연결고리

2010년대 이후 구글은 단순히 도구 제공자에서 벗어나, 사람들의 삶을 바꾸는 파트너로 자리매김하기 위해 광고 전략을 발전시켰다.

구글의 브랜드 캠페인에서 가장 두드러지는 점은, 기술의 진보가 단순히 도구의 발전에 그치지 않고, 사람들의 삶을 어떻게 변화시키는가를 이야기한다는 것이다.

- '더 나아질 거야(It Gets Better)' 캠페인: LGBTQ+ 커뮤니티를 지지하며 소외된 사람들에게 희망의 메시지를 전했다.
- '검색을 멈추지 마세요(Search On)' 캠페인: 2021년 팬데믹 상황 속에서 사람들이 구글 검색을 통해 서로를 돕고, 연결하고, 새로운 길을 찾아가는 이야기를 담았다. "세상은 멈출 수 있지만, 우리의 검색은 계속됩니다"라는 메시지는 구글이 단순한 기술 기업이 아니라 사람들의 일상에 깊이 스며든 존재임을 강조했다. 검색이 단순한 정보 탐색이 아니라, 문제를 해결하고 세상을 바꾸는 도구로 기능할 수 있음을 강조했다.

특히 '검색의 해(Year in Search)' 캠페인은 매년 전 세계 사람들이 구글에서 검색한 주요 주제를 모아 한 해를 회고하는 형태로 진행되었다. 이 캠페인은 단순히 데이터를 나열하는 것을 넘어, 인간의 희망, 도전, 그리고 연결의 이야기를 감동적으로 엮어내며 구글의 브랜드 가치를 감성적으로 전달했다.

갈림길에서의 선택: 개인정보와 AI의 미래

2010년대 후반, 구글은 또 한번 중대한 도전에 직면했다. 데이터 수집과 개인정보 보호에 대한 논란이 전 세계적으로 확산되며, 소비자들의 신뢰를 잃을 위기에 놓였다. 특히 유럽의 GDPR(일반 데이터 보호 규정) 시행은 구글의 비즈니스 모델에 치명타를 가할 수도 있는 상황이었다. 이에 구글은 투명성과 책임을 강조하는 브랜드 캠페인을 통해 소비자 신뢰 회복에 나섰다.

- 2019년, 'It's Your Data' 캠페인: 사용자가 데이터 사용 권한을 설정하는 과정을 명확히 보여주는 광고 시리즈로, 개인정보 보호에 대한 구글의 의지를 전달했다.
- 2024년, 'AI for Everyone' 캠페인: 구글의 AI 기술이 의료, 환경, 교육 등 공익적인 분야에 어떻게 활용되고 있는지를 보여주며, 기술의 긍정적인 영향을 부각했다.

이와 동시에 구글 어시스턴트와 구글 포토 같은 서비스는 사용자의 편의를 극대화하면서도 개인정보 보호를 우선시하는 기술적 진화를 보여주었다.

광고에 말 걸기

2020년대 들어 구글은 AI 기술을 활용한 혁신적인 제품과 서비스로 또 한번 도약을 시도했다.

- '말을 위한 탐색(Look to Speak)': 시각장애인을 위한 의사소통 도구를 개발하여, 사람들의 삶을 변화시키는 기술의 역할을 강조했다.
- 'Real Tone': 구글 픽셀의 카메라 기술을 홍보하면서 사진이 다양한 피부 톤을 어떻게 충실히 재현할 수 있는지를 강조했다. 이는 기술을 통해 모든 사람을 공평하게 대하겠다는 구글의 철학을 상징적으로 보여준 사례로 평가받는다.

특히 구글 어시스턴트와 같은 AI 기반 서비스는 '헤이 구글(Hey Google)' 캠페인을 통해 인간의 일상을 보다 편리하고 효율적으로 만드는 기술적 혁신을 강조했다. 광고는 단순히 기능을 설명하는 데 그치지 않고, 사람들의 삶 속에서 구글이 어떻게 동반자가 될 수 있는지를 보여주는 데 초점을 맞췄다.

연결, 혁신, 그리고 포용

구글의 광고캠페인은 단순히 제품과 서비스를 알리는 데 그치지 않는다. 그것은 세상을 더 연결하고, 더 나은 방향으로 변화시키겠다는 구글의 비전 그 자체다.

- '함께라면 할 수 있다(Together We Can)' 캠페인은 글로벌 팬데믹 속에서 사람들을 연결하는 기술의 역할을 감동적으로 그려냈다.
- '당신에게 진정 소중한 것(What Matters to You)'는 구글 검색, 지도, 유튜브 등이 어떻게 개개인의 삶과 목표를 지원할 수 있는지를 보여주었다.

가능성을 더하다

구글의 브랜드 캠페인은 언제나 소비자와의 신뢰를 바탕으로 위기를 극복하고 새로운 가능성을 탐구해왔다. 위기의 순간마다 구글은 기술적 혁신만 추구하는 게 아니라, 브랜드가 전달할 수 있는 스토리와 메시지로 사람들과 소통하며 도전을 기회로 전환해왔다.

오늘날 구글은 검색엔진을 넘어 AI, 클라우드, 모바일, 스마트홈에 이르기까지 다양한 영역에서 새로운 가능성을 창출하고 있다. 그리고 이 모든 과정에서, 구글의 광고캠페인은 단순한 마케팅을 넘어 브랜드 철학을 전달하는 중요한 매개체로 작용하고 있다.

"기술은 우리의 삶을 더 나은 방향으로 이끌기 위해 존재한다." 구글의 브랜드 스토리는 지금도 그 철학을 실현해가는 여정 위에 있다.

진화는 계속된다

구글은 단순히 기술 회사가 아니다. 그들은 광고캠페인을 통해

인간의 삶을 풍요롭게 만드는 파트너로서의 역할을 강조해왔다. 연결과 혁신을 넘어, 구글은 사람들의 일상을 더 나은 방향으로 변화시키는 플랫폼으로 자리 잡았다.

　구글의 캠페인이 어떻게 진화할지 알 수 없지만, 하나는 분명하다. 구글은 단순한 기술을 넘어 세상을 변화시키는 도구로서의 역할을 계속해 나갈 것이다. 그리고 그 중심에는 '인간'을 향한 깊은 공감과 연결의 메시지가 있을 것이다.

28

세상을 바꾼 사과 한 개

애플 브랜드 광고캠페인

애플은 단 한 개의 사과로 시작되었다. 그 사과는 금단의 유혹처럼 세상의 변화를 불러왔다. 우리가 사는 방식, 일하는 방식, 소통하는 방식을 완전히 바꿨다. 애플의 이야기는 단순한 디자인, 직관적인 사용자 경험, 기술과 감성을 융합하는 끊임없는 혁신의 여정이다. 기술이 인간의 삶과 문화를 어떻게 변화시킬 수 있는지를 보여주는 가장 상징적인 사례로 남아 있다.

애플의 브랜드 철학은 단순하다. 혁신적인 기술로 사람들의 삶을 단순하고 아름답고 의미 있게 만들겠다는 것. 이 단순함 속에 담긴 강렬한 메시지가 수십 년 동안 사람들의 마음을 사로잡아왔다.

애플의 역사는 1976년 캘리포니아의 작은 차고에서 시작되었다. 스티브 잡스, 스티브 워즈니악, 로널드 웨인이라는 세 명의 청년은 인간과 기술의 관계를 재정의하겠다는 꿈을 품고 애플을 창업했다. 그리고 이들이 만든 첫 번째 제품, 애플 I과 애플 II는 그 꿈을 현실로 만들기 위한 시작이었다.

특히 애플 II는 당시 컴퓨터가 전문가의 전유물이던 시대에 '개인용 컴퓨터'라는 새로운 시장을 열었다. 컬러 그래픽을 구현한 애플 II는 단순히 기술적 진보를 넘어 컴퓨터를 대중화했다. 기술이 엘리트

의 손에서 풀려나 모든 사람의 손에 닿게 된 순간, 애플은 단순한 기계가 아니라 사람들의 삶을 바꾸는 도구로 자리 잡기 시작했다.

그 이후 애플은 매번 새로운 도전을 통해 세상을 놀라게 했다. 매킨토시는 그래픽 사용자 인터페이스(GUI)를 대중화하며 컴퓨터의 패러다임을 완전히 바꿨다. 아이팟은 음악을 듣는 방식을, 아이폰은 우리가 소통하고 세상을 이해하는 방식을 재정의했다. 그리고 이 모든 스토리의 출발점에는 금단의 사과처럼 사람들의 욕망을 자극하는 애플의 철학이 자리 잡고 있다.

애플의 광고캠페인은 브랜드의 철학을 시각적으로 보여주는 예술적 작품과도 같다. 1984년, 조지 오웰의 디스토피아를 모티브로 한 매킨토시 광고는 "왜 다르게 생각해야 하는가"라는 질문을 던졌다. 이는 단순히 제품 홍보를 넘어, 애플이 추구하는 자유와 창의성의 가치를 상징했다.

그 뒤로도 애플은 언제나 '다르게 생각하기(Think Different)'를 통해 혁신의 메시지를 전해왔다. 아이폰 광고는 스마트폰의 기능을 설명하는 것을 넘어서 기술이 어떻게 우리의 삶을 더 풍요롭게 만들 수 있는지를 보여준다. 애플의 캠페인은 결국 하나의 제품이 아니라 인류의 라이프 스타일을 제안하고 있다. 초기 광고는 주로 제품 스펙과 실용성에 초점을 맞췄다. 기술적 혁신에 집중한 메시지였지만, "개인의 가능성을 확장한다"는 기본 철학이 서서히 드러나기 시작했다. 카피는 이랬다. "세상엔 두 부류의 인간이 살게 될 것이다. 이제 컴퓨터가 아니면 애플이다."

하지만 기술적 우수성에도 불구하고, 애플은 IBM과 같은 대기업이 지배하는 시장에서 설 자리를 찾는 데 어려움을 겪었다.

'1984': 브랜드 탄생의 신호탄

1984년, 애플은 매킨토시 출시와 함께 브랜드 역사의 시작을 알렸다. 리들리 스콧이 연출한 이 광고는 당시 슈퍼볼에서 공개되며 엄청난 반향을 일으켰다. 조지 오웰의 소설 《1984》를 연상시키는 디스토피아적 세계가 배경에 펼쳐진다. 한 여성이 거대한 화면을 향해 망치를 던지는 장면은 애플이 당시 획일적이고 폐쇄적인 IBM 중심의 컴퓨팅 시장에 도전장을 내밀겠다는 선언이었다.

 광고에 말 걸기

애플의 슈퍼볼 광고캠페인 '1984'

흥미로운 점은 이 광고에서 매킨토시 제품이 단 한 번도 등장하지 않았다는 것이다. 그 대신, '애플은 새로운 혁신의 시작을 알리는 브랜드'라는 이미지를 전달하는 데 집중했다. 제품보다 메시지를 앞세운 이 캠페인은 지금까지도 광고 역사에서 가장 상징적인 순간으로 평가받는다.

이 광고는 빅브라더 같은 독재적 통제와 맞서는 개척자(애플)의 이미지를 강조했다. 이 광고는 전 세계에 애플을 알리는 데 성공했지만, 매킨토시 자체의 판매 실적은 기대에 미치지 못했다. 이후 잡스와 경영진 간의 갈등이 심화되며 스티브 잡스는 회사를 떠나게 된다. 잡스 없는 애플은 방향성을 잃고 점차 쇠락의 길로 접어들었다.

애플이 단순히 제품만으로 지금의 위치에 올라선 건 아니다. 애플은 브랜드 그 자체를 하나의 아이콘으로 만들었다. 그 중심에는 감각적인 광고캠페인이 있다. '다르게 생각하기(Think Different)'부터 최근의 '아이폰으로 찍은 순간(Shot on iPhone)' 캠페인까지, 애플의 광고는 단순히 상품을 홍보하는 걸 님어서 문화를 창조한다. 특히 애플의 광고는 기술이 단순한 도구가 아니라 삶의 동반자임을 보여주는 스토리텔링으로 유명하다.

초기 광고는 주로 제품 스펙과 실용성에 초점을 맞췄다. 기술적 혁신에 집중한 메시지였지만, "개인의 가능성을 확장한다"는 기본 철학이 서서히 드러나기 시작했다. 카피는 이랬다.

"세상엔 두 부류의 인간이 살게 될 것이다. 이제 컴퓨터가 아니면 애플이다."

하지만 기술적 우수성에도 불구하고, 애플은 IBM과 같은 대기업이 지배하는 시장에서 설 자리를 찾는 데 어려움을 겪었다.

1990년대 초, 애플은 노트북 시장에서도 존재감을 드러내기 시작했다. '파워북에 담긴 당신의 이야기('What's on your PowerBook?)' 캠페인은 유명 인물들이 자신들의 파워북(PowerBook)을 어떻게 활용하는지 보여줬다. 당시 우주비행사 존 영과 영화 제작자 프랜시스 포드 코폴라 같은 사람들이 등장하며, 파워북이 단순한 기술 제품이 아닌 창의적 도구라는 메시지를 전했다.

이 광고는 애플이 초기부터 '사용자의 개별 경험'을 강조했다는 걸 보여준다. 기술 스펙 대신, 사람들이 제품을 통해 무엇을 성취할 수 있는지를 보여줌으로써, '개인화'라는 키워드를 대중에게 각인시켰다.

1990년대 중반, 애플은 지나치게 많은 제품 라인업과 비효율적인 경영으로 위기를 맞았다. 마이크로소프트 윈도우 기반의 PC가 시장을 장악하면서 애플은 점유율이 급격히 하락했고, 심지어 파산 위기에 몰리게 된다. 기술적 우위를 유지하기 위해 노력했지만, 혼란스러운 제품군과 낮은 소비자 신뢰도로 인해 시장에서 점점 멀어졌다. 1996년, 애플은 넥스트(NeXT)를 인수하며 스티브 잡스를 다시 복귀시켰다.

　　　　광고에 말 걸기

Think Different: 애플의 정체성을 각인시키다

1997년, 애플은 벼랑 끝에 서 있었다. 스티브 잡스가 돌아왔지만, 회사는 여전히 위태로웠다. 당시 TBWA\Chiat\Day가 제작한 '다르게 생각하기' 캠페인은 애플의 본질을 대중에게 강렬하게 각인시켰다. 광고는 아인슈타인, 간디, 마틴 루서 킹 같은 혁신가들의 흑백 이미지를 보여주었다. '세상을 바꾼, 미친 천재들(The Crazy Ones)'이라는 감동적인 내레이션은 대중의 마음을 사로잡았다. '세상을 바꾸는 사람들'이라는 메시지를 전달하는 데도 성공했다.

이 광고캠페인으로 애플은 단순한 하드웨어 제조업체가 아닌, 창의성과 도전을 상징하는 브랜드로 자리매김했다. '다르게 생각하라'는 메시지는 애플을 차별화하며 브랜드의 정체성을 공고히 했다. 광고는 애플의 정체성인 '혁신'을 명확히 드러내며, 브랜드를 되살리는 데 결정적인 역할을 했다.

광고를 본 사람들은 '나는 어떤 사람인가?'를 자문하게 됐고, 자신

이 애플의 가치관과 연결되어 있다고 느꼈다. 이는 단순한 제품 구매를 넘어, 브랜드와의 정서적 연결을 가능하게 했다. 당시 경쟁사 광고가 기술적 우위를 강조한 반면, 애플은 철저히 '사람'에 집중했다.

스티브 잡스 복귀 이후, 애플은 본격적인 구조 조정을 시작했다. 1998년, 아이맥(iMac) G3는 투명하고 컬러풀한 디자인으로 출시되어 '기술은 복잡하다'는 선입견을? 깨버렸다. 단순한 플러그 앤 플레이 방식으로 초보자도 쉽게 사용할 수 있도록 한 혁신적 접근이 돋보였다.

     광고에 말 걸기

잡스는 애플의 위기를 브랜드 가치를 재구축하는 기회로 삼았다. '다르게 생각하기'는 세상을 바꾸는 사람들을 찬양하며, 애플의 정체성을 창의성과 혁신에 결부시켰다. "우리는 단순히 컴퓨터를 파는 것이 아니라, 더 나은 세상을 만들기 위해 도구를 제공한다."라는 메시지였다. 아이맥의 성공은 매출 증대뿐만 아니라 애플의 브랜드 이미지 혁신에 기여했다.

'Get a Mac': 경쟁에 유쾌하게 맞서다

애플이 아이팟으로 대중문화를 장악하던 2000년대 중반, 회사는 맥 컴퓨터로도 새로운 방향을 모색했다. '맥을 만나보세요' 캠페인은 바로 이 시기의 걸작이다. 광고는 캐주얼하고 스마트한 '맥(Mac)'과 딱딱하고 고지식한 'PC' 캐릭터를 비교하며, 애플의 차별성을 유쾌하게 전달했다.

이 캠페인은 기술적 우위보다는 감정적 연결을 만들어냈다. 소비자들은 '나는 맥처럼 스마트하고 재미있는 사람'이라는 이미지를 떠올렸고, 이는 맥북과 아이맥 판매량 증가로 이어졌다. 이 시리즈는 약 4년 동안 60편이 넘는 에피소드로 제작되며 애플 광고 중 가장 성공적인 사례로 남았다.

'iPad is…': 태블릿의 새로운 정의

아이패드가 처음 등장했을 때, 사람들은 태블릿이라는 개념 자체를 낯설어했다. 애플은 'iPad is…'라는 캠페인을 통해 아이패드가 일상 속에서 어떻게 사용될 수 있는지 직관적으로 보여줬다. 광고는 독서, 영화 감상, 요리 레시피 검색 등 다양한 장면을 보여주며, 아이패드가 '일상 속 혁신'을 가져다주는 제품임을 강조했다.

이 캠페인은 단순히 제품의 기능을 나열하지 않고, 사용자가 아이패드를 통해 새로운 경험을 할 수 있다는 점에 초점을 맞췄다. 특히 '마법 같은 혁신(It's magical and revolutionary)'이라는 문구는 아이패드의 정체성을 정확히 설명했다.

'Escape from the Office': 하이브리드 시대

2002년 들어 애플은 직장인의 새로운 삶에 주목했다. '일상 탈출(Escape from the Office)'은 하이브리드 업무 환경에서 애플 디바이스들이 어떤 역할을 하는지 보여줬다. 한 회사원이 맥북, 아이패드, 아이

폰을 활용해 스타트업을 시작하는 이야기를 유머러스하게 풀어낸 이 캠페인은, 팬데믹 이후 변화된 직장 문화를 반영하며 많은 공감을 얻었다.

이 광고는 복잡한 업무 환경에서 애플 제품들이 서로 매끄럽게 연동되는 경험을 보여줌으로써, 브랜드가 제공하는 생태계를 강조했다. 광고 자체도 짧은 드라마 형식으로 제작돼 하나의 콘텐츠처럼 즐길 수 있었다.

'Today at Apple': 브랜드 경험의 확장

애플의 캠페인은 광고뿐 아니라 오프라인 경험까지 확장되었다. '애플'에서 하루를(Today at Apple)'은 전 세계 애플 스토어에서 진행되는 무료 워크숍 프로그램이다. 사진, 음악, 디자인 등 다양한 주제를 다루며, 소비자가 애플 제품을 활용해 창작의 기쁨을 누릴 수 있도록 돕는다.

이 프로그램 자체가 하나의 브랜드 캠페인 역할을 했다. 애플 스토어는 단순한 판매 공간이 아니라, 창의적이고 열린 커뮤니티라는 이미지를 구축했다. 이는 애플이 단순한 제품 회사가 아니라, 창의적 경험을 제공하는 브랜드로 자리 잡는 데 기여했다.

Shot on iPhone: 사용자 경험의 예술화

2015년부터 시작된 '아이폰으로 찍은 순간(Shot on iPhone)' 캠페인을 통해 사용자 경험을 중심으로 한 스토리텔링의 새로운 지평을 열었다. 이 캠페인은 아이폰(iPhone) 사용자들이 직접 촬영한 사진과 동영상을 활용해, 제품의 기능을 자연스럽게 강조하는 방식으로 진행되었다. 특히 광고 영상들은 전문 사진작가부터 일반 사용자까지 참여해 "누구나 창작자가 될 수 있다"는 메시지를 전달했다. "이걸 스마트폰으로 찍었다고?"라는 감탄을 유도하며, 아이폰의 카메라 기술력을 감각적으로 드러냈다.

특히, 이 캠페인은 광고 자체가 콘텐츠가 되는 전략을 택했다. 대형 빌보드 간판에 게시된 사진들은 도시의 랜드마크처럼 자리 잡았고, SNS에서 자연스럽게 바이럴되었다. 또한, 애플은 사용자가 자신의 작품을 캠페인에 올릴 수 있도록 참여형 구조를 설계했다. 소비자가 브랜드와 협력하게 만들며, 단순히 기술력을 홍보하는 걸 넘어서, '함께 만드는 예술'을 강조했다.

전 세계의 소비자들이 직접 콘텐츠 제작에 참여하면서 제품과의 정서적 연결이 강화되었다. 광고는 단순한 제품 스펙 홍보가 아니라, 사람들의 삶 속에서 기술이 어떻게 아름다움을 창출할 수 있는지를

보여준다. 또한 소셜미디어를 통해 전 세계 사용자가 자연스럽게 캠페인에 참여했다. 그들은 자발적으로 애플 브랜드를 홍보했다.

2017년의 '아이폰으로 찍은 순간: 세로 모드 영상(Shot on iPhone: Vertical Cinema)'에서는 아이폰의 세로 영상 촬영 모드를 활용해 짧은 영화 같은 광고를 제작했다. 또 '우리의 이야기들(Our Stories)' 캠페인은 특정 국가나 도시를 테마로 한 사진 시리즈를 선보였다. 아이폰은 '단순히 카메라가 뛰어난 기기'가 아니라, '누구나 창작자가 될 수 있도록 돕는 플랫폼'이라는 메시지를 전달하며 브랜드의 창의적 이미지를 강화했다.

'The Whole Working-From-Home Thing'

코로나19 팬데믹이 시작된 2020년, 애플은 변화된 일상과 작업 환경을 반영한 '재택근무의 모든 것(The Whole Working-From-Home Thing)' 광고를 선보였다. 이 광고는 재택근무 중 겪는 혼란스러운 순간들과 웃픈 에피소드를 코믹하게 담아냈다. 광고 속 팀원들은 아이폰, 맥북, 아이패드, 에어팟을 활용해 프로젝트를 완수한다. 업무 툴로서 애플 생태계의 효율성을 강조하면서도 감정적 연결을 놓치지 않았다.

예를 들어, 아이패드로 그림을 그려 브레인스토밍을 하거나 아이폰의 페이스타임(FaceTime)으로 화상회의를 진행하는 모습은 애플 제품의 활용 가능성을 실감 나게 보여준다. 이 캠페인은 애플이 단순히 기기를 판매하는 브랜드를 넘어, 팬데믹 속에서 사용자와 공감대를 형성하며 실용성을 어필했다는 점에서 의미가 깊다.

'Privacy on iPhone': 데이터 보안의 리더

개인정보 보호에 대한 관심이 높아지는 시대, 애플은 '아이폰의 개인정보 보호(Privacy on iPhone)' 캠페인을 통해 차별화를 시도했다. 이 캠페인에 등장한 단편 광고들은 우리의 일상이 얼마나 쉽게 감시당할 수 있는지를 재치 있게 보여준다. 예를 들어, 사람들이 카페나 공원에서 내 개인 정보를 훔쳐가는 장면을 과장되게 묘사하며, 아이폰이 이 문제를 해결할 수 있음을 강조했다.

특히, 광고는 아이폰의 앱 추적 투명성(App Tracking Transparency) 기능과 같은 구체적인 기능을 명확히 보여주며, 애플이 "소비자의 데이터는 소비자의 것이다"라는 가치를 지키고 있다는 점을 전달했다. 이 캠페인은 단순한 광고를 넘어, 디지털 시대의 윤리적 리더로서 애플의 위치를 공고히 했다.

'A Day in the Life of iPhone 14'

2022년 아이폰 14 시리즈의 출시와 함께 애플은 '아이폰 14의 하루(A Day in the Life of iPhone 14)' 광고를 통해 제품의 핵심 기능들을 종합적으로 선보였다. 광고는 마치 한 사용자의 하루를 따라가는 형식으로 구성됐다. 가장 돋보였던 장면은 충격 감지 기능(Crash Detection)을 활용한 시퀀스였다. 운전 중 사고를 가정한 장면에서, 아이폰이 자동으로 긴급 구조요청을 보내는 모습은 기술이 생명을 보호할 수 있다는 점을 강조했다. 또한, 저조도 환경에서도 뛰어난 촬영이 가능한 카메라 기능, 긴 배터리 수명, 그리고 위성통신 기능이 모두 한 스토리 안에 녹아들었다. 단순한 스펙 나열이 아니라, 아이폰 14가 일상에서 어떻게 사용될 수 있는지를 자연스럽게 풀어내며, 사용자 경험의 가능성을 보여줬다.

'Hello Yellow': 대담한 컬러 마케팅

2023년, 애플은 아이폰 14와 14 플러스의 옐로 색상을 선보이며

'Hello Yellow' 캠페인을 공개했다. 이 캠페인은 대담한 색상 마케팅의 성공 사례로 꼽힌다. 밝고 생동감 넘치는 비주얼과 경쾌한 음악을 활용해, 젊고 활기찬 이미지를 전달했다. 색상이 단순한 선택지가 아니라, 사용자의 개성을 표현하는 도구임을 강조했다. 이는 아이폰이 단순히 기능적인 디바이스가 아니라, 라이프 스타일의 일부임을 다시한번 부각했다.

아이폰 15 출시와 함께 공개된 '천하무적('The Invincibles)' 광고는 새롭게 강화된 내구성과 방수 기능을 강조했다. 광고는 다양한 상황에서 아이폰이 '살아남는' 모습을 유머러스하게 보여줬다. 아이폰이 높은 곳에서 떨어지거나 커피가 쏟아지는 상황에서도 멀쩡히 작동하는 장면을 통해 소비자에게 강한 신뢰를 심어줬다. 세라믹 실드(Ceramic Shield)와 티타늄 소재의 장점을 간결하고 효과적으로 표현해서 기술적 우위를 보여주었다.

The Underdogs: 유머와 공감의 결합

'작은 거인들(The Underdogs)' 캠페인은 기술이 팀워크와 창의성을 어떻게 지원할 수 있는지를 유머러스하게 그려내면서 큰 인기를 끌었다. 이 광고는 작은 회사의 직원들이 아이패드와 맥북(MacBook)을 활용해 대기업과 경쟁하며 아이디어를 성공적으로 실현하는 과정을 담고 있다. 이 시리즈는 창의성과 생산성을 강조하는 동시에, 유머와 인간적인 스토리텔링으로 소비자들에게 공감을 불러일으켰다.

애플의 광고캠페인들은 항상 기술이 아닌 '사람'을 중심에 두었다. 그들은 기술을 어떻게 사용할 수 있는지 보여주는 데 그치지 않고, 기술이 사람들의 삶을 어떻게 바꿀 수 있는지를 이야기했다. 소비자는 광고 속에서 자신을 발견하고, 아이폰이 자신의 삶에 어떤 변화를 줄지 상상하게 된다. 이런 점에서 애플은 여전히 브랜드 스토리텔링의 대가임을 증명한다.

애플의 아이폰 광고는 단순히 제품의 장점만을 나열하지 않는다. 그들은 삶의 작은 순간에서 기술이 어떻게 특별한 가치를 더하는지 보여준다. '아이폰으로 찍은 순간(Shot on iPhone)'처럼 창의성을 장려하거나, '아이폰의 개인정보 보호(Privacy on iPhone)'처럼 시대적 문제를 해결하는 모습을 통해, 아이폰은 단순한 기기가 아니라 사용자와의 연결고리가 된다.

지금 이 순간에도, 애플은 또 다른 혁신으로 우리를 놀라게 할 준비를 하고 있을 것이다. 사과 한 개가 만들어가는 세상의 변화는 여전히 진행 중이다.

29

애매한 광고의 계략

KT&G '상상예찬' 광고캠페인

KT&G는 1989년 4월 1일, '담배인삼공사'라는 이름으로 설립됐다. 세계적인 담배 전문 생산업체를 지향하는 기업으로, 현재는 담배 사업과 담배 관련 재료품의 제조 및 판매를 한다. 여기에 홍삼 제품, 식음료품, 의약품, 의약외품의 제조 및 판매도 함께 하고 있다.

대중적으로는 담배 회사로 잘 알려져 있다. 소비자들의 기호에 맞춘 다양한 종류의 담배를 출시하며 친숙한 이미지를 유지해왔다.

2002년 12월, KT&G는 완전 민영화를 선언했다. 기업명도 한국담배인삼공사(Korea Tobacco & Ginseng Corp.)에서 KT&G로 변경했다. CI(Corporate Identity) 역시 전면적으로 새롭게 바꿨다.

이 과정에서 기업 이념, 비전, 경영 목표 등의 기업 정체성을 새롭게 확립하려는 시도를 했다. 담배 판매와 수익 증대라는 상업적 목적에서 벗어나, 국민 건강과 공익과 관련된 부정적 정서를 배제하기 위해서였다.

KT&G의 '상상예찬' 캠페인은 2003년부터 시작됐다. 이 캠페인은 담배와 인삼의 판매를 통한 수익 증대를 직접적으로 드러내지 않는다. 대신 다양한 계층의 수용자에게 어필할 수 있는 애매한 광고 표현을 활용했다.

이런 전략은 간접적이고 암묵적으로 기업의 수익 목적을 달성하기 위한 선택이었다. 담배라는 제품 특성상, 직접적인 광고에는 제한이 많다. 그래서 '상상예찬' 캠페인은 슬로건과 이미지로 기업의 긍정적인 이미지를 구축하려 했다. 이 전략은 소비자들에게 기업과 광고 간의 연결성을 명확히 전달하지 못한다는 비판도 받았다.

KT&G는 시장에서 독점적인 위치를 점하고 있다. 하지만 광고 규제, 정부 규제, 소비자 인식 등 다양한 마케팅 위협 요인에 직면해 있다. 정부의 금연 정책은 갈수록 강화되고 있다. 보건복지부는 금연 캠페인을 통해 담배의 해로움에 대한 경고 메시지를 꾸준히 내보낸다. 국내에서는 담배법, 담배사업법, 방송광고법에 따라 전파 매체를 통한 담배 광고가 금지되어 있다. 잡지 광고 역시 허용 횟수가 제한된다. 신문 광고는 담배 신제품 출시 시에만 고지 형식으로 제한적인 광고가 가능하다.

광고 내용에도 구체적인 가이드라인이 있다. 가격 공고만 가능하며, 남성 잡지에 한해 제품별로 연 60회까지만 허용된다.「담배사업법 시행령」제9조를 살펴보자. 광고는 흡연자에게 담배의 품명, 종류, 특징을 알리는 수준을 넘어서면 안 된다. 또한 직접 또는 간접적으로 흡연을 권장하거나 유도해서는 안 된다. 여성이나 청소년을 묘사하는 것도 금지된다. 흡연 경고 문구의 취지에 반하는 내용이나 형태 역시

금지된다.

제약을 돌파하기 위해 KT&G는 '젊은 상상을 예찬합니다'라는
슬로건과 '상상예찬'이라는 콘셉트로 캠페인을 전개했다. 제품 광고

가 아닌 애매한 이미지 광고를 택한 배경에는 정부 규제와 사회적 분위기가 자리하고 있다.

젊은 층을 겨냥한 광고의 양면성

KT&G의 '상상예찬' 캠페인은 흰색과 파란색을 주요 색상으로 사용했다. 심플하고 모던한 이미지를 강조하기 위해서다. 젊음과 활동성을 부각하는 마술 동작, 여성 모델의 클로즈업 등은 신비감을 조성했다. 이는 젊은 소비자들의 호기심을 자극하기 위한 전략이었다.

이 광고는 제품에 대한 직접적인 언급을 피하면서도, 간접적으로 담배를 연상시키는 요소를 포함하고 있었다. 이는 암묵적인 마케팅 전략이었다.

광고 모니터 그룹의 반응은 다양했다. 일부는 색상과 이미지의 신선함을 긍정적으로 평가했다. 그러나 많은 사람들은 KT&G의 기업

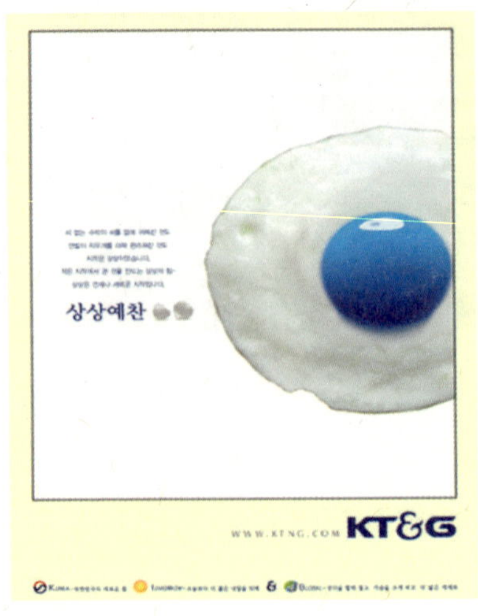

광고에 말 걸기

정체성에 혼란을 느꼈다. '소녀의 눈동자' 편 광고에 나오는 고양이 눈 형상이 레종 브랜드를 상징한다는 의견도 있었다. 화면 배경에 연기를 연상시키는 요소가 담배와 연관된 메시지를 암시한다는 지적도 나왔다.

암시와 잠재의식의 마케팅

KT&G의 광고는 자사 제품을 고급스럽고 참신한 이미지로 각인시키는 데 일정 부분 성공했다. 하지만 동시에 기업의 정체성을 더 혼란스럽게 만들었다는 평가도 존재한다.

대부분의 수용자는 색상의 의미를 기업의 마케팅 전략과 연결해 해석했다. 정교한 수용자는 파란색에서 자유, 새로움, 신선함, 차가움, 가식 등의 이미지를 발견했다. 다른 수용자는 원색이 주는 이미지에서 민영 기업으로의 전환과 기업 이념의 변화를 읽어냈다. 검은색과 흰색은 담배의 재와 연기를 연상시키기 위해 잠재의식을 자극하는 표현 전략으로 이해되기도 했다.

광고는 불신과 반발도 불러일으켰다. 광고 속 모델의 의상과 외모를 보고 담배를 피우는 고등학생을 떠올리기도 했다는 의견은 흥미로운 반응이었다.

많은 사람들은 '상상예찬'과 담배의 연관성을 명확히 이해하지 못했다. 독특한 영상과 슬로건이 기업과 어떤 연결고리가 있는지도 의문으로 남았다.

KT&G는 기업의 정체성을 숨기고, 신비로운 이미지로 포장하는 전략을 택했다. 이로 인해 사람들의 관심을 끌어내는 데는 성공했다. 그러나 사람들은 KT&G가 어떤 회사인지 분명하게 인식하지 못했다. KT&G가 한국담배인삼공사라는 사실을 알아도, 이 광고가 그 기업과 어떤 연관성이 있는지는 여전히 모호했다.

광고는 무엇보다 소비자가 쉽게 이해할 수 있어야 한다. 아무리 창의적이고 독특해도, 소비자가 이해하지 못하면 효과는 제한적일 수밖에 없다. 그럼에도 '상상예찬' 캠페인은 고급스럽고 신선한 이미지를 만들어내는 데 일정 부분 성공했다.

"당신의 상상을 예찬합니다" "상상이 필요합니다" "상상은 또 다른 마술이다" "끊어진 마음까지 이어줄 수 있다면…" 같은 카피는 슬로건을 다시 상기시켜주는 역할을 했다. 이러한 슬로건은 광고 카피에 일정한 방향성을 부여하며, 수용자의 이해를 돕는다. 또한 소비자의 참여를 유도하고, 광고에 대한 주목을 끌어냈다. 언어 요소들은 기업에 대한 우호적 태도를 형성하는 데 기여했다. 이는 광고의 미학적 평가에도 영향을 미쳤다. KT&G가 광고 집행 계획에서 의도했던 부분이기도 하다.

어쩌면 KT&G의 광고 방식은 기업을 둘러싼 마케팅 환경이 만들

어낸 피할 수 없는 선택이었는지도 모른다. 하지만 광고 수용자들이 이 광고를 해석하는 방식은 대체로 부정적이었다. 가장 중요한 점은 광고에서 만들어진 이미지가 KT&G라는 기업 이미지로 잘 전이되지 못했다는 것이다.

KT&G의 '상상예찬' 캠페인은 독창적인 비주얼과 암시적 메시지를 통해 기업 이미지를 고급스럽게 재구성하려는 의도를 담고 있지만, 소비자와의 소통에서 한계를 드러냈다. 광고는 창의성과 메시지 전달의 균형을 유지할 때 가장 효과적이다. KT&G의 사례는 이미지와 메시지의 불일치가 소비자 혼란을 초래할 수 있음을 보여주었다.

KT&G의 기업 광고는 한때 '상상예찬'이라는 캠페인으로 많은 주목을 받았다. 하지만 이 캠페인이 종료된 이후, KT&G는 새로운 방향성을 모색하며 문화·예술을 테마로 한 '상상마당' 캠페인을 선보였다. 이 캠페인은 기업 이미지를 단순한 담배 제조업체에서 벗어나, 창의성과 상상력을 지원하는 사회적 책임을 다하는 기업으로 탈바꿈시키려는 의도가 담겨 있었다.

'상상마당' 캠페인의 시작은 2007년으로 거슬러 올라간다. 이 해,

KT&G는 서울 홍대 앞에 복합문화공간인 KT&G 상상마당을 개관하며 본격적인 활동을 시작했다. 상상마당은 단순한 문화 공간 이상의 의미를 지녔다. 음악, 영화, 디자인, 미술 등 다양한 예술 분야에서 활동하는 창작자들에게 공간과 지원을 제공하며 그들의 상상력을 현실로 만들어주는 역할을 했다.

이 캠페인의 핵심은 창의적인 스토리텔링이었다. KT&G의 광고는 예술가들이 작업을 통해 꿈을 이루고, 그 배경에 기업의 지원이 있다는 점을 따뜻한 시선으로 풀어냈다. 광고 영상에서는 공연장, 갤러리, 영화관 등 상상마당의 다채로운 공간을 활용해 관객들에게 '상상은 현실이 될 수 있다'는 메시지를 전했다. 이는 단순히 브랜드 이미지를 알리는 것을 넘어, KT&G가 사회적 책임을 다하며 새로운 가능성을 열어주는 기업이라는 이미지를 각인시키는 데 성공했다.

'상상마당' 캠페인은 기업 이미지 개선에 있어 결정적인 역할을 했다. 특히 젊은 세대와의 소통을 강화하며, 문화예술 지원 기업으로서의 정체성을 확립했다. 덕분에 KT&G는 담배 제조업체라는 한계를 넘어 긍정적인 브랜드 이미지로 재평가받았다.

이 캠페인의 성공은 공간의 확장으로도 이어졌다. 서울 홍대

에 이어 강원도 춘천, 부산 등 다른 지역에도 상상마당이 설립되며, KT&G의 문화적 역할이 전국적으로 확대되었다. 오늘날 상상마당은 단순한 광고캠페인을 넘어 실질적인 창작과 소통의 플랫폼으로 자리 잡았다.

최근 KT&G는 ESG(Environmental, Social, Governance) 경영을 강조하는 방향으로 광고 테마를 전환했다. 그러나 상상마당은 여전히 창작자들을 지원하며 문화예술의 플랫폼으로 기능하고 있다. 상상마당 캠페인은 단발성 광고에 그치지 않고, KT&G의 기업 철학을 지속적으로 반영하는 성공적인 사례로 남아 있다.

상상마당은 KT&G가 추구하는 문화적 가치와 기업의 사회적 책임을 잘 보여주는 상징적인 캠페인이다. 그리고 그 정신은 오늘날에도 이어지며, KT&G의 브랜드 정체성을 형성하는 데 중요한 기반이 되고 있다.

노담 사피엔스

보건복지부 금연홍보 캠페인

　　담배는 인간이 발명한 가장 매력적인 기호품 중 하나다. 그러나 이제 담배는 지구상에서 가장 야만적인 물건 가운데 하나로 핍박받고 있다. 흡연자들이 내뿜는 담배 연기는 지구를 오염시키는 가장 해로운 독가스 중 하나로 인식되고 있다.

　　흡연자들을 구박하는 세력도 점점 더 맹위를 떨치고 있다. 거의 모든 국가에서 각종 제도적, 행정적·정책적 규제들을 동원해 흡연자들의 생존환경을 위협하고 있다.

　　이런 수난에도 굴하지 않는 진정한 애연가라면, 이제 무인도라도 하나 찾아 그들만의 낙원을 건설해야 할 판이다. 그러나 그런 신천지는 지구라는 혹성에서는 더 이상 발견하기 힘들 것이다. 어쩌면 순수 흡연가로만 구성된 또 하나의 원정대가 미지의 행성을 향해 우주선을 쏘아 올리는 날이 올지도 모른다.

　　흡연을 방해하는 움직임 중에서 광고와 홍보를 빼놓을 수 없다. 그러나 과거의 금연 광고는 그리 큰 위협이 되지 않았다. 공익광고의 포맷으로 방송된 금연 홍보광고는 계몽의 틀 안에 갇힌 촌스러운 스타일이었다.

　　여느 상업광고와 비교하면 아이디어, 임팩트, 기교 면에서 미약

했다. 그래서 영향력을 논할 가치조차 없었다. 유명 연예인이나 정부 당국이 위촉한 홍보대사가 나와서 경고성 멘트를 읊조리는 광고를 보고 경각심을 느끼는 흡연자는 거의 없었다.

이런 형태의 '관제 광고'가 가능했던 시스템의 핵심에는 한국언론진흥재단이 있었다는 관측도 있다. 2000년대 전까지만 해도 공익을 주제로 한 정부 광고는 언론진흥재단이 독점 대행했다. 일부 공기업을 제외한 대부분의 공익광고나 정책광고는 정부 부처의 의뢰를 받아 언론진흥재단이 프로덕션을 선정하고, 방송광고진흥공사가 매체 집행을 대행하는 방식이었다.

아이디어를 승인하는 관료들의 입김도 너무 셌다. 정부의 정책 방향이 그대로 광고 콘셉트가 되는 것은 당연한 결과였다. 지나치게 교훈적이고 일방적인 고지 형식의 광고는 광고인들에게도 불만을 샀다. "홍보가 기가 막혀~"라는 판소리 장단의 탄식이 나올 정도였다.

제작 시스템이 변하면 광고도 변한다

이렇게 판에 박힌 정부의 공익광고가 달라지기 시작했다. 그 변화를 주도한 주체는 보건복지부였다. 2005년부터 진행된 금연 캠페인은 흡연자뿐만 아니라 많은 국민에게 담배의 해악에 대한 경각심을 일깨웠다.

이 캠페인은 정부 광고도 제작 시스템을 바꾸면 얼마든지 크리에이티브할 수 있다는 증거를 보여줬다. 보건복지부는 해마다 단계별로 금연 광고를 전개했다. 절제되고 세련된 영상으로 일방적인 홍보가 아닌, 공감 형성을 통한 쌍방향 소통을 시도했다.

 광고에 말 걸기

그 결과, 언론 보도뿐만 아니라 각종 광고 관련 포털 사이트에서 인기 검색어로 떠오르기도 했다. 또한 방송사의 개그 프로그램에서도 앞다퉈 패러디되는 현상이 나타났다.

흡연의 해악을 직설적으로 전달하다

1차 광고캠페인의 주제는 '자학'이었다. 말 그대로 흡연을 자학으로 정의 내리는 것에서부터 출발한다. 넥타이를 단정하게 맨 젊은 남자가 자신의 머리를 마구 때리는 광고, 정장 차림의 말끔한 신사가 맨홀 구멍에 얼굴을 처박고 있는 광고, 고급스러운 실내 분위기의 사무실에서 우아한 모습의 아가씨가 탁자 유리에 얼굴을 비비면서 괴로워하는 모습의 광고.

세 편의 광고에는 공통적으로 몽환적이고 음울한 배경음악이 깔리다가 마지막 장면 무렵에 간결한 자막과 내레이션이 페이드인(fade

in)된다. "한 대 피우는 중이군요. 흡연, 뇌를(폐를, 피부를) 자학하는 행위."

　　흡연으로 인한 폐해를 에둘러 말하지 않고 직접적이고 강력한 비유로 상징화하는 것이 이 광고의 성공요건이다. 간접흡연이나 니코틴의 유해성 등을 강조하는 식상한 소재도 피하면서 네거티브 접근법의 장점을 극대화했다. 공익광고에서 불문율처럼 요구되던 밝은 분위기, 긍정적 화법의 상투성을 탈피한 것도 색다른 용기로 보인다.

　　　　　광고에 말 걸기

'세상과의 이별'을 주제로 한 2차 광고캠페인도 이런 기조를 잘 살려가고 있다. 흡연하는 사람들의 오불관언(吾不關焉: 나만 좋으면 그만이지 무슨 상관이야?) 심리를 정면으로 공격하는 광고이다. '담배 피는 것은 자유지만 사랑하는 사람과 이별하는 고통은 당신의 몫'임을 군더더기 없는 화면 전개를 통해 분명하게 강조하는 영상이다. 딸을 보내야 하는 어머니, 남편을 보내야 하는 아내, 연인을 보내야 하는 여자의 슬픔을 원 신 원 컷(one scene-one cut)의 극도로 절제된 화면 구성으로 절절히 표현해 내고 있다.

멀티 스폿(multi spot: 동시에 여러 편을 제작해서 다양한 매체에 집행하는 방식)으로 방송된 1·2차 캠페인 광고는 2005년 스위스 국제광고제에서 캠페인 부문 파이널 리스트에 오르는 기염을 토하기도 했다.

3차 광고는 극적인 반전을 통해 재미와 효과를 배가했다. '담배를 끊지 않으면 사람들이 당신을 끊는다'는 메시지로 생활 속에서 일어날 수 있는 흡연에 대한 혐오감을 코믹과 애교, 드라마를 변주해가면서 표현한다.

'치아 변색' 편에서는 한 남성이 매력적인 여성에게 '작업'을 걸려다가 여자가 웃을 때 드러난 까만 이물질이 낀 누런 치아에 기겁한다. '구취' 편에서는 아기를 안고 이유식을 먹여주려는 아빠의 입 냄새 때문에 아기가 울어대고 '기억 감퇴' 편에서는 연극을 하던 배우가 대사를 잊어버려 난감해한다. 이 모든 원인이 흡연 때문이라는데 한 번쯤 움찔하지 않을 강심장이 어디 있겠는가?

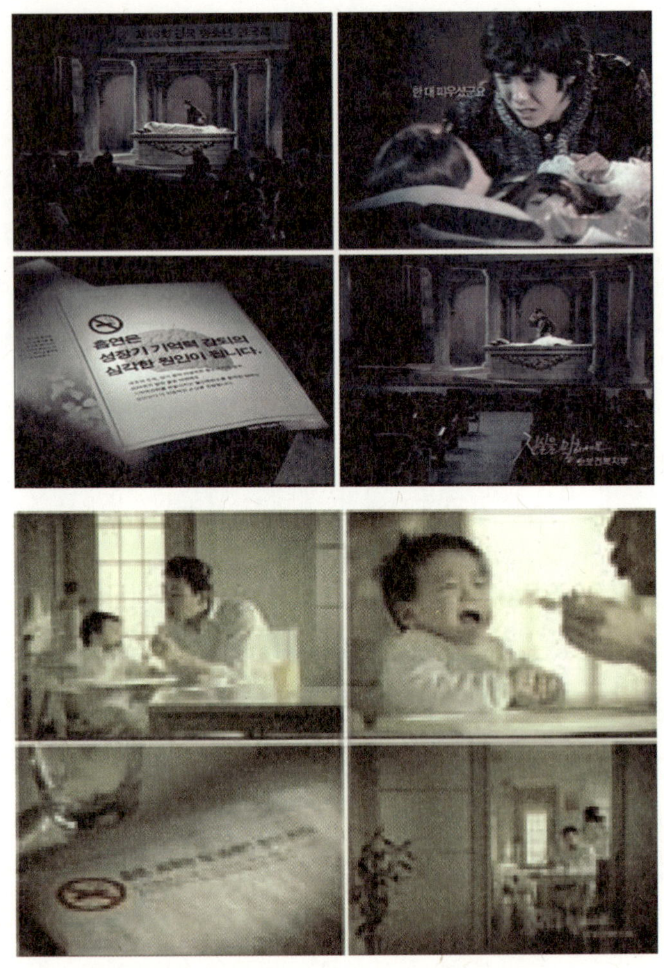

교통광고, 크리에이티브의 실험무대

지하철이라는 대중교통 매체도 얼마든지 크리에이티브의 실험
실이 될 수 있음을 보여주는 광고도 있다. 우리가 동화를 통해 익히 알
고 있던 친숙한 소재를 표현의 장으로 끌어내어 상상력을 자극하는

광고 세 편이 눈에 띈다.

　'흡연은 아름다움을 위협한다(Smoking hazardous your beauty)' '흡연은 훨씬 더 늙어 보이게 만든다(Smoking makes you look older than your years)' '흡연은 악취를 동반한다(Smoking makes you have bad breath)'는 메시지를 담은 이 금연 캠페인은 2003년 뉴욕 페스티벌에서 은상을 수상하는 영예를 안은 작품이기도 하다. '금연 열차'라는 색다른 매체를 활용한 이 광고는 백설공주와 피터팬, 잠자는 숲속의 공주를 패러디하고 있다. 어릴 적 누구나 꿈꾸어왔던 동화 속 주인공들이 흡연으로 인해 흉물스럽게 변해버린 모습을 보고 있노라면 절로

흡연의 욕구가 사라져버릴 지경이다.

2005~2006년 보건복지부가 주도한 금연 홍보캠페인의 효과는 한국보건사회연구원의 보고서에 의해서도 일부 뒷받침되고 있다. "2005년 정부 주도 금연 홍보 캠페인 현황 및 평가"에 따르면, 한 해 전 방영된 금연 홍보 TV 광고를 시청한 사람들이 그렇지 않은 경우보다 금연 시도율은 7.4%가 높았고, 흡연량 감소율도 16.3% 높은 것으

로 나타났다.

공익 광고의 새로운 기준

금연 캠페인은 공익 광고가 단순히 정보 전달을 넘어, 소비자의 감정과 공감을 이끌어낼 수 있음을 보여줬다. 정형화된 긍정적 화법에서 벗어나 강렬한 비유와 상징적 이미지로 흡연의 위험성을 강조한 점은 이전의 관제 광고와 차별화되었다. 하지만 여전히 계몽 광고, 위협적 공포 소구, 일방적 홍보캠페인이라는 비판을 면하기 힘들었다. 이랬던 금연홍보 캠페인에 새로운 돌파구가 보이기 시작했다.

요즘 TV나 SNS에서 "노담!"이라는 문구를 자주 볼 수 있다. 노담 캠페인은 기존의 금연 운동과는 확연히 다른 접근 방식을 택하고 있다. 주로 흡연의 위험성과 폐해를 강조하며 무겁고 경각심을 불러일으킨 전통적인 금연 캠페인 방식에 비해 가볍고 유쾌한 메시지로 젊은 세대에게 다가간다. '노(No)'와 '담배(담)'의 합성어인 '노담'이라는 이름부터 직설적이고 간결하다. 이 짧은 단어 속에는 금연 의지를 쉽게 표현하고 공감할 수 있는 힘이 담겨 있다.

이 캠페인이 주목받는 이유는 금연이라는 주제를 더 이상 무겁게만 다루지 않는다는 점이다. 기존 금연 캠페인에서는 검게 변한 폐, 병원에서 치료받는 환자들의 모습처럼 충격적인 이미지가 주를 이뤘다. 이는 분명 강렬한 메시지를 전달하는 데 효과적이었지만, 동시에 사람들에게 심리적 부담을 안겨주는 한계도 있었다. 그러나 노담 캠페인은 밝은 색감, 유머러스한 표현, 짧고 직관적인 메시지를 통해 이러한 부담을 덜어낸다. 금연을 강요하거나 두려움을 조장하기보다는, 담배를 피우지 않는 것이 더 쿨하고 당당한 선택임을 자연스럽게 보여주는 것이다.

공감과 감동의 메시지로

2000년대 이후에는 가족과 일상의 소중함을 강조하는 방식으로 변화했다. 예를 들어, 한 금연 광고는 딸의 시선에서 아빠의 흡연을 묘사하며, 건강을 잃어가는 아빠와 멀어지는 가족의 모습을 보여주었다. "담배를 끊으면 가족과 더 오래 행복할 수 있다"는 메시지는 흡연자들에게 정서적으로 다가가며 공감을 불러일으켰다.

TV 광고에서는 "담배를 피우면 입냄새가 난다"는 메시지를 코믹하게 전달하거나, 담배 없는 삶이 더 멋지고 트렌디하다는 점을 유쾌하게 표현했다. 예를 들어, 친구들 사이에서 흡연자가 "나만 왜 냄새 나지?"라고 민망해하는 장면을 보여주며, 담배를 끊는 것이 더 세련된 선택임을 강조했다.

또 다른 사례로, 어린아이가 흡연자를 따라 하는 장면을 담은 광고가 있다. 담배를 피우는 부모를 따라 장난 삼아 연기를 흉내 내는 아이의 모습이 담긴 이 광고는 흡연이 다음 세대에 미칠 악영향을 상기시키며 부모 흡연자들에게 큰 반향을 일으켰다.

노담! 노담!

2020년대에 들어와 등장한 "노담!" 캠페인은 기존의 금연 캠페인과 완전히 다른 톤과 방식을 제시했다. 이 캠페인은 흡연을 단순히 건강에 해로운 행동으로 규정하는 대신, 그것을 유행에서 뒤처진 것으로 묘사하며 흡연에 대한 인식을 새롭게 정의했다.

노담 캠페인은 MZ세대를 주 타깃으로 삼고 있다. 이들은 SNS와 디지털 콘텐츠에 익숙한 세대로, 무겁고 교훈적인 메시지보다는 가볍고 재치 있는 표현에 더 쉽게 반응한다. 노담 캠페인은 이러한 특성을 잘 파악하고, SNS 밈, 챌린지 형식의 콘텐츠로 금연 메시지를 확산시킨다. "노담! 쿨한 선택" 같은 슬로건은 금연을 더 이상 어렵고 지루한 목표가 아니라, 자신을 표현하는 멋진 선택으로 재해석한다.

친근한 캐릭터와 디자인을 적극 활용하는 점도 눈에 띈다. 귀엽고 유쾌한 캐릭터들이 등장하는 포스터나 영상은 금연이라는 주제를 더 가볍고 일상적인 것으로 받아들이게 만든다. 담배를 끊는 것이 거창한 결심이 아닌, 매일 실천할 수 있는 작은 습관이라는 인식을 심어주는 것이다. 여기에 '#노담챌린지'와 같은 온라인 참여형 콘텐츠는 금연을 혼자만의 결심이 아니라 친구들과 함께 즐길 수 있는 활동으로 변화시킨다.

노담 캠페인의 성공 요인은 금연에 대한 인식 변화를 이끌어냈다는 데 있다. 금연은 더 이상 건강을 지키기 위한 의무가 아니라, 자신

     광고에 말 걸기

을 더 멋지게 가꾸는 선택으로 포지셔닝되었다. 이 캠페인은 권위적인 금연 권고 대신 친구처럼 다가가 "같이 해보자"는 친근한 태도를 취한다. 디지털 환경에 익숙한 Z세대가 선호하는 짧고 직관적인 콘텐츠로 접근하면서 자연스럽게 바이럴 효과도 만들어냈다.

노담 캠페인은 단순한 금연 운동을 넘어 새로운 방식의 공공 캠페인 트렌드를 보여주는 사례다. 무겁고 진지한 주제를 가벼운 언어와 유쾌한 방식으로 풀어내면서도, 그 메시지의 힘은 오히려 더 강력해졌다. 이는 공공 캠페인뿐만 아니라 모든 브랜드 커뮤니케이션에서 시사하는 바가 크다.

중요한 메시지일수록, 어떻게 전달하느냐가 더 중요하다는 것을 노담 캠페인은 잘 보여주고 있다. SNS를 활용한 '노담 챌린지'는 또 다른 성공 요인이다. 인기 드라마의 명대사에 "노담!"을 합성하거나, 담배를 끊은 사람들이 자신의 경험담을 짧은 영상으로 공유하는 방식으로 참여를 유도했다. 특히 틱톡과 인스타그램에서 이러한 콘텐츠가 밈처럼 퍼지며, 젊은 층이 자연스럽게 캠페인에 동참하도록 만들었다.

"노담!" 캠페인은 단순히 메시지 전달에 그치지 않고 실질적인 변화를 이끌어냈다. 서울의 한 고등학교에서는 "노담 동아리"라는 학생 모임이 생겨났고, 이들은 교내에서 금연 포스터를 만들거나 금연송을 틀며 캠페인을 확장했다. 또 금연 상담 프로그램 참여율이 늘었다는 보도도 있었다.

공공장소에서도 변화가 감지된다. 캠페인 이후 청소년 흡연율이 눈에 띄게 감소했으며, 거리에서 흡연에 대한 인식이 점차 부정적으로 바뀌었다. 한 흡연자는 "캠페인을 보고 담배가 더 이상 멋지지 않다는 생각이 들었다"며 금연을 결심한 계기를 이야기했다.

광고캠페인으로서도 노담은 흥미롭다. 무엇보다 '노담'이라는 이

전교 부회장!
노담:
담배 안 피움
#담배는_노담
#나는_노담

한림예고 2학년 공진식
교복핏이 남다르죠
노담:
담배 안 피움
#담배는노담_나는노담
#proud_me

15살 권민준
저는 옷도 좀 잘 입고
일리 어담터에요
노담:
담배 안 피움
#담배는노담_나는노담
#proud_me

18살 장혜리
화장하는 걸
좋아해요
노담:
담배 안 피움
#담배는_노담
#나는_노담

서산여자중 2학년 정지우
우리 아빠는
딸바보예요
노담:
담배 안 피움
#담배는노담_나는노담
#proud_me

효명고 2학년 정태준
뉴스도 많이 보고 토론도 잘 합니다
노담:
담배 안 피움
#담배는노담_나는노담
#proud_me

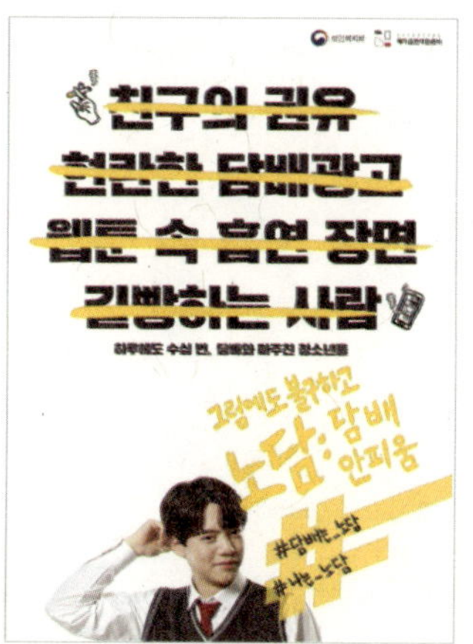

름 자체가 하나의 브랜드로 자리 잡았다. 캠페인명이 곧 메시지이자 슬로건이며, 이는 강력한 브랜딩 효과를 낳는다. 또한 금연을 '못 하는 것'이 아닌 '안 하는 것'으로 표현해서 선택의 주체를 개인에게 돌린 점이 인상적이다. 이는 금연을 의지의 문제가 아닌, 개성과 가치관의 표현으로 받아들이게 만드는 전략이다.

노담 캠페인은 사회적 트렌드와도 잘 맞물린다. 최근 '쿨함', '힙함'이 중요한 문화적 코드로 자리 잡으면서, 금연이라는 메시지 역시 이러한 분위기 속에서 새로운 해석을 얻었다. '담배를 피우지 않는 것이 더 멋진 선택'이라는 인식은 단순한 건강 관리 차원을 넘어, 자신을 표현하는 하나의 스타일이 되었다.

환경 보호와 금연을 결합하거나, 게임 요소를 활용한 금연 프로그램이 등장할 가능성이 크다. 예를 들어, 담배 꽁초가 환경에 미치는 해악을 알리거나, 금연 목표를 달성할 때마다 포인트를 쌓아 보상을 주는 앱이 출시될 수 있다.

회의 시작 후 2시간
2:15:10
담배를 참은 시간만큼
"지금 금연한 거에요!"
이렇게 참은 김에
이참에, 금연

버스 출발 후 2시간 30분
2:30:15
담배를 참은 시간만큼
"지금 금연한 거에요!"
이렇게 참은 김에
이참에, 금연

2:00:48
아세요?
담배를 참은 시간만큼
금연한 거라는 거
버스 출발 후 2시간 30분
2:30:15
주행 육아 36시간
36:11:31
비행 시작 후 13시간
13:02:48
이렇게 참은 김에
이참에, 금연

광고에 말 걸기

"노담!"은 단순히 건강을 위한 메시지를 넘어, 담배 없는 삶이 얼마나 멋지고 트렌디한 선택인지 보여준다. 부담스럽지 않게, 유쾌하고 경쾌하게 흡연을 멀리하자는 이 캠페인은 '노담 사피엔스'로 규정된 젊은 세대에게 금연이 하나의 새로운 라이프 스타일임을 각인시켰다. 이제 담배 없는 세상은 더 이상 멀리 있는 미래가 아니다.

이현우

2nu@deu.ac.kr

제일기획 카피라이터

동의대학교 광고홍보학과 교수

수필과비평 작가회의 정회원

월간 에세이 회원

브런치스토리 커리어 분야 크리에이터

밀리의 서재 작가

《매드타임스(*MAD Times*)》 칼럼니스트

지금까지 쓴 책들

《트렌드가 된 브랜드》

《광고, 묘약인가 마약인가?》

《광고글쓰기의 아트》(번역)

《광고 발상과 전략의 텍스트》(공저)

《광고카피의 이론과 실제》(공저)

《방송광고와 광고비평》(공저)

《방송광고 장르론》(공저)

《광고홍보 실무특강》(공저)